COLLECTION TEL

Raymond Lœwy

La laideur se vend mal

TRADUIT DE L'ANGLAIS
PAR MIRIAM CENDRARS

Gallimard

Titre original :

NEVER LEAVE WELL ENOUGH ALONE

Cet ouvrage fut écrit en 1952. Dix ans plus tard, nous en publions cette nouvelle édition.

Durant cette décennie, la profession de l'Esthétique industrielle a pris une ampleur extraordinaire dans le monde entier et sa technologie a beaucoup évolué. Les principes fondamentaux sur lesquels fut fondée la profession n'ont cependant pas varié et restent plus que jamais en vigueur. L'auteur n'a donc fait au texte aucun changement dans l'exposé original de la naissance d'une carrière; il a seulement ajouté quelques détails ou anecdotes qui ont pris place depuis que parut l'édition originale et qui complètent l'histoire de la profession qu'il fonda.

N.D.E.

Préface

Un homme s'est attelé à la recherche de la perfection. Non pas par une philosophie, par des paroles, par des idées abstraites, mais par l'action.

Raymond Lœwy a regardé autour de lui : le monde moderne se peuplait d'objets nouveaux, de machines, de produits de toute sorte qui prenaient leur place utilitaire dans la vie des hommes sans avoir été adaptés à notre besoin d'harmonie, à notre sens de la beauté.

Pour cela, Raymond Lœwy a inventé une profession absolument moderne et adaptée aux nécessités du monde d'aujourd'hui : il s'est fait tout à la fois dessinateur, architecte, ingénieur, décorateur, psychologue, agent de publicité, reliant cet ensemble composite par son goût et son désir de perfectionnement.

Ce qui est inutile est laid. Ce qui est laid est repoussant. Ce qui est repoussant se vend mal.

Que la lutte de Raymond Lœwy contre la laideur se soit avérée une réussite commerciale, c'est précisément la preuve qu'elle était nécessaire et que le grand public — c'est-à-dire nous tous tant que nous sommes — en éprouvait le besoin.

Pour allier la beauté à l'utilité, un homme d'action s'est saisi de la matière, l'a examinée, travaillée, dépouillée. Il lui a fait gagner ainsi de la force; il a retrouvé la magie des objets.

Qu'est-ce qu'une formule magique ? C'est le mot exact, ou la forme extérieure *précise et dépouillée, d'une idée. Plus cette forme extérieure sera dépouillée, plus elle aura de force, plus elle sera efficace et utile !*

C'est cela que Raymond Lœwy tend à faire avec les objets qui peuplent notre monde. C'est ce phénomène, dont il a su se rendre le maître, qu'il a appliqué à la vie courante : « Les formes, dit-il, éveillent toutes sortes d'associations inconscientes et plus la forme est simple, plus la sensation provoquée est agréable. »

Voitures profilées, locomotives aérodynamiques, cuisines immaculées, bateaux aux lignes pures, emballages impeccables, règne de la laque, de l'émail, du métal, des beaux bois, voilà l'aspect extérieur de notre vie, selon l'idéal de Raymond Lœwy. C'est l'expression de son aspiration constante vers le mieux. Son grand mérite, c'est d'avoir su l'appliquer dynamiquement. Il a donné l'élan initial et a influé sur toute notre époque.

Lorsque nous arrangeons notre petit appartement, que nous essayons de respecter une harmonie de couleurs et de formes, tout en gagnant de la place, lorsque nous supprimons les corniches désuètes des plafonds 1900, les enjolivures d'une vieille bibliothèque, les volants encombrants d'un vieux canapé, nous suivons l'exemple que nous a donné Raymond Lœwy sur le plan industriel. Cela ne signifie pas, cependant, qu'il sous-estime les jolies choses du passé; il estime en effet qu'une connaissance profonde de l'art classique est nécessaire aux jeunes qui se destinent à la profession de l'« industrial design ».

Il rêve d'harmonie, de raffinement, de silence et de confort; pour lui, c'est cela le progrès. Si la forme extérieure de la vie est belle, parfaitement équilibrée et fonctionnelle, elle contribue au bonheur.

Miriam Cendrars.

On se doit d'être un chef-d'œuvre ou d'en porter un.

Oscar Wilde.

Introduction

« Dès que je perçois une substance corporelle ou matérielle, je sens, au même moment, la nécessité de concevoir qu'elle a des limites d'un genre ou d'un autre, que, relativement aux autres formes, elle est grande ou petite, qu'elle est située ici ou là, à tel ou tel moment, qu'elle est mobile ou immobile, qu'elle touche ou ne touche pas un autre corps, qu'elle est unique, rare ou commune : aucun effort d'imagination ne peut la dissocier dans mon esprit de ces qualités. »

Ayant, il y a cinq siècles, ainsi décrit sa conception de la perception de l'espace à trois dimensions, Galilée établit la philosophie de l'esthétique industrielle ou « industrial design ». Il établit, également, le fait que la terre est ronde, ce qui lui valut d'être torturé et réduit au silence. Bien des gens estimeront qu'il eût dû, au contraire, être récompensé pour la contribution qu'il apportait à la profession d'esthéticien industriel ou « industrial designer [1] ».

Quoi qu'il en soit, sa théorie demeure et ce qui est bon pour lui est bon pour moi. En ce qui concerne ce livre, il est nécessaire d'affirmer dès à présent qu'il ne s'agit ni d'un livre technique ni d'un traité de technologie et civilisation, sujet traité de façon extraordinairement érudite,

1. Terme maintenant adopté d'une façon quasi universelle.

autant qu'obscure, par plus d'un théoricien distingué. Ce livre est, tout simplement, l'histoire d'un jeune Parisien qui, débarqué en Amérique pour essayer d'y gagner sa vie, eut la chance de le faire dans une profession qu'il aida à créer. Ce livre ne prétend être rien d'autre.

Remerciements

Je dois, tout d'abord, reconnaître ma dette envers l'océan Atlantique. Conspirant, non sans perversité, avec le S. S. Nieuw Amsterdam, *il fit se prolonger ma traversée vers l'Europe et m'obligea à rester couché dans ma cabine une grande partie du voyage. A cette immobilisation forcée, je dois d'avoir écrit les premières soixante pages de ce livre. A ces remerciements je dois associer G. D. Searle et Cie, fabricants de* Dramamin *(nouveau remède contre le mal de mer).*

Je ne saurais oublier de remercier la compagnie des wagons-lits Pullman, dont le nouveau type de lavabos automatiques m'a fait comprendre combien il est intelligent de rester chez soi. Dans mon appartement, un incinérateur défectueux empoisonne ma vie; merci de me faire apprécier les joies du voyage. Pour ses continuelles critiques de ce que je pense, fais, projette de faire ou d'écrire, merci à mon adorable femme, Viola, sans laquelle ce livre eût été beaucoup plus long. La sélection du texte final a été grandement facilitée par ma secrétaire Miss Peters qui a su — juste au bon moment — perdre dans un taxi new-yorkais un chapitre particulièrement ennuyeux, ainsi éliminé pour le soulagement de tous. Merci aux moustiques qui, rendant impossible tout travail sur la plage de Porquerolles, me chassèrent vers Zermatt où je travaillai en paix à l'ombre du Matterhorn. Aux fabricants de stylos à bille, puis-je offrir les remerciements de l'industrie du nettoyage à sec, fort occupée à détacher la plupart de mes draps, pyjamas, nappes, chemises de soirée, caniches blancs, tapisseries, cravates, durant la composition de ce livre ? Aux transports aériens, j'offre mes remerciements pour les innombrables heures d'attente aux aéroports où bien des chapitres furent écrits sur les boîtes vides de popcorn (grains de maïs gonflés et grillés), ainsi que sur des prospectus de voyages et autre littérature rasante des réseaux aériens. Merci à Ella, ma cuisinière, pour avoir astucieusement renversé une saucière de hollandaise sur un paquet d'illustrations, réduisant ainsi considérablement le coût de l'impression de ce livre.

Et, pour terminer, mes remerciements les plus sincères à une amie (Mrs. Howard Cullman) qui, après lecture des deux premiers chapitres de mon manuscrit, m'assura qu'elle avait déjà lu pire, m'infusant ainsi la dose finale d'enthousiasme dont j'avais tant besoin pour mener à bien ma tâche.

Première partie

1

Le caporal Lœwy

Juillet 1914. La paix règne en France et le caporal Raymond Lœwy fait son service militaire dans le 8e régiment du Génie. Il a ses galons depuis peu de temps. Cantonné à Rueil — à dix minutes de tram de Paris, où il habite —, dans un bel uniforme neuf il attend quatre heures, l'heure de partir en permission de nuit. Les portes vont s'ouvrir : à quatre heures moins cinq, surprise, le clairon sonne le rassemblement. Pourquoi ? Tous les hommes se précipitent vers la cour centrale de la caserne. Rassemblement, garde à vous. Fixe ! Silence. On lit un communiqué concis : la mobilisation générale a été décrétée. Toutes les permissions sont suspendues. Ordre est donné de préparer l'équipement de combat. Les troupes sont consignées. Et, le 2 août, c'est la GUERRE !

Je fis ce qu'on appelle en anglais « une guerre variée ». Je passai de la Ve Armée, où j'avais été affecté à l'hôpital où je soignai, plusieurs mois durant, des brûlures occasionnées par les gaz asphyxiants. Plus tard, en Champagne, je devais me trouver en contact constant avec les Américains. Je décrochai sept décorations et quatre citations et, pendant la guerre de tranchées, en bricolant à temps perdu, je mis sur pied un abri quasiment luxueux.

Je n'étais, à l'époque, que sergent aux communications

pour un secteur du front. Mon camarade, le caporal Brunet, et moi, avions déniché, dans des maisons démolies, une paire de chaises, un morceau de tapis rouge et un miroir légèrement fêlé. De ma première permission à Paris, je ne ramenai pas le calvados, les saucisses et le chocolat traditionnels, mais des rouleaux de papier peint à fleurs, des morceaux de tentures et des coussins. Du côté protégé des obus, nous avions planté des géraniums et, au-dessus de l'entrée, placé un écriteau sur lequel j'avais calligraphié en anglaise :

Notre abri représentait, sans conteste, le dernier cri de l'élégance et devint rapidement l'endroit de prédilection de mes camarades et des officiers. Lorsque les choses se calmaient sur le front, ils passaient pour bavarder un brin et jeter un coup d'œil sur le dernier numéro de *Femina,* de l'*Illustration* et même parfois de *Vanity Fair* ou de *Vogue.*

Cependant, la vie n'était pas toujours rose, et c'est là que je gagnai la première étoile d'or de ma croix de guerre. A titre d'expérience, je me taillai et fis moi-même une paire de culottes de campagne. Les uniformes de l'armée étaient mal coupés et, tant qu'à faire, je préférais aller au feu bien habillé. A la fin de la guerre j'étais capitaine.

Ma mère et mon père moururent pendant la guerre, et notre foyer se trouva complètement disloqué. Les trois frères Lœwy furent faits chevaliers de la Légion d'honneur à titre militaire. Nos parents ne nous ayant pas laissé le moindre héritage, nous nous trouvions dans l'obligation de gagner notre vie, et au plus tôt. Démobilisé le premier, mon frère Maximilien partit pour l'Amérique. Il trouva un emploi à la Commission française de Guerre et réussit à faire vivre sa famille. Georges, qui était chirurgien, devint chef de service dans un hôpital de Paris, après avoir fait un stage à l'Institut Rockefeller des Recherches médicales de New York. Pour ma part, j'essayai, mais en vain, de trouver un emploi à Paris, en qualité d'ingénieur. Mon échec ne m'importait guère d'ailleurs, car je tenais à voyager, au moins pour un moment, et je réussis à obtenir du gouvernement français un passage pour l'Amérique. Dès que je fus démobilisé, je m'embarquai sur le *S. S. France*, avec l'espoir d'être engagé par la « General Electric Company ». Une interview avait été arrangée par mon frère le médecin, lors de son séjour à New York.

Au cours de la traversée, un incident inattendu survint qui devait changer mon avenir. Le capitaine avait organisé une vente aux enchères de petits objets offerts par les passagers, au bénéfice des familles de marins perdus en mer. N'ayant rien à donner, je fis, sur le papier à lettres du bord, un dessin à la plume, représentant une ravissante passagère en vêtements de sport, marchant d'un pas vif sur le pont-promenade. Mon dessin fut vendu aux enchères, le soir même, en sandwich entre un exemplaire du *Nègre du Narcisse* et un réveille-matin usagé. Les enchères, plutôt anémiques, oscillaient entre vingt et cinquante francs. A ma grande surprise, mon dessin suscita la surenchère et fut finalement adjugé à cent cinquante francs (prix fort élevé à l'époque).

— Qui est l'acheteur ? demandai-je un peu plus tard dans la soirée.

— Sir Henry Armstrong, le consul de Grande-Bretagne à New York. A propos, il aimerait faire votre connaissance.

Je lui fus présenté le lendemain matin. C'était un homme grisonnant, aimable et réservé, qui me plut immédiatement.

— Qu'allez-vous faire aux Etats-Unis, jeune homme ?

— Travailler. Probablement dans un labo de recherches de la G. E.

— Cela vous plaît-il de travailler dans une usine ?

— Pas particulièrement. Mais il faut que je gagne ma vie au plus vite.

— N'avez-vous jamais pensé à faire du dessin commercial ?

— Non; d'ailleurs, je crois que je ne sais pas dessiner.

— Moi, je crois que si. Pourquoi n'essayez-vous pas ?

— Peut-être, un jour.

— Si vous voulez, je peux vous donner une lettre de recommandation pour un de mes amis à New York qui est directeur d'une revue.

— J'en serais ravi. Merci mille fois.

Cette conversation à bord du navire avec Sir Henry, qui parlait couramment le français, me laissa, si je puis dire, flottant. Plus j'y pensais, plus je devenais troublé.

Je débarquai à New York à l'automne 1919. Mon uniforme de capitaine de l'armée française était plutôt râpé, mais bien coupé et repassé avec soin.

Je descendis de mon cher *S. S. France,* portant une valise et un imperméable, qui représentaient toute ma fortune, avec quarante dollars en billets américains. Maximilien, mon frère aîné, qui vivait alors aux Etats-Unis, m'attendait sur le quai pendant un bel après-midi de septembre et nous étions heureux de nous retrouver, après quatre ans de combat. Je passai rapidement les formalités douanières; j'avais hâte de quitter le quai d'acier de la Compagnie Générale Transatlantique pour fouler, enfin, le sol de l'Amérique.

Max me fit monter dans un taxi, une énorme limousine Pierce-Arrow, qui ressemblait plutôt à la voiture d'état-major du maréchal Foch, et nous partîmes. Un court trajet dans le bas de Manhattan et nous voici devant le 120 Broadway. Nous nous précipitons vers un ascenseur express et nous débarquons, en un clin d'œil, armes et bagages, sur la plate-forme d'observation de l'Equitable Building, à quarante étages au-dessus du nouveau monde. La vue était si impressionnante que j'en restai coi. Les merveilleux rêves qui m'avaient soutenu pendant les années d'hostilités se réalisaient enfin. La vie était là ! Toute la tristesse de la guerre, sa laideur s'évanouissaient dans le passé. Je restai silencieux, aussi profondément ému que lorsque j'avais contemplé, récemment, à Paris, le défilé des armées victorieuses, émergeant de l'Arc de Triomphe, dans un flamboiement de drapeaux. Je retenais mes larmes à grand-peine. Mon frère comprit et me laissa seul. New York vibrait à mes pieds dans la lumière dorée de l'automne. J'étais fasciné par le murmure de la grande ville où perçaient le cri des sirènes sur l'Hudson et le staccato frénétique des batteries d'ascenseurs automatiques installées sur le toit.

Plus de trente ans se sont écoulés depuis, et le souvenir de cet instant est encore vif dans ma mémoire.

Un peu plus tard, mon frère revint vers moi, il me prit par le bras, en silence, puis me dit : « Voici ton nouveau pays, Raymond. Quelque part, dans ces myriades d'immeubles, il y a quelqu'un qui a besoin de toi. A toi de le trouver. Ne désespère jamais et ne perds pas confiance. Les Américains sont « réguliers ». Ils te donneront ta chance. Voici ton nouveau champ de bataille. C'est ici que tu vas lutter pour survivre. » A peine arrivé en Amérique, je me sentais très humble et reconnaissant. Je sentais en moi, une sorte de courant intérieur de foi et de confiance. C'était comme si, malgré le choc émotionnel que je venais de subir, je sentais déjà, vaguement, battre le pouls de l'Amérique. Je savais que j'aimerais mon nouveau pays et qu'un jour, bientôt, je cesserais de m'y sentir comme un simple invité.

Je n'aurais jamais cru qu'il fût possible de s'attacher si complètement à une nation et à son peuple. Je savais déjà que, très vite, j'apprécierais toute chose américaine, que j'aimerais ce pays, aveuglément peut-être, mais avec ferveur et pour toujours. Je me souviens encore de mon tressaillement de joie à la vue du drapeau. Et, après tant d'années, chaque fois que je vois le *Stars and Stripes* flotter au vent, j'éprouve encore la même émotion. Esthétiquement, c'est un chef-d'œuvre. C'est un dessin des plus remarquables, viril, gai, brillant, parfaite expression du pays lui-même. Il est bien possible que chaque nation possède le drapeau qu'elle mérite.

Très émus mais heureux, Maximilien et moi redescendîmes sur terre. Je lui suis reconnaissant de ce qu'il fit pour moi ce jour-là. En homme sensible, il sut me faire comprendre, d'une manière simple et belle, le privilège dont je jouissais : l'Amérique allait devenir mon pays.

Nous fîmes quelques pas dans Broadway. Maximilien héla un taxi et nous partîmes à travers la ville inconnue.

— Où allons-nous ? demandai-je après une dizaine de minutes.

— A la maison.

— Tu veux dire au 30 East 68e Rue ?

— Oui.

— Alors, ne crois-tu pas que nous aurions dû tourner à droite, dans la 34e Rue ?

Maximilien me regarda un peu étonné et ne répondit pas. Quelques minutes plus tard, je repris :

— Nous devrions quitter Broadway et prendre la 5e Avenue, si nous ne voulons pas aller inutilement jusqu'à Colombus Circle, où nous n'avons que faire.

Mon frère commençait à se rendre compte que, pour un garçon qui n'avait jamais mis les pieds en Amérique, j'avais l'air de connaître fameusement bien mon chemin. Toutefois, il ne souffla mot. Quand nous atteignîmes Central Park, je lui dis :

— Tu vois, maintenant, il n'y a plus guère que le parc qui nous sépare de la maison. Il faudrait que tu dises au chauffeur de prendre le prochain passage souterrain à la 65e Rue.

— Comment diable es-tu si bien renseigné ?

— J'ai étudié le plan de New York à bord, je n'avais rien de mieux à faire pendant la traversée.

Maximilien s'aperçut, du même coup, que son jeune frère était partisan des préparatifs minutieux et que le chauffeur avait compris Ouest, au lieu de Est.

Avant de poursuivre l'histoire de la lutte du capitaine Raymond Lœwy contre le paupérisme aux Etats-Unis, faisons d'abord un tour d'horizon de l'Amérique en 1919, vue par un jeune Français fraîchement démobilisé. Après les quelques premiers jours d'affolement devant les dimensions de tout ce qui m'entourait, l'agitation fiévreuse, la ruée constante, je commençai à retrouver mes esprits et j'essayai de saisir ce qui se passait dans cette ville. Il y avait beaucoup à découvrir.

Comme j'étais incapable de comprendre les natifs de ce pays, ou de me faire comprendre d'eux, mes premières impressions furent, naturellement, plus physiques qu'intellectuelles.

N'ayant pas le moyen de satisfaire ma curiosité par la conversation, mon désir de comprendre et d'assimiler s'orienta vers le monde à trois dimensions. Et, qui plus est, mon attention se porta d'abord sur les objets, les instruments de mon entourage immédiat : un tramway, un réverbère, le métro, les téléphones publics, les bars avec leurs ice-cream sodas, les cafeterias, etc. Plus tard, au contraire, je commençai à observer les édifices eux-mêmes : ici un gratte-ciel, là un hôtel ou une gare terminus. Finalement, je fus en mesure de considérer le profil que New York dessine sur le ciel, avec ses vastes horizons. Mais, bientôt, je revenais à des spectacles plus proches et, de nouveau, je regardais autour de moi. La première impression fut brutale. Tout était conçu à une échelle géante. L'énormité des choses, leur masse monstrueuse m'effrayaient. Les lumières étaient aveuglantes d'intensité, les trains souterrains roulaient dans un formidable fracas, poussés par une force sinistre. Les tramways étaient d'assourdissantes masses de fonte lancées en trombe au milieu de gerbes d'étincelles. C'était terriblement violent, gigantesque, fiévreux et survolté. Vu de près, c'était dépourvu d'harmonie et hors de proportions. A une certaine distance, cependant, l'ensemble paraissait moins chaotique; de loin, il donnait même une impression d'harmonie et commençait à prendre un sens. Si je revenais à une observation plus détaillée, je me sentais assez mal à l'aise et j'essayais inconsciemment de l'éviter. Maintenant, au bout de trente années, je commence à comprendre le sens de mes fréquentes « croisières d'une heure » à Staten-Island, sur un ferry-boat, ou de mes excursions tout en haut d'un gratte-ciel. Ces escapades étaient rassurantes. Dès que je regardais les choses d'assez loin elles retrouvaient une échelle, se fondaient harmonieusement et je retrouvais le calme. Le profil que New York découpe sur le ciel n'était pas seulement magnifique, il était parfait. Souvent, j'allais faire un tour sur l'impériale d'un autobus le long de l'Hudson; alors, je me sentais reposé et heureux.

Plus tard, me rendant compte que mon malaise venait peut-être de la forme même, de la couleur, de la sonorité des choses qui m'entouraient, je commençai à les observer avec plus d'acuité et, chaque fois, je ressentais le même choc. Il y avait une tendance générale et bien inutile au massif et au grossier. On ne percevait aucune économie rationnelle des moyens et des matériaux.

Tout cela ne cadrait pas avec l'image que je m'étais faite de l'Amérique lorsque j'étais encore en France. J'avais imaginé que les machines, les objets étaient simples, élancés, silencieux et rapides. Eh bien, je m'étais trompé. Ils étaient rapides, ça oui, mais encombrants, bruyants et compliqués. J'étais déçu.

Tout cela, naturellement, restait à l'arrière-plan car, pour l'immédiat, il s'agissait de gagner mon pain, et je n'avais pas le temps de me soucier de ces problèmes : cependant, ils existaient et laissèrent leur marque dans mon esprit. Bien des années plus tard, ils devaient influencer ma vie tout entière.

Pourquoi les machines et objets manufacturés étaient-ils si disgracieux ?

Pour le comprendre, il faut se rendre compte que la révolution industrielle du milieu du XIXᵉ siècle avait évincé les artisans et que les ingénieurs étaient, avant tout, des mécaniciens. Les premiers engins mécaniques avaient été réalisés par des hommes ingénieux et débrouillards avec pour objectif n° 1 le fonctionnement du dispositif, qu'il s'agisse d'un moulin à café, d'une grue ou d'une machine à vapeur. « Est-ce que ça marchera ? » C'était la grande question. Personne ne se souciait du prix et encore moins de l'apparence extérieure. Les machines étaient construites au petit bonheur la chance et cela se voyait à leur ligne confuse et désordonnée. A la fin du siècle, les machines et les produits industriels étaient devenus plus nombreux, plus compliqués et des ingénieurs avaient été formés. Formés dans tous les domaines, sauf dans le domaine de l'esthétique. Aussi, lorsque la production en masse fut mise sur le marché, le pays se trouva envahi d'objets généralement de bonne qualité, mais maladroitement assemblés et d'un coût élevé.

Pourtant, quelques « artistes » bien intentionnés s'étaient émus devant un tel manque d'harmonie et avaient décidé d'y remédier. Ayant sans doute admiré les anges du Tintoret, les guirlandes de Rosa Bonheur, ou la façade dentelée d'une cathédrale gothique, ils se mirent à l'œuvre et voulurent appliquer l'« Art » à la machine. Ces malencontreux adeptes de la décalcomanie se lancèrent dans une débauche artistique dont on se souviendra longtemps. Avec un mépris total des données fondamentales du problème, c'est-à-dire l'amélioration de la machine elle-même, ils commencèrent leurs travaux d'embellissement. Les résultats furent, pour le moins, curieux. Nous eûmes ainsi des locomotives festonnées de guirlandes printanières, des rouleaux compresseurs ornés d'anges joufflus et des fourneaux à charbon parsemés d'hirondelles, de papillons et de myosotis. C'était l'ère de la décalcomanie.

CHAPITRE 2

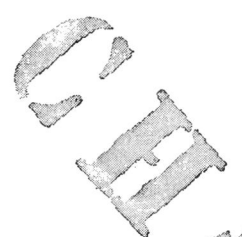

En tête de quelques uns des chapitres de cet ouvrage nous tenterons d'illustrer par des moyens typographiques certains principes utilisés dans la technique de l'"industrial design". Cette tête de chapitre, par exemple, démontre la valeur de contraste d'un élément diagonal. Cette technique est souvent employée dans le dessin de produits manufacturés. Lorsqu'il s'agit d'étiquettes, de boîtes ou cartons d'emballage, la marque de fabrique ou le nom du manufacturier peuvent être superposés sur le texte en couleur contrastante. Dans les magasins, les panneaux servant à identifier certains rayons tels que les jouets, articles de sport, d'entretien, etc, sont souvent inclinés de telle façon.

2

Adolescence

Je me suis souvent trouvé, au cours de ma carrière, en Amérique, en butte à la curiosité d'une bande de brillants spécialistes de la presse périodique, dénommés les « enquêteurs ». Ces hommes infatigables recueillent des éléments d'information pour le compte de journalistes chargés d'écrire un article bien documenté. Ayant, de toute évidence, été classifié comme un excellent sujet d'article pour magazine, il m'a été donné de voir maintes fois ces messieurs enquêteurs en pleine action. J'en suis venu à entreprendre moi-même une petite enquête pour essayer de découvrir leurs mobiles. Il est curieux de noter que les enquêteurs semblent se désintéresser totalement des facteurs de succès banals, tels que le talent, ou tout simplement le travail assidu. C'est trop terne. C'est votre passé qu'ils veulent connaître et fouiller de fond en comble, jusqu'à vos plus lointains souvenirs d'adolescent et d'enfant. Ils s'aventurèrent parfois si loin dans mon passé, que je finis par m'y intéresser moi-même. Je commençai à éprouver une certaine curiosité pour le Raymond Lœwy des premières années. J'essayais de me rappeler, avec plus de précision, d'obscurs incidents qui m'avaient laissé une vague sensation plutôt qu'un souvenir. C'était un peu comme une autopsychanalyse de fortune et ça m'amusait. Je m'empresse de préciser que cela ne m'a jamais éclairé sur les raisons qui firent de moi un esthéticien industriel. En fait, cela tendrait plutôt à prouver qu'on peut réussir à devenir un bon technicien de la profession en dépit de tout, ou presque tout, car ma jeunesse m'apparaît comme un assemblage hétéroclite de situations un petit peu folles et complètement désordonnées. Serait-ce qu'un tel climat est propice à la réussite dans cette profession ? Mes amis les enquêteurs en décideront certainement pour moi. En tout cas, je recommande cette amusante sorte d'expédition « à la recherche du temps perdu », à tous ceux qui n'ont absolument rien d'autre à faire. Je ne pourrais en dire autant de la véritable psychanalyse, qui me paraît plutôt ennuyeuse. Chaque fois que je vois une photographie de Freud, je me demande comment un homme qui a passé sa vie à étudier le sexe peut avoir l'air aussi triste. Peut-être que lui et moi, ne considérons pas le sujet sous le même angle. Mais retournons à ma promenade rétro-introspective à travers les marécages brumeux des premières années du jeune Raymond.

Je suis né à Paris, en 1893. Mon père écrivait, avec un certain succès, des ouvrages sur la finance et l'économie. Il travaillait pour des publications spécialisées en la matière. Ma mère était une belle femme vigoureuse, originaire du Midi de la France. Sa principale occupation était d'empêcher mes deux frères aînés de s'intéresser, par trop, aux jeunes mannequins de la rue de la Paix. C'était une tâche absorbante, surtout en ce qui concernait le beau Maximilien.

Un après-midi, ma mère vit deux fiacres entrer en collision, place de l'Opéra. L'un des deux oscilla un moment, sur deux roues, hésitant, puis se renversa doucement sur le côté. Il n'y eut pas de dégâts, mais il fallut sortir les voyageurs en les hissant par la porte. On vit sortir d'abord une ravissante personne... partiellement dévêtue. Elle riait beaucoup et ne paraissait nullement gênée. Mon frère, qui venait à sa suite, semblait beaucoup moins à l'aise. Notre mère, aussi « retournée » que le fiacre, était furieuse car Max aurait dû, à ce moment précis de cet après-midi-là, se trouver en visite chez une vieille tante à Neuilly.

Cette tante, entre parenthèses, me rappelle ma première aventure à l'école. Ma vieille tante Berthe (qui a aujourd'hui quatre-vingt-dix-sept ans) me conduisait tous les jours à l'école, située très près de notre maison. C'était plutôt un jardin d'enfants pour les petits de six ans. Mes progrès en lecture étaient d'une lenteur désastreuse, ce qui laissait ma bonne tante perplexe, car on me trouvait normalement doué dans tous les autres domaines. Tante Berthe décida d'ouvrir une enquête auprès de mon professeur, Mlle Hortense. Mlle Hortense était brune, assez jeune et non dépourvue de charmes. Malheureusement, de ses narines sortaient des touffes de poils noirs.

— Dites-moi, mademoiselle Hortense, qu'est-ce qui arrive à notre petit Raymond ? Est-il attentif ?

— Mais oui, madame. Sa conduite est excellente.

— Est-ce qu'il vous écoute ?

— Oui. Il s'applique beaucoup, peut-être plus que les autres enfants de sa classe.

— En êtes-vous sûre ?

— Absolument sûre. Il ne me quitte pas des yeux au point que cela me gêne parfois.

— Mais alors, d'où vient qu'il ne fait aucun progrès ?

— Je n'en sais vraiment rien.

Ma très sage vieille tante ne mit pas longtemps à découvrir ce qui me fascinait au point de m'empêcher de concentrer mon attention : c'était la moustache de Mlle Hortense. Une fois rentrés à la maison, elle me sermonna longuement et menaça de ne pas m'acheter le poussin promis pour Pâques si je ne cessais pas de fixer la moustache de Mlle Hortense. Ceci me parut d'une sévérité excessive. Je décidai de ne pas me laisser faire et conçus un plan machiavélique. Nous habitions, alors, au rez-de-chaussée d'un immeuble de Neuilly. J'ouvris la fenêtre et attendis que le sergent de ville de garde passât à portée de voix. Alors, je hurlai de toutes mes petites forces de six ans : « Au secours ! Au secours ! Arrêtez ma tante ! Au secours ! Arrêtez ma tante ! » Le sergent de ville se rua à la porte de l'appartement, qu'il martela de son bâton, volant courageusement au secours de l'enfant menacé. Ma pauvre vieille tante était au comble de l'embarras. Plus jamais elle n'essaya de se mêler de mes plaisirs d'écolier. Elle m'offrit même le poussin de Pâques, et je l'élevai dans l'âtre de la cheminée. Il se transforma en un coq honteusement gras et débauché. De plus, il sentait mauvais. Un jour je fus moi-même obligé de reconnaître que le mieux était de l'offrir généreusement au garçon qui nous livrait la glace.

Cette chère tante Berthe est un personnage. Je l'ai vue, l'été dernier, dans le petit village de l'Ardèche où elle règne en souveraine. Ses « mots » font la joie des habitants. Comme quelqu'un lui demandait ce qu'il fallait à tout prix éviter de faire afin de vivre longtemps, elle lui répondit : « S'il vous arrive de vous réveiller au milieu de la nuit, ne mangez jamais de caviar chaud ! » Ceci me rappelle la réponse du fameux athlète Satchel Paige à une délégation de vieilles dames membres de la Société de Tempérance qui lui posaient à peu près la même question. Il répondit : « Je ne mange que de la friture et je ne fais rien avec modération. »

Mon père, que je considère comme un prototype courant du gentleman, naquit à Vienne. Il appartenait à une famille de professeurs, d'avocats, de médecins et autres membres de ces graves professions. A vingt ans, il débarqua à Paris. Deux événements importants marquèrent sa vie coup sur coup : il épousa ma mère et se convertit au végétarisme. Ce dernier événement prit, dans ma vie, des proportions énormes et semi-catastrophiques. Passer sa jeunesse en compagnie d'un père végétarien n'est pas gai. Son végétarisme était, d'ailleurs, d'une sorte assez étrange. A table, il ne mangeait que des fruits crus et des légumes, ce qui peut devenir à la longue une épreuve assez déprimante pour l'ensemble d'une famille. Je remarquais, toutefois, qu'il lui arrivait de rentrer, de temps à autre, à la maison de bonne heure, chargé d'un gros paquet enveloppé de papier noir, ficelé de rouge et portant une étiquette marquée Olida. Il disparaissait alors dans son bureau et s'enfermait, tout seul, avec ce mystérieux paquet. Cela m'intriguait car la maison Olida était une charcuterie célèbre de Paris. Ce ne fut que de nombreuses années plus tard que je découvris la déconcertante vérité : dans le secret de son bureau, mon père se gorgeait tout simplement de quelque deux livres de saucisses appelées liverwurst. Etait-ce par nostalgie de sa jeunesse à Vienne ? Toujours est-il que cette brutale cure de saucisses risquait de le tuer à chaque fois, comme elle aurait probablement tué n'importe quelle jeune panthère en parfaite santé. Jusqu'à sa mort, mon végétarien de père se livra périodiquement à ces solitaires orgies charcutières. Ces petites plaisanteries alimentaires étaient, sans doute, contagieuses car les autres membres de la famille suivaient également des régimes plutôt étranges et sur lesquels il est préférable de ne pas insister.

A cette époque, je fréquentais le respectable collège Chaptal, à une bonne demi-heure de tramway de la maison. Tous les matins, on me donnait quelques centimes pour payer mon aller-retour. Mais je préférais, par n'importe quel temps, revenir à pied, pour faire des économies destinées à satisfaire une exigeante passion. Je n'avais que dix ans, mais je connaissais déjà le sens du mot « passion ». Mon extase était la biberine. Seul, un adepte de biberine pourra comprendre son pouvoir inéluctable. La biberine était une poudre granulée et sucrée vendue dans une petite boîte ronde. Le consommateur devait, paraît-il, la faire fondre dans un litre d'eau pour obtenir une boisson sucrée et gazeuse, d'une saveur synthétique aussi inattendue qu'inoubliable. Cette eau se colorait d'une effroyable teinte verte (pour l'anis) et d'un rouge genre catastrophe (pour la framboise). Mais, nous autres enfants, nous avions une imagination beaucoup trop fougueuse pour suivre cette recette bourgeoise. Notre système était plus spectaculaire. Nous avalions rapidement une pincée de poudre et, ensuite, une gorgée d'eau. La réaction explosive qui en résultait est difficile à décrire et encore plus difficile à oublier. Des bouffées de gaz en effervescence nous chatouillaient le nez et nous remplissaient les yeux de larmes. C'était merveilleux. C'était une extase chimique. Je comprends maintenant que tout enfant soumis à un tel traitement devait, soit en périr ou alors s'endurcir au point de réussir dans n'importe quelle profession, y compris la mienne.

Une autre de nos grandes voluptés, c'était une friandise à deux sous, appelée roudoudou, que j'associe au souvenir de mon oncle Charles, un bien cher homme. Il s'était battu en 1871, pendant la Commune, en plein cœur de Paris, et il ne pouvait s'empêcher de nous narrer, par le menu, une certaine bataille, toujours la même, avec « bruitage » à l'appui (canon, clairon, etc.). C'était une épreuve assez dure à supporter et j'étais déchiré entre mon devoir de neveu respectueux et l'insupportable ennui que distillait l'histoire. Un beau jour, et malgré son enthousiasme habituel, l'oncle Charles remarqua une certaine indifférence chez son jeune auditeur. Mon oncle avait l'esprit obtus mais je décidai, en désespoir de cause, de tenter une expérience. Je m'arrangeai pour lui faire entendre, d'abord avec subtilité, et de plus en plus clairement, qu'il serait d'excellente politique, pour nos relations futures, de m'offrir une boîte de roudoudou. Le cher vieux soldat éprouva une certaine amertume, quand il comprit que son propre neveu le faisait « casquer » d'une boîte de bonbons. Le marché que je lui proposais était simple, d'application facile et pouvait se réduire à une formule suffisamment claire même pour lui : j'écouterais attentivement l'histoire familière pendant un temps déterminé, et l'unité de paiement serait une boîte de roudoudou, sorte de gelée synthétique et collante, régal suprême des enfants. Notre convention marcha bien pendant de longues années et j'appris, avec le minimum de peine, tout ce qu'on peut savoir sur la Commune, vue du fond du bassin de la place du Châtelet, vide naturellement, mais où mon oncle semble avoir passé beaucoup de son temps.

Depuis, chaque fois qu'il m'arrive de penser au communisme, je pense au roudoudou, ce qui n'est pas une mauvaise association d'idées.

J'avais une autre source de revenus : l'édition. A dix ans, j'étais propriétaire et rédacteur en chef d'un hebdomadaire intitulé le *Journal de Plombières*, entièrement fait à la main, et généreusement illustré. L'imposante manchette était flanquée de cette déclaration : « Tous droits réservés pour tous pays. » Le prix de cette publication était de vingt-cinq centimes, le format petit (8 cm. × 5), et son plus fort tirage, généralement au moment de Noël, atteignait dix numéros. Lorsque, en avril 1950, je fis partie du jury de trois personnes qui attribua le grand prix annuel de mise en pages et de typographie, réservé à la presse américaine et connu sous le nom de « Coupe Ayer », j'évoquai, avec une trace de mélancolie, mes premiers efforts dans le journalisme et le *Journal de Plombières*. Le succès de mon entreprise me permettait de me livrer à de véritables orgies de roudoudou tous les samedis, et aussi d'aller au cirque plus souvent, car les clowns tenaient une grande place dans ma vie; je les adorais, surtout Footit et Chocolat, merveilleusement gais et spirituels... et Grock et Little Titch, qui me ravissaient par leur subtilité !

Mon père aimait jouer du piano. Je suppose qu'il y a des quantités d'enfants normaux qui ont eu à subir un père du genre papa-pianiste bien intentionné. En général le répertoire du papa-pianiste est limité à un petit nombre d'airs « exécutés » dans les grandes occasions telles que les anniversaires, les baptêmes, les mariages, la rougeole, et autres prétextes à agitation. Mon père ne connaissait, lui aussi, qu'un petit nombre de morceaux mais il les jouait mal et souvent. Disons, à sa décharge, qu'il ne jouait pas bruyamment car il avait l'ouïe trop fine pour le supporter. J'avoue avoir envisagé, à certains moments, de soumettre mon père au genre de chantage au roudoudou qui avait si bien réussi avec l'oncle Charles, afin de lui assurer un auditoire.

Aussi loin que je puisse m'en souvenir, mon amour de la vitesse existait en moi dès l'enfance. Ce penchant, pour se manifester, prit l'étrange forme d'une course de lentilles. Ce fut la première invention de Raymond, le jeune génie. Cet événement eut lieu dans une classe du collège Chaptal, à Paris. J'organisai la première course de lentilles en 1903, à l'âge de dix ans. Il s'agissait de planter une lentille dans un petit vase de la taille d'un verre à liqueur rempli de terre. Nous cachions nos lentilles dans nos casiers individuels et nous les arrosions soigneusement tous les jours, excepté les samedis et les dimanches. Chaque soir, la lentille était cadenassée avec soin. Le départ de cette course sans étape se donnait le lundi matin, et l'arrivée avait lieu dix jours plus tard, à la récréation de midi. Dans l'intervalle, les lentilles germaient et grandissaient. A l'arrivée chaque tige était méticuleusement mesurée, au milieu d'une excitation incroyable qui, parfois, frisait la violence. Je gagnais l'épreuve la plupart du temps, car j'avais trouvé un moyen d'irriguer ma jeune compétitrice pendant le week-end, grâce à un système compliqué de mèches et de réservoirs, alors que les lentilles rivales se desséchaient en silence.

A mesure que je grandissais, mon amour de la vitesse prit des formes plus actives. Ce fut, d'abord, une expérience à la Porte Maillot, sur le premier autobus mis à la disposition de la population parisienne. Il fit sensation, et je ne voulus pas manquer ça. Tâchant de ne pas être vu du conducteur, je resquillais des voyages entre les arrêts, accroupi sur le pare-chocs avant, le front au vent, à la vitesse terrifiante de trente kilomètres à l'heure. C'était formidable ! C'était aussi très dangereux. Cela me conduisit à d'autres formes d'hypnose du transport, parmi lesquelles celle de ma première bicyclette et, par la suite, à ma divine passion, la locomotive, dont je parlerai plus tard. Revenons, pour l'instant, à la bicyclette. Pendant longtemps, j'avais économisé de l'argent en vue du jour merveilleux où je pourrais m'en acheter une qui serait bien à moi pour toujours. Il me semble que c'est maintenant le moment de présenter au lecteur mon second et dernier frère : Georges, chirurgien distingué, membre de l'Académie de Médecine (U.S.A.). Un beau jour d'automne, Georges me dit :

— Pourquoi n'économiserais-tu pas ton argent pour acheter une bicyclette ? C'est épatant, tu sais, une bicyclette au printemps !

— Tu crois que je pourrais économiser assez pour en acheter une en avril ?

— Bien sûr, écoute, j'ai une idée.

— Laquelle ?

— Tu as remarqué que, lorsque papa rentre à la maison le soir, il lit les cours de la Bourse dans le journal, ce qui doit, probablement, l'assommer. Pourquoi ne lui offres-tu pas de les lui lire pendant qu'il se repose dans son fauteuil ? Tu pourrais facilement lui demander cinquante centimes par séance.

— Tu crois ?

— Tu peux toujours essayer.

Le lendemain soir, je fis un essai. Ce fut un succès

dès le début. Bercé par ma lecture monotone, papa s'endormait en un clin d'œil. J'arrivais à le rendre totalement inconscient en un peu moins de deux minutes. Quand il se réveillait, longtemps après, il me payait mon cachet avec un certain embarras, un peu gêné de sa nonchalance exagérée. L'affaire marchait merveilleusement bien. C'était de l'argent facilement gagné et nous tirions tous deux un grand bénéfice de mon système. Papa se détendait parfaitement et mon rêve de bicyclette devenait réalisable.

Parmi les rites qui précédaient la lecture des cours de la Bourse, il en était un que j'appréciais particulièrement. J'apportais à papa ses chaussons vernis noirs et je lui choisissais une paire de chaussettes. Je remarquai qu'il était très distrait, quant au choix de ces dernières. Je me permis bientôt d'intéressantes combinaisons de couleurs. Par exemple, une chaussette noire et une bleu foncé. Comme mes subtils mélanges de couleurs ne provoquaient aucune réaction, je fis des expériences de plus en plus hardies. Maman, hélas ! y mit fin, le soir où papa pénétra dans la salle à manger, le pied droit dans une chaussette bleue et jaune et l'autre dans une chaussette rouge.

Au printemps, j'avais économisé assez d'argent pour m'acheter une bicyclette : une ravissante machine de course, rutilante, avec son guidon nickelé, ses commandes de freins en cuivre étincelant et les filets d'or en arabesques qui en ornaient le cadre. C'est alors que les ennuis commencèrent : Georges m'emprunta ma bicyclette une fois, deux fois, dix fois, puis cela devint une habitude. Il la prenait les dimanches. Il la prenait les jours de congé. Chaque fois que je voulais aller faire un tour, la bicyclette était partie. J'étais furieux et malheureux; je souffrais d'un cas de frustration de bicyclette.

Comme la plupart des jeunes garçons de mon âge,

j'eus ma collection de timbres. J'aimais les timbres. Ils sont souvent très beaux, pleins de couleurs et de romantisme. Le Zambèze, l'Irlande, le Labrador, et Ceylan, Costa-Rica, le Pérou, Samoa et la Grèce; je rêvais longuement en regardant mes jolis timbres des pays lointains. Il y en avait une série, surtout, qui me fascinait : c'étaient les timbres triangulaires du cap de Bonne-Espérance. Bientôt, j'eus toute la série. Ils étaient vraiment magnifiques, tous réunis, avec leurs différentes couleurs. Je décidai qu'il n'en existait pas de plus beaux. Alors, pourquoi en collectionner d'autres ? Et j'accumulai les ravissants triangles jusqu'à ce que mon album en fût plein. Les autres garçons n'y comprenaient rien. Mais ça m'était bien égal. J'avais une étrange collection de plusieurs centaines de timbres... tous pareils.

Maman avait l'habitude de passer les mois d'été avec ses trois garçons à Trouville, sur la côte normande. Quels souvenirs inoubliables ! Le point culminant de la journée était l'arrivée, un peu avant midi, de la Mercedes de course, couleur coquelicot, du *New York Herald* qui apportait de Paris en Normandie, en un temps record, l'édition parisienne du matin. James Gordon Bennett s'intéressait particulièrement à ce service. C'était sa marotte. Cette extraordinaire performance quotidienne me soulevait d'enthousiasme. J'avais conscience d'assister à la naissance d'une chose très importante. La Mercedes vrombissante surgissait dans un nuage de fumée bleue et de poussière parmi les pétarades du pot d'échappement. Elle s'arrêtait, haletante, dans un parfum d'huile chaude, devant le casino. S'offrant aux regards fascinés des baigneurs, le chauffeur descendait de son perchoir, portant des gants à crispin, les yeux protégés par d'immenses lunettes et couvert de poussière vénérable. Ma grande émotion était de passer la main sur la grille du radiateur encore chaud et secoué de hoquets; cette grille m'émerveillait, tout obstruée d'abeilles, de papillons et, quelquefois même, de tout petits oiseaux écrasés, holocauste de sacrifiés à la vitesse. Une odeur grisante de caoutchouc tiède, de vapeur, d'huile de ricin et de pétrole, se répandait dans l'air. C'était une véritable volupté mécanique.

Je passais l'hiver à Nice avec ma mère dans une villa qui s'appelait inévitablement « Bella Vista ». Quand j'atteignis l'âge de quinze ans, maman décida que je devais apprendre à danser et prit toutes les dispositions nécessaires avec un cours de danse respectable. C'était l'époque où l'on dansait partout en France la *Valse du Missouri* sur un rythme lent et sirupeux. Je pris deux ou trois leçons avec mon charmant professeur, une jolie brune de vingt ans.

Malheureusement, comme la plupart des Méridionaux, elle adorait la cuisine à l'ail. L'ail et la valse lente s'accordent mal et c'était plutôt décourageant. D'ailleurs, mon cœur, je l'avoue, n'était pas libre. Il s'était donné tout entier à une douzaine de superbes créatures, d'une telle élégance et d'une telle finesse, que toute autre chose ou tout autre être me paraissait terne à côté d'elles. Ces belles créatures reposaient nonchalamment dans la rotonde du dépôt des Chemins de Fer. J'étais amoureux de douze locomotives à vapeur.

Ces ravissants engins, en 1905, étaient déjà aérodynamiques. C'étaient les magnifiques coupe-vent du P.-L.-M. Elles sont restées célèbres dans l'histoire du Rail. Elles sont classées parmi les locomotives les plus harmonieuses qui aient jamais été construites et elles eurent une influence certaine sur ma vie tout entière. Je rôdais autour du dépôt et, bientôt, je devins très copain avec les équipes. Je leur apportais des cigarettes Caporal et, quelquefois, des cigares. En fait, je passais tellement de temps auprès d'eux, que mes leçons de danse s'en trouvaient de plus en plus négligées. Dans le domaine de la danse, je n'ai jamais rattrapé mon retard et je ne sais toujours pas danser. Mais mon amour de la vitesse et des silhouettes profilées monta à des hauteurs vertigineuses.

C'est alors que je commençai à être fasciné par une nouvelle forme de sport qui en était à ses tout débuts, et qu'on appelait « le vol ». C'est au bois de Boulogne, où j'allais souvent, que je fus témoin, dès 1904, du premier décollage de Santos-Dumont. Sur la pelouse de Bagatelle, le Brésilien, sportsman et inventeur, franchissait une centaine de mètres, en rasant le sol, dans son aéroplane cellulaire : *la Demoiselle.*

J'étais en extase, mais malheureux. Je n'aimais pas ces premiers aéroplanes parce qu'ils étaient tellement disgracieux. La plupart d'entre eux étaient affreux. Ils avaient l'air ridicule dans le ciel, c'étaient de vraies baraques volantes.

Bientôt, un autre « ingénieur-sportif », qui se trouvait être aussi un peu artiste, prit le vol sur le premier appareil de lignes harmonieuses. C'était Hubert Latham. Son appareil, un monoplan, s'appelait *l'Antoinette.* Ce fut une révélation. Il était léger, racé, spirituel. Comparé aux espèces de caisses d'emballage entoilées que j'avais vues s'élever lourdement, c'était un rêve. Je commençai à m'intéresser à ce sport, à dessiner des modèles réduits et, bientôt, j'en fis voler un. Les jeunes garçons d'aujourd'hui ne peuvent pas se rendre compte de l'exploit que cela représentait, il y a quarante-deux ans. Bientôt, un club d'aviation fut créé et notre ami James Gordon Bennett, l'homme à la Mercedes rouge, offrit un grand prix : la coupe Gordon Bennett, pour les modèles réduits. Mon prototype gagna haut la main et je devins une célébrité parmi la jeunesse du bois de Boulogne. Bientôt, tant de garçons voulurent acheter mon avion que je commençai à en envisager la fabrication. Ayant fait breveter mon invention et enregistrer ma marque « Ayrel » (R. L.), je louai une remise vide dans une rue des beaux quartiers. Puis j'engageai deux mécaniciens et un vendeur, et l'affaire démarra. C'était très très élégant ! La compagnie Ayrel avait son siège au 235, rue du Faubourg-Saint-Honoré, et son directeur avait quinze ans ! La présentation de l'avion, vendu dans une jolie boîte, était somptueuse et la vente marchait bien. Je me familiarisai vite avec les affaires, du point de vue du patronat. Je connaissais la loi sur les brevets, j'étais documenté sur la vente en gros et au détail, sur les questions d'escompte et de comptabilité, sur les rapports avec la clientèle, la publicité et, surtout, la question des rapports humains et cordiaux avec les ouvriers. La Ligue Nationale Aérienne entendit parler du jeune grand homme d'affaires et organisa une série de conférences dans les grandes villes, pour faire connaître ce nouveau sport qu'était l'aviation. Raymond Lœwy faisait partie de la tournée

Cela se passait pendant les vacances. Nous allions dans une ville de province et faisions aux habitants entassés dans le théâtre local une conférence sur l'aviation. Ensuite, je lançais mon modèle réduit. L'astuce consistait à s'y prendre de telle sorte que le modèle décollât de la scène, décrivît un large circuit en U au-dessus des spectateurs pour revenir, enfin, se poser gracieusement dans ma main. L'auditoire était enthousiaste et ravi. Il n'avait jamais vu un « plus lourd que l'air » voler. Pour terminer, je faisais un petit discours et je répondais aux questions qu'on voulait bien me poser. Ce fut un excellent entraînement pour la suite de ma carrière : cela m'aida, dans une large mesure, à vaincre une grande timidité qui avait assombri ma vie jusque-là.

Cette tournée de conférences dura quelques jours et j'y pris un grand plaisir. Après, ce fut le retour à Paris et au lycée. L'affaire Ayrel se développait et me prenait plus de temps, beaucoup trop de temps, en vérité. Ma famille décida que je devais consacrer tous mes efforts aux études. Comme j'étais un jeune homme raisonnable, j'en convins. Je cédai mon affaire à mon vendeur, et retournai à mes études. J'avais économisé suffisamment d'argent pour me payer un voyage de deux mois en Bretagne, pendant les vacances suivantes. Je pus, aussi, financer la construction d'un canot automobile de course, modèle réduit d'un mètre de long, propulsé par un moteur électrique et une batterie d'accumulateurs. La coque en était bien dessinée et il était rapide. Avec l'*Ayrel-II*, je gagnai la Coupe Branger pour modèles réduits de bateaux, sur le lac du bois de Boulogne. Ce qui me frappe, maintenant, c'est qu'en construisant mes deux modèles, l'avion et le canot, j'en avais soigné l'aspect extérieur beaucoup plus que ne faisaient les autres enfants. J'en éprouvais une grande satisfaction et ce fut là, sans doute, le début inconscient d'un processus de pensée qui, plus tard, m'orienterait vers ma profession.

Mes frères s'intéressaient à mes efforts et ils m'encourageaient à faire des essais, à prendre confiance en moi-même et à travailler. Ils avaient une bonne influence sur moi et je dois beaucoup à la tutelle qu'ils exerçaient de façon constructive. Ils avaient confiance en moi et me donnaient confiance en moi-même. Ils appréciaient mes efforts et je n'ai jamais eu l'impression, comme trop d'enfants, de travailler dans le vide.

Georges et Max créaient un bon climat autour de leur jeune frère; jamais ils ne me laissèrent le temps de me décourager devant un échec. Je vivais dans une atmosphère de recherches passionnées. J'étais fasciné par tout ce qui était étrange, inhabituel ou simplement prometteur : une théorie surprenante ou paradoxale, une nouvelle trompe d'automobile, une expression imagée de l'argot parisien, le mouvement dada, la dernière pièce de Zamacoïs ou un décor de Diaghilev.

Pendant ce temps, mon père parlait de Théodore

Roosevelt, je ne sais pas exactement pourquoi, et je compris, bientôt, qu'il n'en savait rien lui-même. En tout cas, la grandeur de Théodore Roosevelt ne transparaissait jamais à travers les discours de mon père. J'étais, tout de même, très intéressé par l'Amérique. Le cinéma faisait se dérouler devant nos yeux la vie américaine avec ses portes tournantes, ses coups de revolver, ses « flics » qui louchaient, ses tartes meringuées et ses ponts suspendus. Je n'étais pas seulement intéressé, j'étais intrigué. L'Amérique me paraissait tellement merveilleuse, virile et « moderne ». Elle avait, en même temps, des traits de caractère absolument incompréhensibles pour moi, qui me laissaient perplexe pendant des jours entiers. Imaginez donc ma joie lorsque j'appris que mon cousin l'abbé Labalme devait venir nous rendre visite à Paris avant de partir pour l'Amérique. C'était une belle occasion d'en apprendre davantage sur ce pays.

Prêtre catholique, l'abbé Labalme, qui avait une petite paroisse dans le Midi de la France, était un homme brillant et un fin gourmet. Avec ses deux mètres de haut, son beau visage, son physique de joueur de football, son esprit de boulevardier, il me ravissait. Ses visites étaient un vrai régal. Il n'avait absolument aucune autre ambition au monde que de rester, toute sa vie, auprès de ses ouailles (qui l'adoraient) et de continuer à bien manger et à bien boire. Cependant, l'évêque de son diocèse, ayant remarqué son intelligence, l'avait choisi comme délégué d'une mission qui devait assister, au Canada, à un congrès ecclésiastique. C'est ainsi que nous nous trouvâmes, au Havre, à bord du vieux *S. S. Gascogne,* lui souhaitant bon voyage et bon pèlerinage. C'était en 1903. Il me promit de me raconter son voyage par le menu, à son retour. L'admiration, l'envie, l'impatience se mêlaient en moi en le voyant partir. J'avais hâte de tout savoir sur les Peaux-Rouges, les ice-cream sodas, les gratte-ciel, les ventilateurs et les ascenseurs express.

Imaginez ma joie lorsqu'un soir, bien des mois plus tard, en rentrant de l'école, j'ouvris la porte du salon et me trouvai devant mon cousin ! Il était en excellente forme, bronzé, débordant de santé et de sourires. Quel merveilleux représentant de la France il avait dû être à l'étranger ! pensai-je. Il était si humain, si bon ! Cet homme réussissait à faire de la religion une chose accessible et pleine d'espérance. Je l'aimais bien. Nous étions tous de bonne humeur, dans l'expectative et affamés. Le dîner fut excellent dans ses moindres détails et à la hauteur de la réputation épicurienne de mon cousin. Après le repas, nous lui posâmes toutes les questions du monde; ce fut follement amusant. L'abbé avait un grand sens de l'humour. Le français archaïque des Canadiens l'avait beaucoup fait rire. Cependant, ce qui semblait l'avoir le plus impressionné, c'était l'étrange nourriture des Américains. Quel que fût le sujet de la conversation, il en revenait toujours aux pratiques alimentaires d'outre-Atlantique comme à quelque chose de tout à fait curieux.

L'impression que je gardai de cette conversation fut que, en plus des aliments civilisés, l'« Américain » aimait manger certains matériaux de construction, tels que le carton, la pulpe de bois, etc. L'abbé nous décrivit un petit objet mince, d'à peu près deux centimètres sur trois, apparemment fait de paille et de sciure de bois conglomérées. Les gens mangent ça avec voracité, nous dit-il, et ça s'appelle quelque chose comme Korn Krisp. Il nous décrivit, ensuite, un autre biscuit très, très fin qui ressemblait à du papier d'emballage Kraft, et qui en avait le goût. Un autre, encore, présentait la même couleur et la même texture que le carton ondulé, sans toutefois en avoir la souplesse. Il avait visité une usine immense dans le nord de l'Etat de New York, où l'un de ces matériaux destinés à l'alimentation était fabriqué en masse, et il avait vu cela de ses propres yeux. Pour appuyer ses dires, il avait ramené plusieurs échantillons croustillants de ces incroyables produits, présentés dans des boîtes en fer-blanc. Nous y goûtâmes. L'échantillon n° 1 ressemblait à un petit coussinet rempli de minces ficelles frites sans sel et n'avait aucun goût. Nous étions convaincus de la véracité des dires de notre cousin. Bien des années plus tard, alors que j'habitais déjà l'Amérique, cet entretien me revint à la mémoire, et je reconnus le produit qui m'avait tant intrigué : c'est une denrée saine et nourrissante [1] qui fait partie, aujourd'hui encore, de l'ordinaire américain. J'identifiai aussi toutes les variétés de gaufrettes, genre carton salé, qu'on trouve aujourd'hui encore dans les corbeilles à pain du *Waldorf* ou du *Plaza*. Je dois dire, en toute franchise, que mon cousin nous décrivit également quelques steaks savoureux et certaines côtes de porc grillées et juteuses qui nous firent oublier les histoires d'alimentation à base de cartonnage et de ficelles grillées.

Pourtant, après bien des années de séjour en Amérique, je suis encore passablement étonné de voir la faveur dont jouissent tant d'étranges produits comestibles dans le pays tout entier. Bien souvent, on a l'impression qu'un fabricant ayant mis au point un bon produit (quel qu'il fût) a hésité au moment de le lancer sur le marché : est-ce que ce sera un aliment pour le petit déjeuner, ou un matériau pour empaquetages bon marché ? Hésitation, aussi, quant aux différents domaines, souvent totalement opposés, où son article pourrait, ou ne pourrait pas, trouver une application. Je pourrais me faire comprendre clairement s'il m'était possible de citer quelques marques. Prenez, par exemple, l'un de nos desserts gélatineux, fortement parfumé, j'allais dire arrosé de parfum capiteux. Un tel produit, élaboré à partir des ingrédients les plus purs que la chimie moderne ait mis au point, aurait connu le même succès s'il avait été vendu en tubes, comme crème capillaire pour messieurs. Prenez encore un de ces poudings crémeux

1. Il s'agit d'une céréale consommée généralement par les Anglo-Saxons pour le petit déjeuner, par millions de tonnes.

et douceâtres que des millions d'Américains adorent. Vendu comme cosmétique ou crème de jour dans un petit pot rose, il aurait fait sensation. Et vice versa, je connais des pâtes dentifrices qui ont tout à fait le goût et l'apparence des crèmes inattendues dont on garnit les atroces petits sandwiches que l'on sert en Amérique pour le cocktail.

La vie d'un jeune homme aux environs de 1905 était passionnante. Imaginez un jeune garçon qui assiste successivement à la naissance de l'ampoule électrique, du téléphone, de l'automobile, de l'avion, du cinéma et de la radio. Comment un enfant de ma génération aurait-il pu souhaiter autre chose que de prendre une part active dans une de ces inventions qui allaient bouleverser le monde ? Je ne pouvais m'intéresser à rien d'autre. Je savais que je serais malheureux si je ne pouvais pas vivre en contact direct avec ces découvertes capitales.

A partir de ce moment-là, je me fixai un but et je suivis le seul chemin qui y conduisait en ligne droite. Je ne l'ai jamais quitté et, malgré les apparences, j'aime la route sur laquelle je chemine et, à mesure que j'avance, le paysage devient plus fascinant.

Jetons, maintenant encore, un coup d'œil sur l'époque de la biberine. C'est au collège Chaptal que je fis mes premiers essais dans l'étude de l'anglais. Mon professeur, l'inoubliable professeur Hartman, de Leipzig, avait un fort accent germanique. C'était un homme irascible. Il nous expliquait les mots avec des gestes saccadés, qui nous rendaient tous nerveux et paralysaient nos progrès. N'importe quel amateur-psychiatre aurait pu nous dire tout de suite que le pauvre diable essayait inconsciemment de nous empêcher d'apprendre l'anglais. Il y réussissait brillamment. La plupart des phrases qui lui servaient d'exemples contenaient des références à Bismarck ou au kaiser Guillaume. En tant que Français, nous étions plutôt prévenus contre ces personnages, et son choix ne créait pas ce qu'on pourrait appeler un état d'esprit « réceptif ». Au bout de six mois, j'abandonnai l'anglais et me mis à la boxe. Je fis d'étonnants progrès et acquis une bonne réputation de rapidité. Je récoltai, aussi, une série de magnifiques « bleus » assez difficiles à expliquer à mes parents et lents à disparaître.

A cette époque, j'eus deux nouvelles passions, la chimie et les courses de chevaux. Elles se terminèrent de façon piteuse. Prenez la chimie, par exemple.

Georges, de plusieurs années mon aîné, était étudiant en chimie. Nous avions installé ensemble un petit laboratoire de fortune dans une pièce-débarras, pas loin du hall d'entrée de la maison. J'étais son assistant. Nous préparâmes une excellente poudre à feux de Bengale et décidâmes d'en constituer un stock pour le 14 Juillet. Nous fîmes un essai avec une petite quantité de la poudre qui produisit une magnifique flamme rose. Malheureusement, une étincelle égarée tomba dans notre réserve destinée au 14 Juillet, et le tout s'enflamma avec une violence de mauvais goût. Georges et moi sautâmes par la fenêtre (l'appartement était au rez-de-chaussée), nous étions sains et saufs, mais tout l'immeuble fut pris de panique et l'appartement mis sens dessus dessous. Ma carrière de chimiste était terminée.

Quelquefois, maman allait aux courses à Longchamp et il lui arrivait de m'emmener. J'étais fasciné par la couleur, le bruit, l'animation. Un certain jour de congé, je demandai à maman la permission d'aller seul à Longchamp. Elle hésita et, finalement, accepta en précisant bien que c'était là une faveur exceptionnelle. Elle me donna de l'argent pour payer mon entrée, et je quittai la maison dans un état de grande exaltation car j'avais un projet. Depuis longtemps, ma conception du paradis sur terre était représentée par un café de Paris, célèbre pour ses glaces. On y servait près de vingt sortes de glaces différentes, de crèmes glacées, de sorbets, de granités et de cassates. C'était le *Café Napolitain.* Mon père m'y emmenait quelquefois, mais je n'avais jamais réussi à me rassasier. Je décidai de prendre un grand risque et d'essayer les courses comme source de revenus à convertir en glaces. Je passai deux heures d'agonie sur le champ de courses, tâchant de choisir le cheval sur lequel je jouerais mes cinq francs. Enfin, je fixai mon choix sur un cheval, à cause des couleurs du propriétaire décrites dans le programme : « cerise, cerclé citron et café ». C'était comme un avant-goût du *Café Napolitain.* Je jouai tout mon argent sur ce cheval, suivis la course dans un état d'angoisse effroyable et vis gagner ma casaque cerise ! Je me précipitai au guichet, empochai mon argent et rentrai à Paris en autobus, me préparant, pendant le trajet, à mon imminente orgie glacée. Je restai près de deux heures au *Café Napolitain* et engloutis pour quatre-vingts francs de glace ! Je rentrai à la maison dans un état nauséeux et grelottant. Je ne suis pas encore près d'oublier l'épreuve du retour en métro.

Je ne suis jamais retourné seul aux courses.

En fait, près de trente-cinq ans devaient s'écouler avant que le destin et la Floride se liguent pour m'attirer sur le champ de courses de Hialeah. En compagnie de quelques amis, je parcourais distraitement la liste des partants. J'aime les noms des chevaux. Ils ont une résonance prestigieuse et pleine d'évocations : Diomède, Dédale, Salstram, Sunstar, Ayrshire, Coronation, Ormonde, Aimwell. Noms merveilleux qui conviennent bien à ces splendides pur sang. Je découvris soudain, en sandwich entre Teddington et Galtee Mare, un concurrent portant le nom incroyable de Louis Shapiro. Cela méritait l'attention : quand on pense à la surabondance de noms étincelants applicables à la race chevaline, s'il se trouve, soudain, un cheval pour s'appeler Louis Shapiro, cela indique, me sembla-t-il, qu'il se distingue de ses rivaux. Nous tombâmes tous d'accord pour jouer sur lui une somme considérable. La cote était bonne. Louis Shapiro, comme vous l'avez deviné, gagna la course.

CHAPITRE 3

Un sigle ou une marque de fabrique puissant et remarquable permet l'identification instantanée d'un objet manufacturé ou d'une firme. Ce symbole est d'autant plus effectif qu'il est simple et dépouillé ; il n'en sera que plus profondément inscrit dans la mémoire ; un symbole abstrait est souvent préférable. La spirale ci-dessus, en tête du troisième chapitre, représente le chiffre Trois en bengali. Ce symbole ferait un excellent sigle pour une firme groupant, par exemple, trois importantes filiales ou encore pour un produit à polir ayant trois avantages :

1) Nettoiement

2) Polissage

3) Protection

3

Sexe et locomotives

A quinze ans, je quittai le collège Chaptal pour entrer à l'école de Lanneau (école préparatoire pour les concours de l'Ecole Centrale). Nous habitions la Porte Dauphine, assez loin de l'école de Lanneau. Le moyen de transport le plus rapide pour me rendre en classe était, fort heureusement, celui qui me plaisait le plus : c'était le train, un vrai train à vapeur, le train de « ceinture », dans lequel j'avais la chance de monter deux fois par jour.

Les réveils à l'aube dans l'obscurité hivernale avaient perdu leur caractère atroce. J'avalais mon café au lait et mes brioches et je courais, dans un crachin glacé, jusqu'à la station Porte Dauphine. Je dégringolais les escaliers glissants et j'attendais sur le quai l'arrivée du train, et mon émotion du matin. C'était merveilleux de sonder le brouillard du regard à la rencontre du halo doré qui illuminait, en se rapprochant, à la fois mon cœur et le quai luisant de la gare. Le train arrivait à toute vapeur et ralentissait dans la pluie d'étincelles des freins, les roues grinçaient sur le sable, et il s'arrêtait, joyeusement éclairé par l'aube naissante, dans une exquise odeur de fumée, de vapeur et de sable roussi. Je grimpais dans un petit compartiment qui sentait le reps moisi et le tapis mouillé. Comme je voyageais en première, le compartiment était presque toujours à moitié vide et je m'installais sur la banquette beige couverte de taches, je sortais mes livres et je « repassais » mes leçons. Parfois, cela m'était facile, d'autres fois, je n'arrivais pas à me concentrer. Je lisais et relisais alors distraitement, sans même la voir, la même équation...

$$\sqrt{a - b} = X \qquad \sqrt{a - b} = X$$
$$\sqrt{a - b} = X \qquad \sqrt{a - b} = X\ldots$$

J'étais vaguement conscient d'une faible interférence. Ce n'était pas désagréable, c'était une sorte de douce pulsation rythmique, ce n'était pas le rythme des roues sur les joints du rail. Non, c'était plus « humain ». Au moment où se produisait ce phénomène, l'odeur de soufre et de pétrole du wagon prenait une autre qualité et devenait presque un parfum. Décidément, cette cadence rythmée ne venait pas des roues. Est-ce que par hasard elle était en moi ? J'étais intrigué mais ma nature analytique me poussa à observer. Cependant je lisais toujours sans voir...

$$\sqrt{a - b} = X \qquad \sqrt{a - b} = X$$
$$\sqrt{a - b} = X \qquad \sqrt{a - b} = X$$

Je m'aperçus bientôt que ce phénomène d'interférence se produisait invariablement quand un autre voyageur se trouvait dans mon compartiment, mais jamais lorsque ce voyageur était un homme. Par contre, la sensation se faisait très aiguë si le voyageur était à la fois du sexe féminin et d'aspect agréable.

Cela était étrange. Etrange mais pas déplaisant.

Un autre élément de trouble se fit bientôt jour en moi. Pendant que j'attendais sur le quai de la station, je commençai à m'intéresser beaucoup moins à l'apparition des phares du train, et beaucoup plus au choix du compartiment où j'allais monter. Un jour même, à force d'hésiter, je faillis manquer le train. Ce fut une révélation. Je tenais enfin la clé de l'énigme. Le compartiment où j'aimais monter de préférence était celui qui contenait une jolie fille. Cependant, ma technique du dernier moment avait des inconvénients; parfois, ayant trop hésité, j'atterrissais au beau milieu d'un compartiment empesté de fumée et bondé d'hommes trempés et sentant le drap mouillé.

Mais cette histoire de belle voyageuse m'intriguait.

Etait-il possible qu'il existât, dans la vie, d'autres sources de joie que les locomotives ?

Le problème devait se résoudre de lui-même, par un soir d'hiver. J'étais monté distraitement dans le compartiment le plus proche pour rentrer chez moi. O surprise ! Deux voyageurs y étaient installés : une jeune et jolie maman d'environ trente ans, et son petit garçon âgé de six ans. Plusieurs paquets s'entassaient dans le filet du compartiment. Elle venait, sans doute, de faire des achats dans les grands magasins. Les glaces étaient couvertes de givre, les lumières du compartiment étaient dorées, l'air chaud et parfumé. L'enfant dormait profondément, étendu sur la banquette, la tête reposant sur le vison plié de la voyageuse. Un ballon rouge portant l'inscription « Louvre » était attaché au poignet de l'enfant et se balançait doucement. La maman était ravissante, avec son chapeau cloche et la voilette tendue sur ses lèvres sensuelles. Vêtue avec goût, blonde et potelée, elle donnait l'impression d'une jeune caille bien nourrie. Je m'émerveille souvent de la mémoire photographique dont j'ai été doué par la nature et qui me permet de me souvenir avec précision de certains détails visuels de ma prime jeunesse. Je disais donc que la dame tricotait, que l'enfant dormait et que, moi, j'étudiais mes leçons. La vanité totale de mes efforts m'apparut bientôt avec évidence, car je ne pouvais pas détacher mes yeux de la rayonnante créature. Elle remarqua ma nervosité, et une lueur d'amusement passa dans ses yeux bleus. Je la regardai : et elle me sourit. Mon visage était sans doute très congestionné car elle cessa de tricoter, sourit de nouveau et me dit d'une voix douce :

— Voyons, qu'est-ce qui ne va pas, Raymond ?

Je rougis jusqu'aux oreilles et réussis à articuler :

— Mais, Madame, comment savez-vous mon nom ?

— Il est écrit sur la couverture de votre livre, répondit-elle.

Je rougis encore davantage et me réfugiai derrière ma trigonométrie. J'étais ensorcelé. Je tremblais d'une émotion inconnue, et j'observais la jolie maman du coin de l'œil. Elle cessa de sourire et parut légèrement perplexe. Puis cessant de tricoter, elle regarda son petit garçon endormi, releva les yeux sur moi, hésita un moment et posa son ouvrage sur la banquette. Elle souleva sa voilette noire, juste assez pour dégager le bout de son ravissant petit nez. Elle ouvrit son sac, en sortit un miroir et commença à essuyer son rouge à lèvres d'un geste lent et sensuel. Par-dessus son miroir, elle me jetait des regards adorables. Ses yeux étaient langoureux et provocants. Je sentais que quelque désastre inéluctable se préparait et je me faisais tout petit derrière mon livre... C'était inutile. Elle se leva délibérément, tira son corsage sur sa poitrine arrogante, franchit l'étroit passage qui nous séparait et vint s'asseoir à côté de moi. M'entourant le cou de son bras, elle me prit le menton et se mit en devoir de faire fondre ma bouche sous un baiser très long et très doux, qui nous laissa tous deux pantelants et hors d'haleine. Un ingénieur pourrait fort bien décrire ce baiser comme un baiser à caractéristique hélicoïdale, avec accélération progressive en profondeur. Je dirai, en termes moins techniques mais également précis, que ce baiser évoqua pour moi le parfum des violettes de Parme, en avril. Le train ralentit et s'arrêta à une station. Dans mon émoi, je réussis à jeter un coup d'œil sur le quai et je reconnus la Porte Dauphine. Je sortis, chancelant, traînant mon pardessus et mes livres sous mon bras, et restai planté sur le quai, pétrifié, ivre, tremblant. Elle essuya un segment de vitre et me regarda. Elle était ravissante et semblait tout attendrie. Derrière elle, le ballon rouge se balançait au plafond. Le train repartit lentement. Elle m'envoya un dernier baiser et disparut dans la nuit. Je restai là, pensif et ravi. Je ne la revis jamais.

Je rentrai lentement à la maison. J'étais songeur. Se pouvait-il qu'il existât des joies aussi surhumaines ? Il était indispensable de me renseigner. Mais alors, que devenaient mes anciens critères du bonheur ? La Mercedes rouge ? Les locomotives coupe-vent ? Comme tout cela me paraissait terne et lointain ! Je me sentis coupable car je savais que j'allais bientôt trahir mes chères locomotives.

Ce soir-là, mes parents s'étonnèrent de l'étrangeté de mon attitude et commencèrent à s'inquiéter de ma santé ! Maman me trouva maigre et suggéra une visite chez le docteur de la famille. Pour éviter que cette discussion embarrassante ne se prolongeât, je trouvai plus simple d'acquiescer. Mais je savais bien que je n'étais pas malade. Certes, j'étais défaillant — mais seulement du désir de poursuivre mes recherches documentaires.

★

Je restai encore trois ans à l'école de Lanneau. A l'intention du jeune lecteur qui se destine à l'esthétique industrielle et serait curieux de savoir quelles étaient mes notes en classe, les voici dans leur merveilleuse simplicité :

MATHÉMATIQUES SUPÉRIEURES	excellent
TRIGONOMÉTRIE	excellent
GÉOMÉTRIE DESCRIPTIVE	excellent
CHIMIE	zéro
PHYSIQUE	zéro
PHILOSOPHIE	zéro

LANGUES	zéro
LITTÉRATURE	zéro

Je crois que c'est à mon oncle Charles que je dois indirectement mes bonnes notes en mathématiques. Pour mes quinze ans, il m'avait offert une énorme vieille montre en forme d'oignon. Elle marquait tout : l'heure, le jour de la semaine, la position de la lune et, de plus, sonnait comme un réveille-matin. Le tout très mal, d'ailleurs. Elle avançait de deux heures et demie par jour, sautait les mercredis, sonnait avec quarante minutes d'avance et indiquait l'évolution de la lune en marche arrière. Pour rétablir l'heure exacte, il fallait se livrer à un calcul digne d'Einstein qui me permit d'exercer abondamment mes talents mathématiques. Je ne m'inquiétais jamais beaucoup pour l'évolution de la lune mais le problème de la sonnerie était, lui, assez urgent, elle était fort bruyante et m'empêchait de dormir.

Le fait est que cet infernal instrument commençait à me rendre mathématiquement fou. Je fus opportunément sauvé le jour où ma chère montre eut la bonne idée de tomber, sans doute accidentellement, dans la Seine, au Pont Royal. Et, comme elle nageait, je veux dire marchait, mal, elle se noya.

Il me fallut annoncer à mon oncle Charles la triste nouvelle. Il en fut très affecté.

Mes notes déprimantes en littérature peuvent, en partie, être attribuées à une série de conflits avec mon professeur. Un jour, ce monsieur nous donna à traiter le sujet suivant :

Au XIe siècle, en Ecosse, le baron Eriago encourt la disgrâce de son suzerain. Sur l'ordre de ce dernier, le baron Eriago est précipité nu dans une fosse noire, pleine de rats affamés, et il est abandonné à son sort. (*Note :* décrivez la suite, telle qu'elle a été vue par un témoin imaginaire.)

Le lendemain, en classe, chaque élève lut sa composition. Quel fatras d'exposés sanglants ! Ah ! ils l'avaient bien arrangé le cher baron ! Rien ne lui avait été épargné. A mon tour, je lus mon devoir ainsi rédigé :

Après un examen approfondi du sujet de la narration, je suis arrivé aux conclusions suivantes :

a) Aucun témoin n'aurait pu donner un compte rendu visuel des aventures du baron dans la fosse, puisqu'elle était plongée dans l'obscurité.

b) Peut-être la question n'était-elle pas clairement posée, et fallait-il lire : « Description sonore ? »

c) Dans ce cas, ne serait-il pas inconvenant, pour un adolescent à peine sorti de l'enfance, de décrire de sang-froid une scène pareille ?

Il ne me restait plus qu'à attendre le verdict.

J'obtins un zéro retentissant, agrémenté de quelques remarques sur les risques auxquels on s'expose quand on est un petit blanc-bec.

Un peu plus tard, notre professeur nous proposa comme sujet de composition une discussion sur les avantages et les inconvénients des logements à bon marché dans une ville du nord de la France.

Le cher professeur souligna qu'il tiendrait surtout compte de l'originalité dans la façon de traiter le sujet et du degré d'imagination dont on aurait fait preuve. C'était un défi. Ne pensant qu'à être « original », voici ce que j'écrivis :

Cher Professeur et ami,

En passant par Lille, j'ai reçu votre lettre où vous me demandez une interview sur les problèmes des habitations à bon marché. Comme vous le savez, je suis en route pour Paris où je dois recevoir l'investiture pour la présidence du Conseil de la République. Le sujet sur lequel vous désirez m'interroger est plein d'embûches politiques. Je préférerais éviter d'en parler en ce moment critique. Je suis sûr que vous comprendrez ma position et que vous m'épargnerez. Je vous demanderai également de ne pas publier le contenu de cette lettre, qui est de caractère confidentiel.

N'hésitez pas à venir me dire bonjour, lors de votre prochain passage dans la capitale. Je serai heureux de vous aider à obtenir ce transfert au Lycée de Saint-Cucufa dont vous m'avez parlé il y a quelque temps.

Je vous serre cordialement la main. A bientôt.

Sincèrement vôtre

R. L.

P.-S. — Désolé d'apprendre que votre femme vous a quitté. J'espère que votre petite fille sera bientôt remise de sa rougeole. Bonne chance, mon ami.

On m'avait demandé d'être original... Je fus cependant gratifié d'un autre zéro pour n'avoir pas traité le sujet. Je me consolai en songeant que si le président du Conseil avait évité de parler de cette question, je pouvais bien en faire autant.

Au printemps, ma famille décida de déménager. Nous nous installâmes dans un luxueux appartement, rue Georges-Ville. Ma mère était épuisée par les soucis et la fatigue de l'installation, mais elle veilla à ce que tout fût en ordre dans la maison, avant de partir se reposer à la campagne. Maman n'était pas de ces femmes qui prennent des risques en engageant un personnel domestique féminin trop avenant. Avant de laisser son mari et ses trois grands fils seuls pendant un mois, elle se surpassa dans son choix : la cuisinière était une vieille fille desséchée, les deux femmes de chambre étaient pâles et archaïques. Ce fut la consternation dans le clan mâle. Maximilien, surtout, était dépité. Heureusement, c'était un homme d'action et il se mit en campagne. Quelques jours après le départ de maman, une nouvelle équipe s'installait dans la maison. Max avait eu la main heureuse : trois belles filles robustes, d'une vingtaine d'années. La cuisinière était particulièrement bien bâtie. C'était une solide paysanne, avec des joues fraîches et des hanches voluptueuses. Les deux femmes de chambre étaient blondes et potelées, la taille bien prise. Une Champenoise et une Bretonne. La famille Lœwy était satisfaite. La maison était débordante de gaieté avec toute cette jeunesse et, que je sache, il n'y eut jamais une fausse note. Ayant insisté pour que maman prît un très long repos, nous nous installâmes dans notre bonheur de sybarites. Sans tout à fait en comprendre la raison, l'existence, avec ces trois jolies femmes s'activant autour de nous, me paraissait fort satisfaisante. La fraîcheur, la proximité de ces trois spécimens alléchants, me faisaient progresser dans ma recherche de moins en moins subconsciente de la perfection esthétique.

Notre mère avait dû deviner qu'il se passait quelque chose de pas très clair. Elle rentra à l'improviste. Quand la souriante petite Jeanne ouvrit la porte, maman fut sidérée. Quand elle vit Julie dans la lingerie, elle s'affola. Dans la cuisine, ce fut le bouquet. Françoise était accroupie par terre, frottant hardiment le carreau et offrant impudemment aux regards de Maximilien la presque totalité d'une très jolie paire de cuisses.

En quelques jours, tout rentra dans l'ordre. Mais, pendant longtemps, maman surveilla le courrier pour intercepter les cartes postales que nous adressaient de tous les coins de la France la charmante Jeanne, la belle Julie et la plantureuse Françoise.

Comme je l'ai déjà dit, mes années de formation se passèrent dans une conscience très vive de l'Amérique et de la vie américaine. Nous recevions tous les jours le *New York Herald* et le dimanche matin je suivais avec enchantement les aventures de Buster Brown et de Little Nemo. Je lisais avidement les traductions des œuvres de Poe, de Twain ou de Whitman. Mais il se trouva un autre élément parmi les forces qui réglèrent ma destinée. Ce fut la caractéristique britannique. J'étais très épris de certaines manifestations extérieures de ce qu'on pourrait appeler l'anglicisme parisien. Peu de jeunes Français de mon âge s'intéressaient, ne fût-ce que de loin, à ce qui touchait l'Angleterre ou l'Amérique. Je sais gré à mon père et à mes frères d'avoir su intelligemment m'ouvrir ces nouveaux horizons. Grâce aux traductions, j'étais aussi familier avec les dernières aventures de Sherlock Holmes que n'importe quel petit Anglais.

J'avais lu l'extraordinaire déclaration de Wilde : « Les autres sont tellement épouvantables, que la seule compagnie possible est la sienne propre », et cela m'avait donné l'envie de mieux connaître le pays qui pouvait engendrer des idées aussi intéressantes. Le dandysme de Brummel et la causticité de Byron complétaient l'image un peu sommaire que je me faisais de l'Angleterre. Mais tout cela me stimulait. Cette civilisation sophistiquée valait qu'on l'étudie à fond.

J'aimais l'élégance en profondeur des Anglais et de tout ce qui les entourait. Cette élégance n'était pas un simple vernis. J'aimais leur humour glacé, leur argenterie, leurs chevaux, le parfum de leur tabac blond, l'odeur de leurs bruyères, la qualité de leurs tweeds, ces tweeds aux teintes subtiles et aux noms évocateurs : vert Tamise, fumée de Londres, bronze de Chelsea. Et leurs gants magnifiques, leurs lourdes carafes de cristal. Partout, une qualité solide, en profondeur. Cette impression laissa sa marque sur moi et je m'en rends compte aujourd'hui. Je me souviens, avec plaisir, en particulier, d'une petite pharmacie anglaise de Paris. Un écusson doré et ciselé, d'un travail exquis, était fixé au-dessus de la magnifique porte d'acajou poli. On y lisait en lettres d'or : « Apothicaire de S.A.R. le duc de Connaught. » C'était sobre et d'une élégante parfaite. Et ces subtils parfums pour hommes qui venaient de Germyn Street : Penhaligon, Stephanotis. C'étaient des mélanges exquis de jasmin et de tilleul, de bois de santal et de verveine. J'adorais la froide indifférence des Anglais, toisant à travers leur monocle mes amis parisiens les plus exubérants. Ils étaient vraiment « très Buckingham ».

Quel chic et quelle réserve ! Ils étaient peut-être un peu exaspérants, mais ils jouaient si bien leur rôle. J'admirais aussi l'extrême discrétion de leurs vêtements et de leurs manières, la simplicité raffinée de chaque détail. C'était de l'élégance pure, de l'élégance distillée. Toute excentricité était bannie; un revers, une couleur trop hardis, un contraste trop marqué, étaient considérés comme insupportablement vulgaires. Cette effrayante simplicité était adoucie par certains accents de bon goût : une perle noire, une grande améthyste, un revers de manche en gros grain, une mince chaîne d'or vert. Ils étaient vraiment tout à fait extraordinaires ces Anglais promenant sur le monde un regard flegmatique et légèrement surpris. Ils avaient aussi une moralité à part, semblait-il, si l'on en croyait certaines histoires invraisemblables qui circulaient en ville. On savait que de ravissantes jeunes femmes avaient déjeuné ou dîné avec certains d'entre eux, chez Foyot ou chez Larue, dans des salons particuliers, sans qu'ils se fussent livrés à la moindre tentative de viol entre le caviar et le faisan. Je trouvais cela fort intéressant. Les manières des Anglais me plaisaient car je n'aimais la vulgarité sous aucune de ses formes.

En ce qui concerne la culture française, je peux dire qu'elle me marqua profondément. J'étais pénétré de la logique française et de sa finesse. Je lisais Duvernois, Colette, Proust, Jacques Boulenger. Dans les arts graphiques, mes adorations allaient de la préciosité de Monvel à la virilité de Chéret, en passant par Toulouse-Lautrec. C'était l'âge d'or de la France. Il y avait tant d'esprit, de gaieté, de délicatesse. Tristan Bernard, de Flers, Lavallière, de Croisset, Max Dearly et Diaghilev...

Je fis par intuition la connaissance de bien des dilettantes. Sans me préoccuper de leur position sociale, je me liais d'amitié tantôt avec un écrivain malchanceux et plein de talent, tantôt avec un conducteur d'omnibus, tantôt avec le quincaillier du coin. Ils étaient tous doués d'intégrité intellectuelle. En dépit de leur misère matérielle, ils étaient heureux. Ils me rappelaient une pensée de Bernard Shaw : « Jusqu'à mon dernier jour, je dénoncerai la pauvreté. Que l'on soit vagabond ou millionnaire, n'a pas en soi d'importance; ce qui a de l'importance, c'est d'être le parent pauvre du riche. Cela, oui, est infernal. »

Le conducteur d'autobus et le marchand de frites ne se considéraient pas, intellectuellement parlant, comme les parents pauvres des riches. Ils étaient d'accord avec Shaw, de la manière la plus digne.

4

Dessinateur de mode

Pendant la traversée de l'Atlantique sur le paquebot *S. S. France*, un article stupide me tomba sous les yeux. Il était inséré dans la rubrique « Biens immobiliers » d'un quotidien de New York et s'intitulait « Centre de ralliement de la Haute Société new-yorkaise ». Il montrait un plan des rues élégantes de la ville sur lequel l'emplacement des hôtels particuliers de la haute société new-yorkaise était marqué par des cercles noirs. Il y avait l'hôtel des Whitneys, des Astor, des Frick, etc. Après une étude minutieuse il avait été établi que le quartier le plus *select* de New York se trouvait près de l'angle de Madison Avenue et de la 68e Rue. Ce point focal était marqué d'une étoile. O surprise ! cette étoile se trouvait juste à côté de l'immeuble où j'allais habiter. Formidable ! J'atterrissais pile contre l'étoile ! Je ne mis pas longtemps à calculer que je ne me trouvais qu'à vingt mètres à l'ouest et à quinze mètres au sud de la Haute Société. Je ne m'en suis d'ailleurs jamais rapproché davantage, ni topographiquement ni autrement.

Mon nouveau domicile se trouvait dans un immeuble de quatre étages, sans ascenseur, et plutôt moderne à l'époque. Dès mon arrivée, je commençai à m'organiser, ce qui consista à transférer le contenu de ma valise dans la penderie, et à faire connaissance avec la minuscule cuisine, car j'avais l'intention de prendre mes repas chez moi, pour faire quelques économies. Je me documentai sur le laitier, le blanchisseur et l'épicier. Puis mon frère Maximilien me présenta à mes voisins immédiats. Comme il rentrait en France le jour suivant, il voulait absolument me faire faire la connaissance d'au moins quelques personnes avant son départ. Il se doutait bien que mes fonds ne dureraient pas plus d'une semaine et qu'alors, sans travail, et ne parlant pas un mot d'anglais, j'aurais à traverser des moments difficiles.

Notre première visite fut pour ma voisine de palier, une vieille dame distinguée, très collet monté, qui vivait avec sa ravissante jeune nièce. Je portais encore mon uniforme de capitaine. Je compris au regard désapprobateur de la vieille dame qu'elle ne m'inviterait pas souvent. Elle me classa immédiatement dans la catégorie des séducteurs professionnels d'outre-Atlantique et n'en présagea rien de bon. La chère dame se trompait lourdement ! Ma timidité avec les femmes tenait d'une réelle psychose. (Cette cruelle forme de timidité maladive me rendit fort malheureux pendant plusieurs années.) Au bout d'un moment, nous prîmes congé et je commis l'erreur de baiser respectueusement la main de la vieille dame. Ce geste, si naturel pour un jeune Français correctement élevé, tourna à mon désavantage. Elle avait sans doute trouvé mon geste outrageusement « cavalier » et, pendant les deux années où je vécus dans cet immeuble, elle ne m'adressa presque plus jamais la parole. Je lui en voulus pendant longtemps de cette injuste suspicion. Quant à sa jeune pucelle de nièce, jamais elle ne m'adressa le moindre bonjour. Je ne serais pas étonné qu'elle ait fini comme « fille à deux dollars » dans un camp de bûcherons du Wisconsin supérieur. C'est souvent la triste fin de ces jeunes personnes qui ont vécu pendant leur adolescence sous la tutelle d'une vieille dame prude, telle que ma respectueuse voisine du 3 B.

Maximilien et moi, continuâmes notre tournée de visites et nous nous arrêtâmes chez les divers commerçants du quartier. En particulier, chez le teinturier de l'immeuble, un Polonais : M. Samuel Fodor. M. Fodor était un brave vieil homme gras et chauve, toujours souriant, avec lequel je devais avoir, par la suite, des rapports fréquents et sans issue puisque nous n'arrivions pas à nous comprendre, surtout quand nous parlions la même langue. Rétrospectivement, je ne comprends pas comment nous pouvions nous trouver entraînés dans des situations aussi désespérément inextricables, puisque le problème était toujours le même. Il s'agissait invariablement de faire repasser le complet que j'avais sur le bras, et *non pas* celui que j'avais sur le dos. C'est une chose que je n'ai jamais pu lui faire entendre. Mais Fodor était un bon et honnête homme. Je vécus des jours pénibles pendant lesquels j'essayais, sans résultat, de trouver du travail. Rentré chez moi, vanné et déprimé, je me sentais effroyablement seul. C'étaient de tristes jours d'hiver, où la vie apparaissait sans espoir à un pauvre type fatigué par les années de guerre, assoiffé d'un peu de plaisir, et fauché comme les blés. Quand mon moral était aussi bas, je mettais mon repas à cuire sur le gaz et j'allais chez Fodor faire repasser mon complet. Après le vent glacé de la rue, la petite boutique chaude et confortable, pleine de vapeur et de la fumée du cigare à vingt sous de mon ami Sam, était agréable.

Il m'accueillait d'un large sourire édenté, m'installait sur une chaise près de la machine à repasser, et continuait à travailler silencieusement. Je me demandais si l'auteur de l'article sur le panorama topographique du Tout New York avait pensé à Fodor en situant le centre de la Haute Société si près de chez nous. Dans ce cas, il avait sans doute fallu une demi-douzaine de Whitneys et une paire d'Astor pour rétablir l'équilibre.

Je m'étirais et me détendais, sous le regard hautain des

hommes élégants d'une lithographie publicitaire des « Tailleurs américains ». Ces magnifiques spécimens du genre humain étaient, invariablement, rassemblés en groupes, périssant d'ennui auprès d'une cheminée classique. Ils avaient l'air silencieux, pleins de morgue et dignes avec leurs cols montants et ils paraissaient tous me toiser du haut de leur cadre noir et or fixé au mur. Je ne manquai pas de remarquer que l'Américain élégant ne portait pas la moustache. Ces gentlemen foudroyants me rendaient terriblement conscient de la mienne. N'aurait-il pas mieux valu la raser ? C'était peut-être cela qui avait effrayé la dame du 3 B ? Pendant ce temps, Fodor mâchonnait son cigare et repassait. Finalement, il s'arrêtait et me regardait, se demandant si, en bon voisin, il ne devrait pas entamer une petite conversation. Devant la menace d'une telle catastrophe, je me précipitais dehors et montais surveiller mon pot-au-feu.

Pendant la guerre, mon frère Georges avait appartenu à l'état-major du grand chirurgien français Alexis Carrel, lauréat du Prix Nobel. Lorsque le gouvernement américain l'invita à venir fonder aux Etats-Unis, en 1917, un Hôpital Expérimental de guerre, Carrel emmena avec lui deux de ses jeunes assistants. L'un était Georges, le second était Pierre Lecomte du Noüy. L'Hôpital Expérimental (War-Demonstration Hospital) fonctionnait sous le parrainage de l'Institut Rockefeller de Recherches médicales. De nombreuses dames de la haute société new-yorkaise travaillèrent sous les ordres de mon frère comme infirmières bénévoles. Lorsqu'il rentra en France, à la fin de la guerre, il laissait en Amérique beaucoup d'amis, Lecomte du Noüy entre autres, qui restait à l'Institut Rockefeller afin de poursuivre ses recherches en physiologie. Je fis sa connaissance, peu après mon arrivée. C'était un homme exceptionnel. Avec le physique d'une vedette de cinéma, l'esprit d'Oscar

Wilde, la finesse de Voltaire, du Nouy représentait la quintessence de l'élégance dans la retenue.

Célèbre pour ses reparties, il était doué au point de pouvoir faire bien et avec grâce tout ce qui lui passait par la tête. Pierre avait trente ans, une situation indépendante et il avait vécu déjà les aventures les plus diverses. Il était essentiellement changeant.

Comme acteur, Pierre avait eu beaucoup de succès dans un petit théâtre de Paris. Il avait étudié la biologie et la physiologie pour, finalement, se retrouver cow-boy dans un ranch du Far-West. Il devint un expert du lasso. Je l'ai vu, un soir, chez lui, sauter avec l'habileté d'un cow-boy champion de rodéo et la grâce de Nijinski dans le cercle de son lasso tourbillonnant. C'était assez étonnant de voir ce grand homme de science, en habit, monocle à l'œil, se livrer à des exercices de ce genre au trentième étage sur Park Avenue.

Ses aventures galantes, toujours brèves, étaient éblouissantes de qualité; nombreuses aussi, car Pierre avait le charme d'un don Juan. Grand et mince, avec le profil d'un empereur romain (du type élancé) et le rythme de Laurence Olivier, il représentait la plus pure *expression de l'élégance masculine*.

En lui, rien de trouble. C'était réconfortant de voir un homme à ce point « homme » pousser le souci du détail à l'extrême, sans jamais être équivoque. Chez lui, Lecomte du Noüy ne trouvait pas déplacé de disposer des camélias blancs dans une coupe de cristal, de fumer des Abdullah à bout rose ou de vaporiser de l'essence de santal dans sa bibliothèque. Tel était l'homme qui préféra la solitude du laboratoire à tous les succès faciles dans une brillante haute société. Il mourut en 1947, un an après la publication de *l'Homme et sa destinée*, un des livres les plus importants qui aient jamais été écrits sur Dieu et la philosophie des croyances religieuses. Avec Pierre, je perdais un ami qui avait influencé ma vie à un moment où j'en avais eu le plus besoin. Il m'avait aidé à cristalliser bien des pensées, des espoirs, des désirs vagues pour lesquels je n'avais pas de critères. Son esprit était d'une clarté incomparable. Je comprenais, maintenant, que l'on pût mener une vie élégante et « sophistiquée », sans pour cela courir le risque de passer pour affecté, efféminé ou même perverti.

Après celle de Lecomte du Noüy, l'amitié de Sam Fodor, le repasseur de pantalons, constituait une transition assez brutale mais bienvenue. D'ailleurs, je l'appréciais tout autant, lui, avec ses façons directes et sa merveilleuse bonté. Il avait le don de me ramener sur terre en un clin d'œil. Près de lui, je me rendis compte très vite qu'il me fallait trouver du travail et tout de suite, sinon...

Le passage des camélias, de la queue-de-pie et du parfum de santal à la machine à repasser était cruel mais salutaire.

Je « retroussai mes manches », pris profondément la respiration réglementaire et partis à la chasse du Tout-Puissant Dollar. Je commençai par aller voir certains amis de mon frère Georges pour leur demander conseil. L'un d'eux était, dans son genre, un personnage aussi extraordinaire que Lecomte du Noüy. C'était Herbert Straus, de la dynastie des Macy[1], un gentleman. Erudit et éclectique, parlant un français très pur, il possédait un sens rare de l'esthétique. Notre amitié naquit rapidement et devint profonde. Comme Lecomte du Noüy, Herbert Straus avait un charme et une élégance infinis. Il savait porter sur son habit, avec la grâce d'un Alfred de Musset, une grande cape noire doublée de soie blanche.

J'en étais alors à mes derniers dollars et plutôt inquiet de constater que mon ignorance de la langue anglaise ne facilitait pas mon « démarrage ». J'avais mis mon point d'honneur à ne pas souffler mot de ma détresse financière

1. Le plus important grand magasin de New York et, dit-on, des Etats-Unis.

à Herbert Straus. Mais il fut assez perspicace pour deviner que tout pour moi n'était pas rose : avec beaucoup de finesse, il me fit comprendre que l'avenir de la firme Macy dépendait naturellement beaucoup de moi. Serais-je assez « bon » pour la faire bénéficier de mon grand talent ? Je pourrais, par exemple, contribuer à la mise au point de nouvelles idées pour les vitrines. Il eût été de mauvais goût de prétendre plus longtemps que je n'avais pas besoin de travailler. J'acceptai donc son offre avec joie et soulagement.

Ma situation étant ainsi mise au point, il fut convenu que le dimanche suivant je « ferais », à titre d'essai, une vitrine pour le lundi matin. Herbert donna un coup de téléphone et, quelques minutes plus tard, il me présentait à mon nouveau patron. (A cette époque, les décorateurs de vitrine n'étaient pas encore les personnages sophistiqués qu'ils sont devenus depuis.) Ce monsieur entra, me dévisagea et nous sentîmes, instantanément, que ça ne « collerait » pas. Il ressemblait étrangement à la version agrandie d'un spécimen gynécologique de laboratoire conservé dans l'alcool. Lorsque Herbert Straus commit l'irrémédiable gaffe de dire au bonhomme que je n'aurais pas à pointer, le matin, à l'horloge du magasin, il me regarda comme s'il souhaitait que ce fût moi l'horloge et qu'il pût me pointer un direct en plein milieu du cadran. Il me chargea néanmoins de décorer une vitrine de première importance donnant sur Herald Square. La technique était alors de bourrer les vitrines d'une masse de choses hétéroclites, y compris une douzaine de mannequins sur lesquels étaient empilées des tonnes de marchandises en couches superposées. On se serait cru dans le salon des frères Collyers, ces excentriques qui, n'étant jamais sortis de chez eux pendant quinze ans, furent finalement trouvés morts sous un piano. Ces vitrines étaient aussi hideuses qu'inefficaces commercialement. Mon amour de la simplicité, assaisonné d'une pointe de logique française, me faisait entrevoir une technique différente. Cette même nuit, je mis mon plan à exécution d'une façon très simple. J'habillai un mannequin d'une robe du soir noire, très dépouillée, étendis à ses pieds un voluptueux manteau de vison et disposai négligemment quelques accessoires tout autour. Au lieu des habituels flots de lumière crue, je laissai la vitrine dans une demi-obscurité, avec seulement trois puissants projecteurs sur la silhouette du mannequin, seul point lumineux de l'ensemble, obtenant ainsi des contrastes violents de zones éclairées et d'ombres profondes. C'était simple et puissant. Ça chantait.

Vers minuit, satisfait de mon expérience, je rentrai chez moi prendre quelques heures de repos avant l'ouverture du magasin Macy. Puis je retournai voir l'accueil réservé à mon œuvre. Il y avait foule devant mon « étalage », surtout les directeurs, tous très bouleversés. Ils parlaient à voix basse, comme si la fille du fondateur avait été trouvée violée dans la vitrine. Pour une catastrophe, c'était une catastrophe. Sur la scène du désastre, les décorateurs, en pleine mission de sauvetage, les bras chargés de marchandises, s'efforçaient de réduire les dégâts. Mon patron, lui aussi, s'affairait dans la vitrine, soufflant et transpirant sous les projecteurs. Je calculai rapidement que, si je pouvais entrer très vite dans le magasin, j'aurais peut-être le temps de courir jusqu'à la vitrine, de le prendre par surprise et de crier : « Je quitte la boîte » avant qu'il ait le temps de dire : « Je vous fiche à la porte ! » C'est exactement ce qui arriva. J'ai la satisfaction de pouvoir dire que, jusqu'à ce jour, je n'ai jamais été renvoyé. On m'objectera que c'est un raisonnement très spécieux, mais il tient debout. C'était mon premier emploi, il dura vingt-quatre heures et je pris immédiatement la très ferme résolution de ne plus jamais accepter de travailler pour une compagnie. Désormais, je serais mon propre patron. Sans le « spécimen embryonnaire », je serais peut-être encore en train de trimer comme un nègre avec une abjecte résignation. Ou bien, sous le titre : « Mort d'un Décorateur de Vitrines », j'aurais servi de sujet à une pièce de théâtre. Eh bien ! merci, vous m'avez rendu un grand service, monsieur mon premier patron !...

Une de mes premières visites fut pour un grand Américain, le docteur Abraham Flexner. Il était alors directeur de l'Institut Rockefeller et, plus tard, dirigea le célèbre Institut de Hautes Etudes de Princeton, quartier général d'Einstein.

Le docteur Flexner me donna quantité d'excellents conseils, mais, pour excellents qu'ils fussent, je ne pouvais, hélas ! pas les convertir immédiatement en dollars.

Il fallait faire quelque chose, et vite. Je me rappelai les lettres d'introduction de Sir Henry Armstrong. Il y en avait deux : une pour un certain M. Rodman Wanemaker; l'autre, pour M. Condé Nast. J'allai voir d'abord Wanemaker, qui se trouva être le nom d'un autre grand magasin. Je fus reçu immédiatement et mis entre les mains d'un jeune homme du nom de Grover Whalen. M. Whalen était fort aimable et portait des pantalons gris à rayures. Il me demanda de préparer quelques dessins publicitaires. Ils plurent beaucoup, et on me promit d'autres commandes. Je me croyais sauvé... quand je m'aperçus que les commandes étaient payées par chèque, à la fin du mois suivant (novembre). Nous étions dans la première semaine d'octobre ! ça devenait vraiment très sérieux.

J'allai voir M. Nast. En traversant les bureaux de la direction, je sentis que mon uniforme d'officier français et mes décorations impressionnaient favorablement les réceptionnistes et les jolies secrétaires.

M. Nast me reçut. C'était un homme courtois qui paraissait s'ennuyer mortellement. Comme il ne parlait pas le français, la conversation fut plutôt pénible. Dehors, il pleuvait à torrents et M. Nast ne cessait de répéter :

« Sale temps, sale temps », ce qui, en anglais, se dit *nasty weather*. Ma connaissance de l'anglais étant des plus précaires, je crus que le temps pluvieux portait à New York le nom de mon interlocuteur et tout cela m'embrouillait encore davantage. Finalement, il me confia à une jeune directrice, vive et charmante, Miss Edna Woolman Chase. Elle se montra encourageante et, elle aussi, me donna du travail. Mes dessins n'étaient pas trop mauvais et, ô surprise, on me donna immédiatement un chèque en paiement. C'était magnifique, c'était aussi, peut-être, une preuve de l'intuition féminine.

Je me précipitai vers la banque la plus proche pour encaisser mon chèque. Rien à faire. On ne me connaissait pas et on ne pouvait pas me payer. Dans deux autres banques, même réponse. Je commençais à me demander par quel procédé mystérieux les Américains réussissaient à se procurer des billets et des pièces de monnaie. Enfin, on me fit comprendre qu'il me fallait un compte en banque. J'en ouvris un et ce fut la Banque Centrale du Hanovre qui bénéficia de cette maigre faveur. Je leur ai toujours confié mes fonds, depuis.

Wanemaker et Condé Nast me donnaient régulièrement du travail et je prenais d'autres contacts : avec Pierce-Arrow, Butterick [1], etc., je travaillais dur mais j'étais à flot. Par un de mes clients, je fis la connaissance du célèbre directeur de théâtre Florenz Zigfeld, pour qui je dessinai des costumes pour la scène. Puis les vedettes Bernard et Irène Bordoni me commandèrent d'autres dessins de costumes. Mais je ne voulais pas me laisser entraîner dans ce genre de travail artistique. Par goût, je préférais travailler pour les magazines, surtout les magazines de mode. Et aussi pour les grands magasins, comme Saks, dans

1. Une maison d'éditions.

la 34e Rue, qui me passa des commandes pendant longtemps. Puis, en 1924, je rencontrai un type merveilleux, un grand directeur de magazine : c'était Henry Sell. Il dirigeait le *Harper's Bazaar.*

Il me présenta aussitôt à sa jeune directrice de la mode, Lucille Buchanan. Miss Buchanan (Tookie pour les amis) est une des rares personnes que j'aie rencontrées dans ma vie, douées d'un goût parfait et d'un sens infaillible du style. Spirituelle et gaie, Tookie était un enchantement pour les yeux et se montrait fort agréable dans le travail. Nous déjeunions ou dînions ensemble à l'occasion, pour ma plus grande joie. Grâce à elle, mon anglais s'améliorait très vite. Depuis mon arrivée aux Etats-Unis, j'avais mené une vie très solitaire. Jamais d'imprévu, de distractions, rien que le travail, jour et nuit.

L'adorable Tookie comprenait mon esseulement et, de temps en temps, elle me présentait à ses amis. J'ai de merveilleux souvenirs de nos escapades dans le quartier chinois. Nous nous amusions, comme de vrais gosses que nous étions.

Ces trois années d'une amitié merveilleuse m'ont marqué; je vis encore aujourd'hui sous l'influence du raffinement de mon amie d'autrefois.

Je commençais à me sentir moins dépaysé; l'Amérique lentement m'assimilait. Certaines choses qui m'avaient choqué d'abord, devenaient, peu à peu, moins surprenantes. Je m'habituai même à voir les gens mettre du sucre dans la mayonnaise et de la mayonnaise sur les pêches fraîches.

Mes affaires marchaient bien et je travaillais comme un fou. Je pris un studio au 52 de la 57e Rue Ouest, et me mis à travailler littéralement jour et nuit. Trois ou quatre fois par semaine, je restais jusqu'à l'aube penché sur ma planche à dessin. Je n'oublierai jamais les premiers bruits qui parvenaient jusqu'à moi dans l'aube de New York, le fracas des boîtes à ordures vidées et rejetées sur le trottoir, les sabots des chevaux frappant le pavé (c'était le laitier) et le pas pressé d'un ouvrier allant au travail. De temps en temps, je regardais de l'autre côté de la rue, au même étage, un groupe de personnages louches qui m'intriguait. Quatre types en manches de chemise jouaient aux cartes toute la nuit, dans une sorte de bureau vide. Deux femmes très oxygénées les ravitaillaient en whisky, et la fumée de leurs cigarettes planait sur un vieux canapé en cuir. Un jour, toute la bande disparut. Le lendemain, je lisais dans le journal qu'un type nommé Arnold Rothstein avait été descendu. C'était justement l'un de mes voisins d'en face, un des joueurs de cartes, et le gangster n° 1 de l'époque.

En guise de détente, j'aimais à regarder par la fenêtre les passants de ce New York matinal. Un ivrogne rentrait chez lui, en titubant. Une jolie fille fatiguée regagnait sa chambre et son propre lit après une nuit agitée, portant quelques provisions. Sans doute une bouteille de lait, un sandwich au jambon et des pickles (quelque chose aussi qui ressemblait à un slip en dentelle noire). Le flic de garde, mort d'ennui et de sommeil, bâillait, appuyé contre un mur. J'aimais faire marcher la radio pendant que je travaillais. C'était un bon truc pour « piquer » un peu d'anglais sans y penser. Et, aussi, pour récolter parfois des « perles » radiophoniques inattendues. J'entendis, un soir, le maire Jimmy Walker s'adresser aux New-Yorkais à la fin d'un banquet. C'était au moment de l'enquête de Seabury, sur la corruption des juges de New York. Jimmy disait :

— On m'accuse d'avoir de mauvais juges. Mais quoi, j'ai les meilleurs juges que l'on puisse acheter !

Chapitre 5

Dans le dessin d'un objet, il y a quelquefois avantage à grouper ses éléments d'une façon inattendue et originale, à condition, bien entendu, que cela soit logique au point de vue prix et fonction. Cette page illustre l'une de ces possibilités, mais vue sous l'angle purement graphique. Appliqué sur une étiquette, un carton d'emballage, un camion ou un wagon-citerne, cet arrangement offre l'avantage d'attirer et de retenir l'attention tout en étant acceptable d'un point de vue purement esthétique.

5

La croisade

Un jour de l'année 1927, je fis la connaissance d'un homme que je n'oublierai jamais : Horace Saks. Il était, alors, président de la maison Saks and C°. A l'époque, il n'existait qu'un magasin Saks, celui de la 34e Rue, à New York. Grand commerçant, Horace voyait loin. C'était aussi un homme de cœur. Je commençai à faire des croquis pour la publicité de son magasin. A ma grande joie, il se montra favorable aux lignes modernes de mes dessins et aux compositions typographiques sortant de l'habituel. C'était encourageant. Je devins plus audacieux et il me complimenta souvent sur mon travail.

Un soir, comme je prenais les instructions du directeur de la Publicité pour le travail du lendemain, Horace Saks me fit demander. Comme nous roulions en voiture vers les beaux quartiers, il m'annonça, chemin faisant, la grande nouvelle : la maison Saks allait ouvrir une succursale dans la 5e Avenue[1]. Ce magasin devait représenter le dernier cri en matière de décoration et s'appellerait « Saks Cinquième Avenue ». Nous nous amusâmes beaucoup en parlant de l'avenir, des réalisations magnifiques à entreprendre et il me demanda de réfléchir à ce projet.

Au cours de la construction du magasin, nous discutions

1. Equivalent de la rue de la Paix et de l'avenue Matignon à Paris.

souvent de l'aménagement des rayons de vente. A mon avis, il fallait saisir cette occasion pour créer dans le magasin une ambiance absolument nouvelle et organiser chaque détail de son fonctionnement suivant des méthodes inédites. Une de mes premières idées fut de n'engager que des employés sélectionnés. Les vendeurs et vendeuses devaient être soigneusement choisis, en fonction de leur bonne présentation, de leur amabilité et entraînés avec soin. Ils seraient bien habillés mais avec simplicité. Il faudrait soigner les détails, tels que le papier d'emballage, les boîtes en carton, les sacs en papier, les salles de lunch, thé, etc.

A cette époque, j'étais toujours un peu choqué par l'aspect et les manières des garçons d'ascenseur. Ils étaient assez débraillés, avaient des mains douteuses, et leur courtoisie laissait à désirer.

Le moins qu'un propriétaire de magasin pût faire, par respect pour sa clientèle, était de choisir des opérateurs d'ascenseur — hommes ou femmes — polis, courtois et d'apparence soignée. Horace Saks fut d'accord et je dessinai un uniforme spécial pour le personnel. A l'ouverture du magasin il fit sensation. Les hommes portaient des costumes foncés de bonne coupe, avec des cravates genre Ascot en piqué blanc et des gants blancs. Bientôt, cet uniforme fut copié dans toute l'Amérique.

Je préparai toute la campagne publicitaire qui précéda l'inauguration. Pendant plusieurs années, presque tout le travail de décoration et de présentation dans le magasin fut entre mes mains. Puis Horace Saks mourut brusquement. Ce fut un coup dur pour moi. Nous avions l'un pour l'autre une réelle amitié et beaucoup de respect.

Mon ami Adam Gimbel prit le gouvernail de la maison. Ses conceptions étaient les mêmes que celles de Horace Saks et il les développa encore davantage. Il fit de « Saks Cinquième Avenue » un magasin célèbre dans le monde entier.

Un homme jeune et charmant, Louis Gimbel, était alors un des assistants d'Adam. Il avait à peu près mon âge, parlait le français couramment, et je le voyais souvent au magasin. Nous avions quantité de choses en commun, en particulier un penchant pour Cuba et les Cubains. À cette époque, j'avais pris l'habitude d'aller tous les hivers passer quelques jours à La Havane, simplement pour me reposer. Je partais seul et descendais dans un petit hôtel pittoresque où je séjournais pendant deux ou trois semaines. J'étais heureux. J'avais une telle tendresse pour cette île que les révolutions des années 30 ne m'empêchèrent pas d'y retourner, malgré les patrouilles qui parcouraient la ville. A tous les coins de rue, on tombait sur des hommes armés de mitrailleuses. La nuit, les coups de revolver et de carabine, le hurlement des sirènes des pompes à incendie se mêlaient curieusement à quelque lente rumba qui s'échappait d'une *bodega* protégée par son rideau de fer.

Un peu avant la révolution, Louis Gimbel et moi découvrîmes Constante Ribalaigua. Il était barman du *Florida*, un bar célèbre de La Havane. Le *Florida* et ses cocktails *Daiquiri* étaient uniques. Un jour, Louis eut une riche idée : il projeta d'enlever Constante, de l'emmener aux Etats-Unis et, à nous trois, d'ouvrir une affaire, Il avait déjà tout combiné : il financerait, Constante jouerait du shaker et moi, je décorerais la boîte. Tout ça paraissait magnifique, dans le soleil des Caraïbes et, avec les nombreux Daiquiris glacés (additionnés d'une pointe de marasquin), l'ambiance n'était pas spécialement propice aux méditations cohérentes, car le *Florida* est sans doute l'endroit le plus bruyant du monde. Ce petit café, qui embaume l'ananas mûr, le citron vert et le cigare, entièrement fait de marbre et de glaces, avec son plafond de quinze mètres de haut, est une excellente caisse de résonance pour l'assortiment de cris stridents, d'appels sonores, qui s'entrecroisent et semblent vouloir tout faire voler en éclats. Comme il n'y a pas de mur extérieur, donc ni portes ni fenêtres, le vacarme de la rue étroite et surpeuplée l'envahit librement, tout comme une bonne partie de la foule exubérante des trottoirs qui charrie à sa suite les vendeurs de billets de loterie et les marchands de cacahuètes, hurlants et vociférants.

Huit barmen athlétiques agitent leurs shakers dans un staccato endiablé, mélangeant des litres de Daiquiris pour les Habaneros, qui boivent sec en se tapant dans le dos. Pendant ce temps, quatre nègres vous scandent dans les oreilles une bruyante rumba. Des douzaines de *wahwahs* (les petits autobus cubains), déglingués et bringuebalants, grincent et gémissent de tous leurs engrenages à vif. Les trolleys passent dans un fracas assourdissant de craquements et de coups de gong. C'est à vous rendre fou. On croirait que tout le réseau des transports cubains a été détourné et passe par la boutique. Pour ajouter à cette frénésie, trois énormes ventilateurs électriques (probablement du genre utilisé pour les essais d'avions dans le tunnel aérodynamique de Langley) pivotent lentement et dirigent vers vous, chroniquement, une véritable tornade qui soulève une tempête dans votre verre. Même le débonnaire Constante finit par avoir l'œil vitreux à force de bruit. Comment s'étonner que, dans cette atmosphère étourdissante, un homme d'affaires aussi avisé que Louis ait pu vouloir faire signer un contrat à Constante ? Rentré à New York, bronzé et calmé, il vit les choses sous leur vrai jour. Constante resta donc dans son île, avec sa famille qui n'avait jamais eu la moindre envie de la quitter, et on n'entendit plus jamais parler du « Louis et Ray's Daiquiri Bar ».

Paul Bonwit, dont j'avais fait la connaissance, projetait, à l'instar de Saks, de construire un nouveau magasin sur la 5e Avenue. Je devins son dessinateur de publicité indépendant. Notre collaboration s'avéra fructueuse, mais je n'étais pas vraiment heureux. Je gagnais très bien ma vie en travaillant pour Bonwit Teller, Shelton Looms, pour des magazines, etc. Pourtant, je ne me sentais pas profondément satisfait. Néanmoins, je persévérais, je m'acharnais, j'espérais. Tant d'efforts rassemblés porteraient éventuellement leurs fruits, il me serait possible un jour de faire les choses auxquelles je me sentais destiné. Je tins bon, travaillant de douze à dix-huit heures par jour, arrivant parfois au bord de l'épuisement.

Pendant ce temps, Tookie m'initiait aux finesses de l'humour américain. Grâce à elle, je commençai à en goûter la causticité et la concision. Souvent, elle me téléphonait de son bureau du *Harper's Bazaar* pour me raconter la dernière plaisanterie. Cet entraînement me permit d'apprécier, plus tard, l'humour de maîtres tels que Virgil Partch, Peter Arno, Thurber et, par-dessus tout, l'esprit génial et étrange de Charles Addams. Vers 1928, j'eus la bonne fortune de rencontrer un grand dessinateur, un humoriste délicieux et sensible, Ralph Barton, ami de Tookie et Henry Sell. Les dessins de Ralph se distinguaient des autres par l'atmosphère qui s'en dégageait et par la pureté de leur ligne. Il faisait, dans le domaine de l'illustration, ce que j'aurais voulu faire dans le monde à trois dimensions. Ses dessins possédaient toutes les qualités que j'aimais : grâce, fluidité et charme. Esthétiquement parlant, le trait était réduit à l'essentiel, sans jamais paraître sec ou stérile.

Quelques années plus tard, Ralph se suicida. Ce fut une perte pour ses amis et pour le monde. Avant de mourir, il écrivit une inoubliable lettre d'adieu qui, je crois, est demeurée inédite. Malgré son caractère un peu macabre, il y a, dans cette lettre, tant de profondeur, de subtilité, d'humour déchirant qu'elle mérite d'être publiée :

OBIT

Tous ceux qui m'ont connu et qui apprendront ma mort proposeront une hypothèse différente pour expliquer mon acte. La plupart de ces hypothèses seront dramatiques et absolument fausses. N'importe quel docteur intelligent sait que le suicide s'explique invariablement par des raisons psychopathiques et que le véritable suicidé forge ses propres difficultés.

J'ai eu peu de véritables difficultés. Bien au contraire, ma vie a été exceptionnellement brillante dans l'ensemble, et j'ai eu plus que ma part d'affection et de compréhension. J'ai connu les gens les plus charmants, les plus intelligents, les mieux placés; ils m'ont prodigué leur affection et la liste de mes ennemis est très flatteuse. J'ai toujours joui d'une excellente santé, mais, depuis l'enfance, j'ai souffert d'une grande mélancolie, qui, ces dernières années, commençait à présenter les symptômes précis d'une véritable folie. Cette maladie m'a empêché de tirer pleinement parti de mon talent et, qui plus est, pendant ces trois dernières années, fait de mon travail une véritable torture.

Je ne savais plus goûter aux simples plaisirs de la vie, qui semblent aider les autres à supporter l'existence. J'ai couru d'une femme à l'autre, de maison en maison, de pays en pays, dans un effort ridicule pour me libérer de moi-même. En agissant ainsi, je crains d'avoir causé beaucoup de tristesse à ceux qui m'ont aimé.

J'éprouve, en particulier, le cuisant remords de n'avoir pas su apprécier mon bel ange perdu, Carlotta, la seule femme que j'aie jamais aimée, que je respecte et admire plus qu'aucun être humain. Elle seule aurait pu me sauver, si cela avait été possible.

Elle a fait tout ce qui était en son pouvoir.

Personne n'a jamais eu une femme plus dévouée, plus compréhensive. J'espère qu'elle comprendra quel était mon mal, et qu'elle me pardonnera, dans une certaine mesure.

Personne n'est responsable de mon suicide, personne que moi-même.

Si les échotiers insistent pour donner à mon geste des raisons plus précises et plus sensationnelles, qu'ils racontent que j'avais rendez-vous avec mon dentiste, ou encore que j'étais douloureusement à court d'argent. Aucune autre raison au monde n'est plus importante, ou moins provisoire. Après tout, il faut choisir son heure, et l'air est plein de bonnes raisons à n'importe quel moment. Je l'ai fait parce que j'en avais marre chaque jour des expédients pour subsister pendant les vingt-quatre heures à venir et de meubler périodiquement ma vie de choses purement factices, comme, par exemple, une nouvelle petite amie susceptible de parvenir à m'empoisonner suffisamment pour me faire oublier mes propres ennuis.

J'offre mes restes, avec mes compliments, à l'école médicale qu'ils pourraient tenter. Ou qu'on en fasse du savon. Cela m'est absolument égal. Je souhaite, simplement, que ma dépouille cause le moins de tracas possible. J'embrasse mes enfants chéris et Carlotta.

Ralph fut découvert, le matin, par la femme de ménage. Il était assis à une petite table, devant un miroir. Une planche anatomique du corps humain était étalée sur la table. Un trait au crayon entourait la place du cœur Il s'était tiré un coup de revolver au même endroit avec grande précision et, de toute évidence, beaucoup de calme.

J'avais repris la boxe et l'escrime, excellente diversion, et je travaillais avec plus d'ardeur que jamais à mes illustrations, mais je n'étais toujours pas heureux. Je m'intéressais de plus en plus à toutes les choses stupéfiantes qui se vendaient dans les magasins où je me rendais chaque jour pour mon travail.

J'étais ébloui devant la marée de produits, qui résultaient de l'activité et de la merveilleuse technique américaine. Je ne pouvais pas croire qu'un génie productif pût être à ce point abondant. Le pays était inondé de produits bon marché et de bonne qualité, pratiquement à la portée de n'importe quelle bourse et qui, en Europe, auraient été considérés comme luxueux. Cette production était d'une telle ampleur qu'elle excédait les possibilités normales de vente et recherchait des débouchés nouveaux tels que les débits de tabac, les kiosques à journaux et, notoirement, ces pharmacies-bazars qu'on appelle les drugstores. Pour un Français habitué à la dignité professionnelle des pharmacies françaises, c'était stupéfiant. Au lieu de la petite boutique sombre, aux relents d'acide phénique et d'élixir parégorique, je trouvais un magasin étincelant, brillamment éclairé où s'accumulait jusqu'au plafond tout ce qu'on peut imaginer au monde, depuis les cachets d'aspirine jusqu'aux patins à roulettes, tandis qu'un phonographe criard jouait *Dardanella* et que le parfum du café frais s'évertuait à noyer l'odeur de l'iode et des sandwiches au fromage. Mes amis français, ceux qui ne sont jamais allés aux Etats-Unis ne peuvent, pas encore, croire que même dans le plus petit village, on peut envoyer son enfant au drugstore acheter une once de mercurochrome, deux enregistrements de Duke Ellington, un cric d'automobile et une pinte de soupe aux huîtres. Et ce n'est rien encore. Attendez un peu que les esthéticiens industriels s'attaquent au problème des drugstores. Vous finirez par vous y faire couper les cheveux électroniquement, tout en contemplant un match de boxe télévisé à San Francisco. D'ici là, les entrepreneurs de pompes funèbres à la page auront peut-être ajouté à leurs transactions habituelles la vente des motocyclettes à six cylindres, des baignoires vernissées ou des échelles pliantes. Rien ne vaut un chiffre d'affaires élevé, c'est connu !

Pour en revenir à notre sujet, j'étais très frappé, comme je l'ai dit, par la quantité de produits manufacturés en série. J'étais, également, impressionné par leur qualité supérieure. A quelques exceptions près, ces produits étaient bons. Toutefois, j'étais déçu et surpris par la pauvreté de leur aspect extérieur, par la lourdeur de leurs lignes et, pour tout dire, par la vulgarité de leur forme. Ici, la qualité et la laideur allaient de pair. Pourquoi une alliance aussi insolite ?

Laideur des couleurs, de l'ensemble et des détails. Parfois, un produit présentait un aspect plus cohérent, mais il était aussitôt gâché complètement par un grand déploiement d'art « appliqué » : c'était une débauche de rayures, de moulures, de décalcomanies qui diminuaient d'autant la valeur du produit. On appelait cela « le pain d'épice » (maintenant nous l'appelons le *schmaltz*[1] ou l'« épinard »). En outre, toutes ces enjolivures stupides étaient coûteuses car elles ne surgissaient pas spontanément. Il fallait les peindre, les graver, les frapper, les calquer, les frotter, les repousser, les bosseler; il fallait les cuire, les vaporiser, les rouler. Cela impliquait un travail inutile et, par conséquent, une augmentation parasitaire du coût du produit fini pour le consommateur. J'en étais scandalisé !

Cet état de choses me rendait très malheureux. Le malaise que j'avais éprouvé en débarquant en Amérique s'accentuait. A quoi songeaient donc les fabricants ? Pourquoi ne pouvaient-ils ouvrir les yeux ? Combien de temps resteraient-ils, eux et leur clientèle, dans cet aveuglement ? Pourquoi fabriquer de la laideur au kilomètre et inonder le monde de tant d'horreurs de bonne qualité ? Pourquoi ce que l'on appelait « l'âge de la machine » ne pouvait-il engendrer des produits simples et utilitaires et contribuer à embellir un peu le monde ? La société ne pouvait-elle pas s'industrialiser sans devenir laide ? Ces pensées m'assaillaient tout au long de la nuit, j'étais de plus en plus troublé. Il me semblait que je devrais essayer d'apporter quelque remède à tout cela. Je devins mécontent de mon travail d'illustrateur et cela était insupportable. Pourtant, je gagnais très bien ma vie pour un homme relativement jeune (33 ans). Mais je n'avais pas envie de continuer à faire des projets de prospectus pour le rayon de layette des grands magasins, alors que des myriades de produits honnêtes et de qualité, maltraités et abîmés, criaient au secours pour être délivrés du sens « artistique » de fabricants aveugles. J'envisageai, sérieusement, deux possibilités : *a*) retourner en France, y acheter une petite ferme et oublier le Nouveau Monde en compagnie de quelques setters irlandais; *b*) commencer, tout seul, une croisade

1. Tocard.

industrielle sous l'égide du bon goût, et la déclencher, ici même, en Amérique.

Cette décision était capitale et je voulus prendre mon temps pour peser tous les facteurs du problème et me décider, ensuite, avec sang-froid et réalisme.

Vers 1926, les acheteurs de certains grands magasins pour lesquels je travaillais commençaient à sentir les premiers symptômes de saturation du marché. Les automobiles étaient d'une laideur véritablement repoussante. Combien de temps le public les supporterait-il ? Les touristes américains qui revenaient de l'étranger ramenaient avec eux des Rolls-Royce, des Hispanos-Suiza, des Bentley et des Voisin surbaissées et élégantes. Elles avaient du succès. La machinerie allemande et suisse, la quincaillerie française et les dynamos italiennes aux formes allégées et simples, étaient admirées par un large public de ce côté-ci de l'Atlantique. Je commençai donc à me rendre compte que les faiblesses des produits américains n'étaient pas imputables aux consommateurs. Elles étaient plutôt dues au manque d'imagination des fabricants. En d'autres termes, ceux-ci sous-estimaient le bon goût de l'acheteur. Les perspectives économiques semblaient indiquer l'imminence de l'ère de la concurrence et j'étais persuadé que les fabricants seraient obligés de faire des efforts exceptionnels pour continuer à vendre leurs marchandises en période de compétition.

La situation se réduisait à quelques simples éléments; vers 1919, à l'époque de mon arrivée à New York, les produits étaient presque sortis de l'ère de la « décalcomanie »; ils étaient moins tarabiscotés qu'en 1900, mais encore très compliqués d'apparence.

L'Amérique entrait alors dans une décennie de gigantesque développement industriel. Tout le pays fut électrifié (littéralement parlant) et des dizaines de milliers de kilomètres de routes furent construits pour parer à l'envahissement grandissant de l'automobile. Les courbes des chiffres d'affaires montaient en flèche, ainsi que celles de la production. Le marché était aux vendeurs et on vivait une ère de prospérité sans précédent.

Toute la production était absorbée par un public avide qui jugeait seulement d'après les performances, sans se soucier de la présentation. Le pays était inondé de réfrigérateurs perchés sur des hautes pattes grêles ou surmontés de réservoirs disgracieux. Les machines à écrire étaient mastoc et lugubres. Pour ranger un aspirateur il fallait presque tout un hangar et, quant aux appareils téléphoniques, ils avaient l'air disloqué. J'étais sûr qu'un fabricant astucieux qui mettrait en vente un produit harmonieusement dessiné à un prix concurrent se trouverait nettement avantagé à l'heure où les affaires deviendraient plus difficiles.

Voilà donc où en étaient les choses : la saturation était toute proche; la concurrence allait devenir féroce, un aspect attrayant de la marchandise faciliterait la vente, les fabricants pouvaient être gagnés à ma cause et c'était à moi de remplir cette double tâche : à la fois améliorer et convaincre. De plus, je m'étais attaché à l'Amérique; il me semblait que j'y avais ma place. Je l'aimais sous tous ses aspects. Je pensais au bonheur que j'éprouvais chaque fois que je rentrais d'Europe, à cette merveilleuse sensation lorsque je redécouvrais New York du pont du *De Grasse*, du *Paris* ou du *Rochambeau*; à cette émotion qui, parfois, au milieu d'une conversation, me prenait à la gorge et m'obligeait à me taire, conscient du fait que mes yeux s'embuaient plus que je ne l'aurais voulu. (Par la suite, je pris la précaution de porter des lunettes noires pour cacher cette émotion embarrassante et inévitable dans cette partie du voyage de retour.)

Comment aurais-je pu quitter tout cela pour toujours ?

C'était impossible, et puis je pensai que si mon aventure dans l'esthétique industrielle devait finalement aboutir à une réussite, cela deviendrait absolument passionnant. Pourquoi ne pas essayer pendant un an ou deux ?

La croisade commençait !

Deuxième partie

6

« L'ange duplicateur »

J'ignore si le Seigneur entendit ma prière, mais un ange descendit alors du ciel et se posa sur la terrasse de mon petit studio.

Chose surprenante, le nom de cet ange était Sigmund Gestetner. C'était un ange dodu, très myope, et sa harpe se trouvait être un duplicateur. C'était aussi un être aimable et entreprenant. Sigmund, un Anglais, fabricant de duplicateurs, faisait une brève visite aux Etats-Unis. Il me montra une photo de sa machine.

— Monsieur Lœwy, dit-il, croyez-vous que vous pourriez améliorer l'aspect de cette machine ?

— Certainement.

— Comment vous y prendriez-vous ?

— Il faudrait que j'en voie une d'abord.

— Je vous en ferai envoyer une dès ce soir. Et après ?

— Je me mettrai au travail immédiatement.

— Combien cela coûtera-t-il ?

J'hésitai une seconde.

— Deux mille dollars.

— Et si elle ne me plaît pas ?

— Elle vous plaira.

— Je le crois aussi. Mais supposez que je ne puisse pas utiliser votre maquette.

— Alors, je ne vous compterai que les frais et le travail, disons cinq cents dollars.

— D'accord, mais je prends le bateau dans cinq jours et j'aimerais voir votre projet avant mon départ.

— Entendu, vous le verrez dans trois jours.

Quand Sigmund me quitta, j'étais fou de joie. Je débouchai une demi-bouteille de Moët et je bus à mon ange, au monde et à moi. Je me souvins aussi du jour de ma première communion et remerciai mon merveilleux Seigneur. Ma véritable carrière venait de commencer. J'étais au septième ciel.

Je passai aussitôt à l'action. Je commandai par téléphone cinquante kilos de pâte à modeler, des outils à modeler et un projecteur. Je pris un taxi, me ruai vers le magasin de surplus de guerre de la 42e Rue et achetai une grande bâche que j'étendis sur le tapis beige de mon living-room. Je demandai à mon cuisinier-valet-chauffeur-secrétaire philippin de prendre toutes les communications téléphoniques et de ne pas me déranger jusqu'à ce qu'on m'apportât la machine. Après quoi, je m'étendis et m'endormis.

Le duplicateur Gestetner n'était pas meilleur que les autres appareils sur le marché et, de plus, son aspect était beaucoup plus laid. C'était une machine de bonne construction qui reproduisait honnêtement tout ce qu'on pouvait avoir le désir de reproduire (désir que, personnellement, je n'ai jamais éprouvé). Déballée et toute nue devant moi, elle avait l'air d'une pauvre machine timide et malheureuse. Elle était d'une espèce de noir sale, avec un petit corps trop gros perché trop haut sur quatre pieds en fuseau qui s'écartaient subitement comme épouvantés, en atteignant le sol. Un mince plateau sortait devant elle comme une langue noire et, sur le côté, elle portait une malencontreuse manivelle. Deux roues aux rayons en forme de S (le détail artistique) étaient reliées par une grosse courroie en cuir. Quelque quatre cent mille petits « zinzins », ressorts, leviers, engrenages, capuchons, vis, écrous et verrous étaient recouverts d'un mystérieux duvet bleuâtre, comme la moisissure d'un Gorgonzola fatigué. Ce n'était qu'un mélange de poussière, de papier et de vapeur d'encre. C'était vraiment une triste machine malgré quelques filets dorés qui ne réussissaient pas à lui remonter le moral. De plus, elle avait une odeur; curieux parfum à base d'huile, d'encre et de cuir. Tout cela me fit le plus fâcheux effet.

Après avoir contemplé quelque temps mon malade sous les projecteurs de la salle d'opération, je jugeai que le mal était trop enraciné pour que je puisse redessiner le tout complètement en trois jours. Une révision complète aurait exigé de six à huit mois de travail en contact constant avec les experts et les ingénieurs de mon client. Or, ils étaient en Angleterre. Aussi, je décidai de limiter mes efforts à l'amputation des quatre pieds et à quelques opérations de chirurgie esthétique sur le corps. Il fallait, en somme, « rajeunir ». Je pris le parti de cacher tous les menus organes de l'appareillage de la machine dans une carapace nette, bien coupée et facilement amovible. Puis j'entreprendrais de redessiner la roue, la manivelle et le plateau. L'ensemble serait fixé ensuite sur quatre pieds fins mais solides, peints d'une couleur agréable et le tout renvoyé sur le marché.

La carapace qui devait cacher tout le mécanisme qui, avant, était apparent, présentait d'autres avantages. Comme elles étaient visibles, toutes les pièces devaient être fignolées, nickelées et polies à la main. Un travail très coûteux. Par ailleurs, la poussière graisseuse formée par l'encre pulvérisée, la poussière et les fines rognures de papier s'accumulaient dans tous les interstices de la machine et en empêchaient le bon fonctionnement. Le nettoyage en était très difficile car les pièces intérieures étaient inaccessibles et tout cela n'était pas beau à voir.

Aussi commençai-je à amonceler de la pâte à modeler sur la machine. J'obtins ainsi progressivement un carénage qui enfermait tout ce qui pouvait être enfermé. J'en perfectionnai petit à petit la ligne jusqu'à ce qu'il me parût simple, pratique et plaisant à l'œil. J'avais prévu un système rationnel qui permettait d'enlever facilement cette carapace en sections simples reliées par des charnières presque invisibles. Après quelques autres perfectionnemens mineurs, le duplicateur fut prêt. J'y avais travaillé pendant trois jours et il fut reçu avec enthousiasme par mon ami l'ange.

Sigmund le fit emballer tel quel et l'expédia à ses ateliers de Londres. Il y a de cela vingt-deux ans. Je suis toujours resté l'esthéticien de Sigmund, qui continue à construire avec succès le même modèle. Nos concurrents eux-mêmes reconnaissent que son aspect est encore parfaitement moderne. Incidemment, par la suite, on me dit que ma théorie s'était avérée juste. Grâce à la suppression de tout le finissage à la main, le prix de revient avait été considérablement abaissé, la poussière avait été éliminée et la machine n'avait plus d'odeur. Enfin... elle en avait moins.

En raison du temps infiniment court que m'avait alloué Sigmund Gestetner ainsi qu'au manque total de contacts avec les ingénieurs de sa firme en Angleterre, la solution vers laquelle je me tournai prit inévitablement un caractère « cosmétique », loin de l'analyse poussée que j'espérais. Cet essai, réussi à tous points de vue, me fit néanmoins rêver au jour où il me serait possible de coopérer avec les ingénieurs de mon client au moment de la conception même de la machine; situation idéale à mon avis.

L'esthétique industrielle était née et je me mis au travail avec acharnement. Je sentais que cela commençait à démarrer. Ce fut une époque passionnante. Je fis, à ce moment-là, la connaissance de Walter Chrysler, qui me prit en sympathie. Comme il était ancien ingénieur des chemins de fer, nous avions le même goût pour les locomotives. J'étais sur le point d'être embauché par la Chrysler Corporation lorsqu'un type épatant nommé Jack Mitchell, de l'agence de publicité Lennen et Mitchell, les devança. Je signai un contrat avec la Hupp Motor Company, cliente de Lennen et Mitchell, et je crois bien que ce fut le début de l'esthétique industrielle en tant que profession reconnue. Pour la première fois, une grande entreprise acceptait de recevoir du dehors des conseils sur l'amélioration de ses produits.

C'est en collaborant avec cette compagnie que je me heurtai, pour la première fois, aux difficultés du métier d'esthéticien industriel. Cette expérience fut une telle épreuve que je faillis abandonner complètement mon idée et admettre que je m'étais trompé grossièrement. J'étais à peu près convaincu que l'industrie américaine n'était pas mûre pour mon idée et qu'elle ne le serait probablement pas avant plusieurs décennies.

Jack Mitchell était un homme plein d'imagination et brillamment intelligent. C'était un cosmopolite qui connaissait tout des voitures étrangères et se rendait compte que la voiture américaine avait l'air, selon sa propre expression, d'une « fausse couche ». Nous pensions tous deux qu'il fallait apporter rapidement quelques remèdes à cet état de choses et que son client se devait de prendre le risque et de donner l'exemple. Ce projet nous enthousiasmait beaucoup tous les deux et nous réussîmes à le faire accepter par le président de la compagnie. Nous étions donc tous gonflés à bloc et je me préparais au grand jour. Je pris le « Detroiter » pour Detroit où un chauffeur de la compagnie m'attendait pour me conduire à l'usine. Plein d'enthousiasme, je fus reçu par l'ingénieur en chef qui commença par m'expliquer tout ce que je ne pourrais pas faire. Lorsqu'il eut fini, une heure plus tard, il m'apparut, avec évidence, qu'il ne me restait plus que le droit de sauter par la fenêtre, d'avaler un bidon de vernis ou de m'asseoir sous le marteau-pilon de dix tonnes. Cela me déprima un peu mais je repris lentement le dessus.

Mais ce ne fut pas pour longtemps car je dus subir les avertissements de l'ingénieur de la production. Cet homme distingué voulait éclaircir certains points que l'ingénieur en chef avait pu négliger. Il voulait me faire comprendre que toute innovation de ma part qui pourrait, par hasard, échapper à l'attention de l'ingénieur en chef, n'échapperait, en tout cas, certainement pas à la sienne.

Profondément désillusionné, je rentrai à New York et essayai de reprendre mes esprits. La semaine suivante, je retournai à Detroit pour me faire administrer une nouvelle dose de déception et je découvris une âme compatissante qui prit pitié de moi. J. N. était un carrossier et un type très bien. Malheureusement, il avait, sur la silhouette des autos, quelques idées définitives, démodées et profondément ancrées. Toutefois, je ne renonçai pas et nous devînmes de bons amis. Avec vingt ans de recul, je me rends compte que c'était vraiment un chic type et qu'il avait sincèrement essayé de m'aider. Mais voyons à quels obstacles je me heurtai.

A cette époque, les voitures étaient courtes, hautes et avaient l'air guindé. Les pare-brise étaient verticaux, il y avait une coupure dans le capot et les fenêtres étaient carrées. Elles avaient plus ou moins cet aspect :

Ce que je voulais, c'était une voiture un peu plus longue, plus basse et plus gracieuse. Je voulais un pare-brise incliné, des garde-boue et un arrière profilés et des vitres aux angles arrondis. Quelque chose plus ou moins comme ceci :

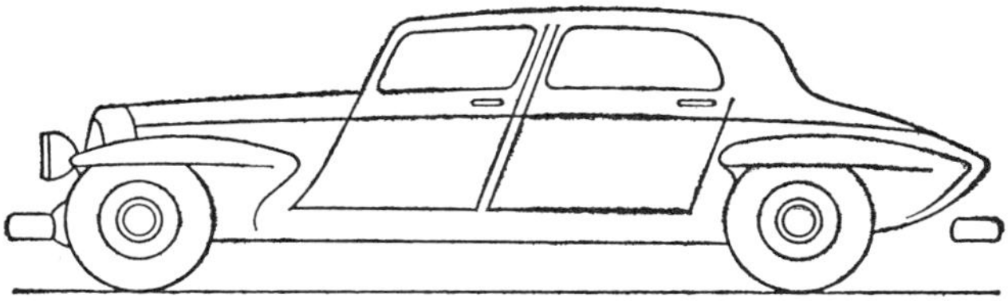

en d'autres termes, une voiture d'allure moderne comme celle du dessin ci-dessus, que je déposai en 1930 et qui ferait, encore aujourd'hui, bonne figure.

Lorsque j'eus l'occasion de montrer mes dessins, ils reçurent un accueil différent de ce que j'attendais. A ma surprise, on ne me fit pas les objections directes auxquelles on m'avait préparé. On fut à la fois aimable et évasif. On ne me dit plus que c'était irréalisable, ou trop coûteux, ou pas pratique. On me dit, simplement, que mes dessins seraient étudiés plus tard, en temps utile, et que, pour l'instant, je pouvais aussi bien retourner à New York et attendre qu'on me rappelle.

Autrement dit, il était clair qu'on me congédiait poliment, mais, dans ma naïveté, je ne m'en rendais pas compte. Aussi, je continuai à dessiner des projets et à en parler avec volubilité à qui voulait m'entendre. Au bout de six mois, je n'avais pas avancé d'un pas. Une nouvelle voiture avait été dessinée sans mon concours, et mise en fabrication. Elle était disgracieuse, trop haute et couverte d'ornements vulgaires. Elle comportait, encore, un pare-brise droit, des garde-boue rachitiques et un capot à ligne brisée. J'étais découragé et blessé mais je savais que rien ne me ferait abandonner la partie. Il me fallait trouver un moyen de les convaincre, et vite.

Finalement, il me vint une idée. Puisqu'ils ne voulaient rien construire d'après mes projets, je construirais, moi-même, pour avoir un exemple. Je savais qu'en voyant le dessin réalisé, ils seraient obligés de reconnaître ses mérites. Je me mis au travail et, quelques semaines plus tard, un modèle était construit. Dans ma hâte, je dus payer de nombreuses heures supplémentaires et le tout me coûta dix-huit mille dollars. La voiture avait quelques caractéristiques nouvelles, le pare-brise était incliné, la ligne du capot n'était pas brisée, l'arrière était profilé, etc. A contre-cœur, la direction reconnut, finalement, que le modèle comportait beaucoup de bons points. Il fut décidé que la fabrication du modèle qu'ils avaient en cours serait retardée jusqu'à ce que j'aie pu préparer une maquette grandeur nature du modèle que je proposais.

Quel jour merveilleux ! Je bondissais de joie et j'oubliais, d'un seul coup, tous mes malheurs et toutes mes déceptions. Pas pour longtemps. Quand mon projet passa entre les mains des dessinateurs, sous le contrôle du service de fabrication, je remarquai que des modifications y avaient été apportées sans mon consentement. C'étaient des modifications imperceptibles d'abord qui devinrent, ensuite, plus évidentes et cela malgré mes protestations. Bientôt, mon projet perdit son caractère et prit une ressemblance de plus en plus marquée avec celui qui avait été étudié sans mon concours auparavant.

Le plus inacceptable, c'était que la voiture redevenait haute, à chaque dessin un peu plus haute, jusqu'à offrir une étrange ressemblance avec une grange montée sur roues. Finalement, excédé, je décidai d'en parler au responsable de la fabrication. Je l'emmenai donc déjeuner au Detroit Athletic Club. En chemin, je tentai de le convaincre que les voitures étaient destinées à devenir plus basses, non seulement pour l'esthétique de la ligne, pour des questions d'aérodynamique, mais aussi pour des raisons de sécurité, puisque cela surbaissait également le centre de gravité. (Elles sont, aujourd'hui, de trente-cinq centimètres plus basses qu'à l'époque, et elles baisseront encore.) Finalement, il me dit : « Lœwy, vous vous trompez complètement et nous ne vous suivrons pas dans cette voie. » Nous étions arrêtés à un feu rouge, près d'un énorme tramway de la « période haute ». « Vous n'entendez rien à la psychologie, me dit-il. Si nous étions, maintenant, dans une de vos voitures basses, vous rendez-vous compte que vous seriez obligé de lever les yeux pour regarder ces gens assis dans le tramway tellement plus haut que vous ? Savez-vous ce que vous y gagneriez ? Un complexe d'infériorité, tout simplement ! »

Je me rendis compte, alors, que je me heurtais à un obstacle sérieux. Un fossé fondamental nous séparait. Pourtant, je persévérais dans mon travail en essayant de minimiser les dégâts. Après plusieurs mois de chicaneries, de nombreuses nuits sans sommeil et des journées faites de soucis et de déceptions, la voiture sortit de l'usine. Elle avait perdu presque tout de son allure et de son chic. Elle était trop haute, trop statique et massive. Cependant, il lui restait suffisammment de modifications inédites pour lui donner un air nouveau, et elle se vendit bien.

Sa présentation, sur le marché, coïncida avec le développement des freins sur les quatre roues. Cette innovation de caractère révolutionnaire fut expliquée à la jeune directrice de la publicité, afin qu'elle puisse préparer sa campagne publicitaire. On lui apprit que la nouvelle automobile aurait un système de freinage sur quatre roues. Les connaissances de la chère petite, en fait de mécanique, laissaient plutôt à désirer (elle dirigeait un salon de thé, avant d'entrer à la Hupp Motor C°). Elle lança un prospectus contenant cette perle inoubliable :

CETTE NOUVELLE AUTOMOBILE JOUIT DES TOUT DERNIERS PERFECTIONNEMENTS DANS LE DOMAINE DE L'AUTOMOBILE, Y COMPRIS QUATRE ROUES ET DES FREINS.

7

54e étage

En automne 1933, je décidai qu'il me fallait plus qu'un client solitaire. J'avais envie de dessiner et de créer une quantité de produits différents et non pas seulement des automobiles. Je louai donc un bureau du 54e étage d'un gratte-ciel au n° 500 de la 5e Avenue. J'engageai deux bons dessinateurs, une secrétaire, et nous nous mîmes au travail. L'affaire connut un grand succès dès le départ. Le bureau était petit mais très moderne, meublé avec goût et simplicité. La secrétaire était jolie et l'atmosphère agréable. Nous avions un tourne-disques automatique qui jouait de la musique de danse une partie de la journée et tout le monde était heureux. Tellement heureux que, peu de temps après, un des deux dessinateurs épousait la secrétaire.

Je pris une nouvelle secrétaire encore plus jolie, afin que le deuxième dessinateur puisse, à son tour, l'épouser. Il ne se fit pas prier. J'ai marié plus de secrétaires à moi tout seul qu'une agence matrimoniale d'importance moyenne.

Les affaires marchaient si bien que j'étais submergé par les questions de détail. Je décidai d'employer un directeur commercial. C'est alors qu'un jeune homme, dont j'avais fait la connaissance peu de temps auparavant, envisagea, à ce moment précis, la possibilité de se joindre à nous. C'était un personnage peu ordinaire. Il venait de sortir de l'une des plus grandes universités de l'Est des Etats-Unis où il était à la tête de l'équipe de football. Nommons-le Hugh Fenton, pour lui donner un nom. C'était un bel homme, pesant plus de cent kilos et bâti en athlète. Il avait des mains comme des battoirs. Hugh était ce qu'on appelle un homme du monde, il disposait d'une fortune personnelle et était certainement beaucoup plus riche que n'importe lequel d'entre nous. Sa principale caractéristique était d'être vraiment un chic type, dans tous les sens du terme, un type « au poil » comme on dit aujourd'hui en français. En un mot, il était sympathique et se prit bientôt, à mon égard, d'un sentiment de fidèle amitié. J'aimais infiniment Hugh. Il venait de sa propriété du New Jersey jusqu'à New York, tous les jours, dans son avion particulier; il atterrissait sur la rivière Hudson, près du bureau, et rentrait chez lui tous les soirs, par le même moyen. Le jour vint où Hugh, conscient d'en savoir assez long sur notre profession, se fit fort de nous apporter de nouvelles affaires. Par certains amis communs, il obtint un rendez-vous avec le président du Conseil d'Administration d'une des plus grandes compagnies du monde. Les bureaux de la compagnie se trouvaient tout en haut du Grand Central Building et dominaient Park Avenue. Le jour du rendez-vous, Hugh déjeuna au « 21 » (un des meilleurs clubs de New York) après avoir bu deux doubles martinis pour se donner du courage.

M. D. nous reçut poliment, nous indiqua des chaises devant son bureau, et ce fut à Hugh de jouer. M. D. était un personnage minuscule d'un mètre cinquante... au maximum, d'aspect frêle et aux cheveux blancs. Hugh, qui avait soigneusement préparé toutes ses répliques, commença son discours de vendeur par ces mots : « Naturellement, vous savez qui est M. Lœwy ? » Pas de réponse. Il répéta : « Vous savez qui est M. Lœwy ? » M. D. secoua timidement sa tête blanche en signe de dénégation. Hugh devint pourpre de colère. « Comment, vous ne le connaissez pas ? » dit-il, pointant son index vers moi. M. D. était gêné et moi aussi. Hugh s'était déjà levé, dominant de sa haute stature le pauvre président effondré dans son fauteuil, au comble de la surprise. J'étais affolé aussi et j'essayai de calmer mon d'ores et déjà ex-directeur commercial, qui semblait prêt à exploser. J'eus peur qu'il ne se laisse aller à quelque geste regrettable et — ne manquant pas d'imagination — je fixai la fenêtre ouverte à quarante étages au-dessus de Park Avenue. Déjà, je voyais les manchettes :

UN HOMME D'AFFAIRES CÉLÈBRE
FAIT UNE CHUTE DE 40 ÉTAGES
précipité par une fenêtre de Park Avenue.
L'employé d'un industrial désigner est arrêté.

Je me levai rapidement, tirai Hugh par la manche et réussis à faire dévier la conversation sur un terrain moins propice à l'homicide. Ni M. D. ni moi-même n'avions le cœur à la conversation et l'entrevue prit fin très vite. Dans l'ascenseur, Hugh répétait : « Bon Dieu, quel c.. ! Bon Dieu ! quel c.. ! Bon Dieu. »

Hugh et moi nous séparâmes très bons amis. Il a fort bien réussi depuis, dans des entreprises telles que la guerre d'Espagne, la vente d'avions usagés à l'armée turque, etc. Je le vois souvent au bar Colony et c'est toujours avec plaisir. Quant à la compagnie dont nous avions pressenti le directeur, c'est une des rares grandes corporations avec lesquelles, depuis vingt ans, nous n'avons jamais conclu la moindre affaire.

J'attendis des années avant d'engager un autre directeur commercial.

Parmi nos premiers clients se trouvait un grand industriel du textile, propriétaire des Tissages Shelton. Ses directeurs avaient grande confiance dans les possibilités de l'esthétique industrielle et nous passèrent des commandes pendant de nombreuses années. Un autre de nos gros clients était une compagnie pétrolière, pour laquelle nous étudiions des pompes à essence et des stations-service. Le travail ne manquait pas et l'avenir nous apparaissait plein de promesses; il semblait qu'après tout je ne m'étais pas trompé. Notre succès avait attiré l'attention.

Ce besoin de redessiner des objets en partant d'un point de vue imaginatif, cette force irrésistible qui animait mon organisation, devait s'emparer de quelques membres d'un autre groupe de dessinateurs : les décorateurs et dessinateurs de mobilier. Ces messieurs, très agités, se mirent au travail. Les résultats obtenus inaugurèrent une des époques les plus tristes dans l'histoire de l'esthétique industrielle américaine. Comme ils avaient peu de talent et malheureusement un goût douteux, ces gaillards cherchèrent autour d'eux une cheville quelconque pour accrocher leur nouveau style d'ameublement. A l'époque, un millier de riveteuses faisaient trembler New York au rythme de leurs vibrations. Des douzaines de gigantesques buildings s'élevaient partout. Spectacle magnifique et dynamique qui m'exaltait au plus haut point. C'était l'âge d'or des gratte-ciel. Simultanément, les galeries d'art de la 57e Rue des avenues Madison et Lexington grouillaient d'art cubiste. Une cataracte de nus tétragonaux montaient et descendaient des escaliers et s'enchevêtraient en un fouillis de débris géométriques. C'était criard, laid et « dans le ton ». Nos esthètes du monde de l'ameublement, répondant à l'appel du tiroir-caisse, comprenant que deux et deux font quatre [1], créèrent « l'ameublement gratte-ciel ». Hurrah ! c'était « du tonnerre ». Puis les événements se précipitant, le pays fut inondé de monstruosités « modernistes », « cubistes » et « futuristes ».

1. J'ai toujours été d'avis que deux et deux font vingt-deux.

Nous étions, mes dessinateurs et moi, atterrés par ces élucubrations. Quels ensembles consternants offraient à la vue l'intérieur du Chrysler Building, du Lexington Hotel, du Roxy, des cafeterias de la 8e Avenue, du Théâtre Paramount, de Broadway, etc. C'était horrible et c'était aussi un signe de mauvais augure. Si le pays était inondé par de tels cauchemars de vulgarité, quelle chance nous restait-il à nous, les apôtres de la simplicité et de la limitation ? Il ne nous restait qu'un espoir : voir quelques hommes de goût se révolter contre ces ignominies chromées et se tourner vers nous pour appeler au secours.

En attendant, nous essayions de nous protéger contre ce raz de marée de « modern style » en poursuivant notre chemin.

CHAPITRE 8

Certains professeurs d'« industrial design » ou de publicité enseignent à leurs élèves que le but principal, qu'il s'agisse de l'aspect d'un objet, d'une annonce ou d'une affiche, est d'attirer à tout prix l'attention du public. Cela n'est pas toujours exact, car le but ne doit jamais être atteint aux dépens de la logique et du bon goût. Un fabricant de ventilateurs électriques, essayant de convaincre un acheteur éventuel, pourrait démontrer leur puissance en lançant dans les ailettes en mouvement un oeuf frais. L'attention du client serait certainement attirée mais je doute cependant qu'il achèterait le ventilateur. Comme exemple typographique, je soumets cette tête de chapitre qui, très probablement, attirera votre attention, mais il est à craindre, cependant, que vous ne trouviez l'idée irritante et sans but, vous laissant dans un état d'esprit défavorable.

8

La cuisine américaine

En 1929, je rencontrai une ravissante jeune femme qui devait bientôt devenir ma femme : Jean Thomson, une Américaine d'origine danoise. Elevée dans un couvent français, elle parlait le français couramment. Attirés l'un vers l'autre, nous nous mariâmes en 1931. Ce fût mon premier mariage. Nous habitions Park Avenue en compagnie de Terry, un grand setter irlandais très sentimental, et d'un domestique anglais, Whitney, aussi solennel et stylé qu'un valet de répertoire. Son service terminé, il prenait avec autant de dignité que de simplicité une bonne cuite.

Un jour, Terry fait « la maladie » et le vétérinaire le déclare perdu. Whitney s'engage à sauver l'animal à une condition : il l'emportera dans sa chambre et nous ne devrons sous aucun prétexte le déranger.

Au bout de quarante-huit heures, n'y tenant plus, je vais, en cachette, voir Terry. Avec effort, il se dresse sur ses quatre pattes et vient vers moi. Il ne semblait pas mal du tout. Encore qu'un tant soit peu chaviré, l'œil était vif. Pourtant, il avait l'air bizarre. Je le flattai et ouvris sa gueule. Terry puait le whisky, il était ivre mort ! Je partis comme j'étais venu, sur la pointe des pieds.

Le soir, de mon balcon, je vis Whitney légèrement titubant, Terry dans les bras. Il le déposa doucement sur le trottoir et le chien, essayant de lever la patte, trébucha et s'aplatit sur le nez. Mais... quelques jours plus tard, Terry était guéri.

Les réunions culinaires [1] sont très à la mode aux U.S.A. et c'est un agrément qui n'est pas sans mélange. Certains cordons-bleus amateurs constituent un véritable danger pour les parois de l'estomac. Je fais allusion à l'Américain (d'habitude c'est un homme) qui se vante de ses talents de fin cuisinier. Sa décoction favorite est une sauce spéciale : SA SAUCE. C'est une espèce de liquide visqueux brunâtre qui a mijoté pendant des heures et qui contient, en plus de bouillons Kub naturellement, des oignons, de la sauce tomate, des épices variées, du curry, des extraits de viande, de la pâte d'anchois, de la moutarde, de l'huile d'olive, du piment, du paprika, du vinaigre et quatre sortes de Sauces brevetées vendues en bouteilles.

Ces Sauces, que les Français appellent des « sauces mécaniques » [2], sont fabriquées, en général, dans des usines spécialisées par cent mille litres à la fois. Elles contiennent des douzaines d'ingrédients, y compris de la moutarde, du sucre brûlé, des graines de pavot, du poivre de Cayenne, de la poudre du Chili, des clous de girofle, du tabasco, du raifort, des graines de soya, de l'extrait de viande, des protéines, du vinaigre, du poivre, du piment, du sel, de la mélasse, du benzoate de soude et des colorants synthétiques.

Lorsqu'on verse cette sauce sur n'importe quelle viande, poisson ou volaille, on est certain du résultat; disons pour être charitable qu'il est regrettable. Ces cordons-bleus amateurs sont incapables d'apprécier jamais la finesse d'un plat simple, préparé simplement, dont l'élément de base — viande, poisson ou volaille — conserve et affirme son

1. Chaque invité cuisine un plat de son cru.
2. En français dans le texte.

goût intrinsèque, aimablement mis en valeur par une sauce bienveillante et subtile.

Pour être juste, il faut admettre qu'il y a d'excellents potages en boîtes de conserve ou bien congelés.

La cuisine américaine compte parmi les meilleures du monde lorsqu'elle est sans artifice. Rien ne peut se comparer à un bon homard grillé du Maine, ou à une paire de côtelettes de porc bien dorées accompagnée de rondelles de pommes fruit sautées dans du beurre. Ou, encore, un épais chateaubriand bien saisi à l'extérieur, juteux à l'intérieur, cuit au charbon de bois, puis saupoudré de poivre moulu et surmonté d'un bon morceau de beurre frais mêlé de persil. A ses côtés, sur une autre assiette, bien entendu, une majestueuse pomme de terre en robe de chambre de l'Idaho, dans laquelle fond du beurre fin. Un peu de poivre moulu et de gros sel, mais, pour l'amour du ciel ! pas de paprika.

Pour ce qui est des tartes aux fruits — et la tarte aux pommes ou *apple-pie* est la plus exquise — elles peuvent, selon les cas, être exquises ou répugnantes; il n'y a pas de milieu. La cuisine américaine arrive également à être une des plus exécrables du monde (en exceptant, bien entendu, la nourriture anglaise, considérée uniquement comme un moyen d'échapper à la famine). Lorsqu'une cuisinière américaine moyenne s'attaque à une recette compliquée, il est indispensable de garder son sang-froid et de choisir entre un départ précipité et le bicarbonate de soude. J'ai gardé un souvenir cuisant de sauces brunes collantes, de béchamels chlorotiques et de certaines sauces maison virulentes. De telles élucubrations font le jeu de ceux qui mettent en doute la valeur de l'ère américaine. Elles n'ont aucune excuse et ne méritent pas de pardon. Les Français pourraient crier, avec raison : « Les sauces américaines en Amérique ! »

Ce qui m'intrigue, c'est le goût des Américains pour le pain fade. Il faut qu'ils l'aiment vraiment puisqu'il se vend dans des proportions gigantesques. Y a-t-il rien de plus insipide que le pain standard des usines américaines ? Quelle blancheur, quelle légèreté, quel moelleux, quel ennui ! Il n'a ni goût, ni parfum, ni texture; ce n'est pas du pain. Bien entendu, il est fait des ingrédients les plus purs, il est cuit dans des boulangeries prophylactiques, il est vitaminisé, homogénéisé, allégé, sucré, enrichi, lacté, cuit à four lent, triplement moulu, craquelé, stérilisé, et « ultra-violé ». Personnellement, j'ai l'impression qu'il pourrait aussi bien être fait d'eau distillée et de poudre de talc. Comme je regrette, alors, le bon pain français, fait d'une farine pas trop raffinée avec sa forte croûte honnête et dorée. Et que dire de cette impardonnable horreur, le fromage en grande série ? Bien qu'il soit fabriqué avec les meilleurs ingrédients, il me fait l'effet d'une pâte insipide. Donnez-moi du camembert, du roquefort, ou même du simple fromage-à-souris[1]. Quant à la viande de conserve, c'est une accusation grave portée contre les goûts alimentaires d'une nation. Je ne connais rien de plus triste que le pâté en boîte américain, espèce de magma rose et fade. Là encore, la qualité des ingrédients est parfaite, nous le savons, mais le résultat est mortellement insipide. Comment s'étonner de la réflexion d'un Européen ironique qui appelait l'Amérique le pays du « bébé bouilli ».

Pour moi, ces viandes de conserve sont, et seront, toujours du bébé bouilli.

Il existe une autre menace : la maîtresse de maison qui camoufle les mets. Dirait-on du homard ? C'est du ris de veau. Dirait-on du ris de veau ? Ce sont des beignets aux abricots. Les maîtresses de maison les plus dangereuses sont celles qui parviennent à donner à leurs sandwiches faits d'horrible beurre de cacahuète, l'apparence de sand-

1. Cheddar, qui sert d'appât dans les souricières.

wiches au foie gras, poussant le vice jusqu'à imiter la truffe avec une rondelle d'olive noire. Qui ne s'y est laissé prendre !

Nathan Hale a déclaré : « Je n'ai qu'un regret, c'est de n'avoir qu'une vie à sacrifier pour mon pays. » Ce qui traduit en langage libre signifie : « Je n'ai qu'un regret, c'est de n'avoir qu'un seul estomac à sacrifier à l'Amérique. » Et on le lui sacrifie, vous pouvez m'en croire.

Et pourtant il y a de si bonnes choses dans ce pays ! Un de mes plus chers amis, en France, est aussi un des plus célèbres gastronomes français : Justin Laurens-Frings, président du Club des Cent. Comme la plupart des Français, Justin doutait de la succulence de la cuisine américaine. (Il n'était pas encore allé aux U.S.A.) Le seul moyen de lui permettre de se faire une opinion était, cela va de soi, de lui offrir un dîner typiquement américain que je préparai moi-même pour lui, lors d'un séjour en France.

Je cuisinai, entre autres, pour notre ami, deux des plus exquises spécialités américaines : la soupe aux clams [1] et le poulet à la Maryland. Laurens-Frings fut impressionné par la finesse de ces mets dont, souvent ensuite, il discuta avec ses amis gastronomes.

Il me semble que la femme américaine est peut-être partiellement responsable de la situation dont je parlais tout à l'heure. J'ai remarqué que la meilleure nourriture, en Amérique, ne se trouve pas dans les salons de thé et les restaurants genre chichi, mais dans les bistrots de routiers,

1. Coquillages semblables aux coques.

dans les restaurants ouvriers proches des usines ou dans les bars-grills de la 2e Avenue. Là, vous êtes assuré de trouver un honnête steak grillé aux oignons ou quelque bonne et juteuse côtelette de porc avec beaucoup de frites croustillantes, un épais morceau (et non pas une élégante et mince tranche) de corned-beef, avec une bonne portion de chou braisé et un verre de bière glacée. Je crois que si on le leur permettait, les hommes demanderaient bien vite une vraie miche de pain honnête pour remplacer cette fausse brioche anémique qui a l'air d'avoir été délicatement fabriquée par la tenancière d'un salon de thé de Greenwich Village[1] pour esthètes pâles.

Mais tant pis, en Amérique, les femmes ont toujours raison. Apportez donc les bougies roses et les napperons de papier dentelle des tea-rooms new-yorkais.

Un autre phénomène culinaire américain étonnant et répandu est le Conseiller-de-la-Ménagère-Econome. Ce dangereux personnage tente d'arracher la pauvre femme d'intérieur, morte d'ennui, gavée de T.S.F. et bourrelée de désirs non satisfaits, à la tentation de consulter un psychanalyste (qu'elle ne pourrait pas se payer de toute façon) en lui donnant de quoi s'occuper à la cuisine. La formule est un mélange de Poésie, d'Art et de Cuisine. Elle donne à la mère de famille rêveuse et refoulée l'occasion d'exprimer ses aspirations pseudo-mondaines et de soulager sa *libido* en se réfugiant dans les arts d'agrément et les petits fours. Une recette typique du Conseiller-de-la-Ménagère-Econome exige, généralement, un mixer électrique de deux chevaux et est rédigée dans le style suivant :

1. Le Montparnasse de New York.

fairies tails

QUEUES D'ANGES[1]

Un régal délicat

COUPEZ DEUX BANANES DANS LE SENS DE LA LON-
GUEUR, ENLEVEZ LA PEAU ET PLACEZ-LES SUR UN
GRAND PLAT A TROIS CENTIMÈTRES LES UNES DES
AUTRES. COUVREZ AVEC DES TRANCHES DÉLICA-
TES DE SAUMON FUMÉ PLACÉES EN CROIX, ET
RECOUVREZ DE NOIX DE COCO ÉMINCÉE. NAP-
PEZ AVEC DE LA MAYONNAISE SUCRÉE ET DE LA
BETTERAVE COUPÉE EN DÉS (POUR LA COU-
LEUR). RECOUVREZ D'UNE FEUILLE D'ÉLÉ-
GANT PAPIER DENTELLE ET LAISSEZ LE
TOUT REPOSER QUELQUE TEMPS PUIS,
DÉCOREZ LE PAPIER D'ARABESQUES EN
GELÉE DE FRAISES. VERSEZ DÉLICATE-
MENT L'ENSEMBLE DANS UN MIXER
ÉLECTRIQUE ET MÉLANGEZ A GRANDE
VITESSE PENDANT TROIS MINU-
TES. RECUEILLEZ LA JOLIE MOUSSE
ROSE AINSI OBTENUE ET DISPO-
SEZ DÉLICATEMENT DANS UN
PLAT ROSE, EN IMITANT LA
FORME DE JOLIES PETITES
QUEUES. DÉCOREZ LE SOM-
MET D'UNE CERISE ET SER-
VEZ GLACÉ.

1. En français dans le texte.

Enfin, si la ménagère se sent mieux et qu'elle ne m'oblige pas à déguster ce « régal », je n'y vois pas d'inconvénient.

Il est curieux de noter à quel point l'Art aux Etats-Unis semble indispensable au bonheur d'une quantité de gens qui, en dehors de cela, paraissent parfaitement normaux et qui pourraient traverser la vie dans un bonheur relatif, en se contentant de faire honnêtement leur travail sans se casser, artistiquement, la tête. Mais non, il leur faut s'empêtrer dans l'Art, le mêler à tout. Nous avons ainsi une cascade de gâteaux artistiques, les abat-jour peints, les reproductions *ad nauseam* des soleils de Van Gogh, les noix de coco sculptées et tout le reste.

Prenez, par exemple, les photographies. En 1949, pendant qu'on me photographiait pour la revue *Time*, je reçus un coup de téléphone affolé du gardien de ma propriété à Long-Island; le feu s'était déclaré dans une partie de ma maison de Sands Point, vieille de deux cents ans. Je voulais me précipiter sur les lieux, mais le photographe insista pour continuer à prendre ses photographies. Je me résignai de mauvaise grâce, affreusement inquiet. En prenant la dernière photo, il me dit : « Voyons, un petit sourire, monsieur Lœwy, vous avez l'air soucieux ! »

Voilà un groupe d'honnêtes citoyens qui pourraient charger leur camera, coller leur bonhomme devant l'objectif, presser le bouton, tirer l'épreuve et envoyer la note, sans faire tant d'embarras. D'ailleurs, c'est bien ainsi qu'ils opéraient au début de la photographie (pendant près d'un siècle), ce qui produisit beaucoup des plus beaux négatifs qui aient jamais été pris. Mais au cours des vingt dernières années, certains photographes ont découvert l'Art. Ils ont commencé par laisser pousser leurs cheveux, et prendre un air à la Svengali, s'efforçant, pour exprimer leur personnalité artistique, de ressembler à l'archevêque de Canterbury.

D'autres préfèrent le genre négligé, avec d'amples costumes en tweed râpé, marque de distinction des Artistes. Les négatifs n'étaient pas meilleurs pour autant, mais ces exquis messieurs suaient la Personnalité : certains sont absolument « dégoulinants » d'Art, auprès desquels Toscanini aurait l'air d'un vulgaire chaudronnier. Gonflés d'Art à en éclater, il leur fallait trouver une expression graphique de leur débordante personnalité esthétique. Il en est de l'Art exactement comme de tout, quand il faut que ça sorte, faut que ça sorte ! Par bonheur, ces messieurs trouvèrent un exutoire : la signature ! Les écluses s'ouvrirent alors toutes grandes et ils déversèrent sur le monde une avalanche de signatures artistiques qui se sont incrustées et qu'il nous faut bien subir. Ces « tripes artistiques » [1] donnent l'ambiance typique du studio d'art photographique courant. Heureusement, il y a des hommes comme John Rawlings, Irving Penn, Richard Avedon, Man Ray, Cecil Beaton et bien d'autres, dont l'apport esthétique n'est en rien inférieur à celui d'un Modigliani, d'un Miró ou d'un Picasso. Sur la page suivante, nous donnons quelques exemples, imaginaires mais typiques, des signatures que l'on peut voir au bas de bien des études d'Art sur *Sépia.*

1. Galimatias pseudo-artistique.

of beverly hills
« LENS ART »
artistry studio
of hollywood
fifth avenue

Certaines parties d'un objet ou d'une machine que l'on désire accentuer peuvent être mises en valeur en les plaçant sur un fond texturé ou d'une couleur contrastante. Ainsi, dans cet exemple typographique, la banderolle se détache nettement sur la forme sinueuse texturée qui représente le chiffre 9 dans la langue MALAYALAM.

9

Penthouse studio [1]

Vers 1935, nos bureaux devenus nettement trop exigus, nous dûmes déménager et nous installer au coin de la 5e Avenue et la 47e Rue, dans une plaisante « Penthouse » donnant sur une terrasse de plain-pied.

A cette époque, nous travaillions pour une douzaine de firmes et les affaires marchaient très bien.

Elles marchaient bien, mais à quel prix ! Les quatre années précédentes avaient été difficiles. Personne dans le monde de l'industrie n'avait jamais entendu parler d'esthétique industrielle et personne ne s'y intéressait. Ma vie, alors, était une déprimante succession de visites à des hommes que j'ennuyais, des hommes qui réussissaient parfaitement dans leurs entreprises et pour qui j'étais l'importun dont il fallait se débarrasser aussi vite et aussi poliment que possible, ou, plutôt, sans trop d'impolitesse.

— Qu'est-ce que c'est que ce gars-là ? cet étranger avec son accent à couper au couteau ? Que vient-il faire dans *mon* bureau pour me dire, *à moi*, comment je dois faire marcher *mon* affaire ? Ils ont du culot, ces grenouilles (surnom donné aux Français à cette époque) ! Enfin, monsieur, je fabrique les mêmes objets de la même façon depuis vingt-deux ans et personne ne s'est jamais plaint ! Désolé, je suis très occupé en ce moment. Au revoir !

1. Maison construite sur le toit en terrasse d'un immeuble.

Je voudrais pouvoir oublier ces voyages en quête d'affaires dans le Middle West, tirant les sonnettes aux portes des petites usines et des fabriques. Que ce fût dans le sordide quartier cicero de Chicago, dans les faubourgs de Pittsburgh, de Toledo ou de Cleveland, ces tournées étaient déprimantes, navrantes dans leur apparente futilité. Oublierai-je jamais ces longs trajets, dans les tramways fétides de Chicago, trempé par la pluie, transportant une grande serviette pleine de dessins, essayant de franchir le seuil d'un secrétariat pour arriver jusqu'à l'adjoint de quelque coriace ingénieur ou directeur commercial ? Et les longues attentes dans la pluie de novembre, devant l'arrêt du lugubre tram qui me ramènerait au centre de la ville, à mon hôtel sinistre, fatigué, grelottant, désillusionné, esseulé et les mains vides. Mais, surtout, tellement fatigué... et toujours enrhumé.

Je m'arrêtais au drugstore à côté du hall de l'hôtel géant de Chicago pour acheter quelques aspirines.

Dans ce drugstore étouffant et bruyant, la foule des clients était, généralement, composée de membres de quelque association nationale de déménageurs et garde-meubles, venus acheter une bouteille de whisky de seigle et refaire leur provision de chewing-gum et de produits prophylactiques, cependant que Phyllis, la petite « call girl »[1] au chewing-gum, avec son maquillage agressif et ses hauts talons, choisissait un souvenir « Artistique » navrant au comptoir des cadeaux ou un petit flacon de « Passion d'Amour ». Et l'ascenseur bondé et les haleines puant l'alcool et les grosses plaisanteries de voyageurs de commerce et, enfin, le *corridor !* Ce long corridor si long, interminable, qui conduisait à ma chambre 2745, deux portes seulement avant la sortie de secours au signal EXIT rouge. Oh, le dernier kilomètre le long d'un millier de portes, dans une cacophonie de postes de radio hurlants, de dis-

1. Genre de jeune et souvent jolie prostituée que l'on convoque par téléphone.

putes entre ivrognes, de rires gras, de cris de filles chatouillées et, bien souvent, de sanglots de femme ! Enfin, voilà le 2745. Mon foyer pour ce soir. Triste petite chambre, morne, puant le cigare froid et les orgies tarifées : elle n'a même pas été convenablement nettoyée (on est si pressé de nos jours). Il y a des épingles à cheveux sur le tapis, des cendres dans le verre à dent et du savon à barbe sur le téléphone. La plaque de verre qui recouvre la commode verte est tachée et poisseuse mais, en dessous, une carte rouge et or attire l'attention du visiteur sur les Sept Différents Cafés Gracieusement mis à Sa Disposition : sept en tout ! Comptez-les ! Vous allez pouvoir oublier votre cafard noir dans la Kaverne Hollandaise, avec le plat du jour spécial à quatre-vingt-cinq *cents* [1], y compris le pain, le beurre et le café (dessert : supplément vingt-cinq *cents*). Si vous êtes riche, la direction vous invite au Tubereuse Room où Hall Halsted et ses Saxoneur (qui diffusent, tous les soirs, pour le poste XZYK) vous enchanteront avec *Tea for Two.* Puis Miriam et Feliz, les danseurs mondains, étoiles de Paris, de Londres et de Toulon, interprètent pour vous avec leur art consommé le *Boléro* de Ravel, toutes lumières éteintes, sous des projecteurs pourpres et verts (intermède opportun pour les congressistes désormais ivres, désireux d'explorer Phyllis sous la longue nappe).

Non, merci, pas ce soir, Tubereuse Room.

Je ne suis pas d'humeur. Je préfère un bon bain chaud. Juste le temps d'enlever quelque cheveux frisés du fond de la baignoire et je m'allongerai dans mon bain (à l'eau javellisée) avec, entre les mains, la dernière édition de l'*Evening Tribune* où je lirai l'histoire détaillée de l'assassinat de Turp Tarazo, le roi des juke-boxes. Quelle histoire ! Turp a été trouvé, à l'aube, criblé de balles et cloué d'un coup de poignard contre un de ses propres juke-boxes qui avait joué *Chloe* pendant toute la nuit

1. Il y a 100 cents dans un dollar.

(l'appareil s'était coincé) sans qu'on y dépose de monnaie.

Aux abattoirs, le saindoux a augmenté d'un quart de *cent.* Boss Murphy ne se présente pas aux élections pour le poste de shérif. Le commissaire de police signe l'interdiction de stationner dans Wabash Street. Demain : pluie. Après-demain : pluie.

Et le jour suivant, levé à sept heures, je reprends la route. Il *faut* absolument que je réussisse à intéresser la Compagnie de Séchoirs « Petit Géant » à la rationalisation des formes.

Et cela continue des semaines, des mois, des années, avec, par-ci par-là, une commande ridiculement mal payée. Pour la Compagnie Sears Roebuck, par exemple (une des plus importantes affaires au monde), il me fallut près de deux ans de visites répétées à Chicago — à mes propres frais, naturellement — pour les convaincre de l'importance d'une présentation correcte de la marchandise.

En fin de compte, je gagnai la partie et fus chargé de dessiner le réfrigérateur Coldspot, pour la somme de deux mille cinq cents dollars. J'en dépensai à peu près le double pour exécuter ce travail comme je le voulais. Le projet fut accepté, le nouveau réfrigérateur fabriqué et les ventes doublèrent. Pour le modèle suivant, les honoraires furent triplés. Les ventes montaient considérablement. Mes honraires furent portés à 25 000 dollars. Les ventes montèrent à 160 000 unités. Puis à 275 000, record inouï dans ce domaine. Or, fait qui n'échappa point aux spécialistes, la partie mécanique de ces Coldspot n'avait pas changé; seule leur apparence était nouvelle. Quels horizons, le jour où non seulement l'apparence serait améliorée, mais aussi la qualité, la performance de l'appareil et, grâce à la production en masse, à des prix constamment plus bas. Sears était convaincu et, depuis, cette firme a continué de porter ses efforts sur la présentation. Il me fallut « gagner » presque tous mes clients de la même manière. Ils voulaient d'abord voir pour croire. Ces années de début furent particulièrement dures. Je dus faire preuve d'une persévérance acharnée pour ne pas abandonner la partie. Dieu merci, la santé était de mon côté.

Comme nous le verrons plus tard, nos travaux pour les chemins de fer de Pennsylvanie débutèrent dans la même atmosphère d'hésitation sceptique. Et, cependant, je ne peux imaginer personne de mieux armé que moi pour dessiner du matériel de chemin de fer. J'ai parcouru des centaines de milliers de kilomètres dans des wagons de toute espèce, allant des Pullman de 1919 aux wagons-salons les plus modernes. Les vieux sleepings d'acajou aux bizarres noms indiens, tendus de rouge et de vert, avaient quelque chose d'étrangement fascinant; l'odeur de « Fort Mackinowatok » en soi était extraordinaire. C'était un mélange de cigare froid, de crin humide, de pomme de terre frite, avec un rien de vieille transpiration, mais on s'y habituait. Et dans la bonne vieille couchette n° 7 (inférieure), on se sentait bien après une longue journée à l'usine, à moins qu'un chauffeur de locomotive machiavélique ne prît un départ hautement fantaisiste, faisant, ainsi, « sauter les râteliers hors de la bouche des passagers »[1]. Le rendez-vous du matin dans les lavabos était un spectacle grandiose. Le grand monsieur, le gros monsieur, le monsieur maigre, tous en train de se raser violemment, pantalon en accordéon, bretelles se balançant en cadence, sans chemise, « parfumés » d'eau de toilette au lilas, se précipitant pour faire place au suivant. J'étais toujours curieux de voir le contenu largement exposé des trousses à raser de mes voisins. Certaines d'entre elles, en cuir noir ou brun sale, n'avaient sans doute pas été nettoyées depuis la guerre de Sécession, remplies des plus incroyables objets. Un Kinsey du rail explorera, un jour, le nécessaire de toilette de l'homme d'affaires en voyage, en Amérique ou ailleurs.

1. Expression américaine très usitée pour décrire un choc violent.

A cette époque, la signature d'un nouveau contrat avec une grosse firme était l'occasion de réjouissances. Plus encore qu'une belle affaire, cela indiquait que la grande industrie acceptait notre profession. Je retournais à New York à toute vitesse et annonçais la bonne nouvelle à une équipe folle de joie. Nous sortions le champagne du réfrigérateur et tout le monde, y compris les garçons de courses et les femmes de ménage, portait un toast au client, au succès du projet et au nôtre.

Nous allions parfois au club germano-américain (qui n'était, en réalité, qu'une grande et bruyante taverne allemande) et nous prenions de la bière et des saucisses. Tout le monde se mettait à chanter, dessinateurs, chefs de service, secrétaires et garçons de courses. Et nous nous amusions royalement jusqu'au matin. Pourquoi un restaurant allemand, je n'en sais rien mais on y était bien, l'ambiance était amicale et sans chichis. Tout le monde était heureux, et cela me rendait heureux aussi.

Les garçons de courses ont toujours joué un rôle important dans l'atmosphère de l'organisation commerciale Raymond Lœwy. Nous attirions toutes sortes de phénomènes. L'un d'eux devint, en deux ans, assistant de notre chef dessinateur. Il avait fait une guerre brillante et, maintenant, il est à la tête d'une firme prospère de courtiers en imprimerie. Il s'appelle Dougherty. Plusieurs autres devinrent des dessinateurs de premier ordre et gagnent très bien leur vie. Les uns viennent au travail dans des voitures décapotables huit cylindres et d'autres font trois kilomètres à pied sous la neige pour ne pas payer l'autobus. Ils ont tous les mêmes chances de réussite et ils en profitent au maximum. Ils font les choses les plus inattendues. Il y a quelque temps, je voulais vendre une de mes voitures avant de venir en Europe, une voiture expérimentale avec carrosserie spéciale, pratiquement neuve, et le prix était donc élevé. Ma secrétaire afficha un avis au bureau, donnant la priorité pour l'achat de la voiture aux employés de la maison. Le jour suivant, je trouvai un chèque sur mon bureau et une note me disant que la voiture avait été vendue à Frank Bailey. Je ne connaissais aucun dessinateur de ce nom. Enfin, j'appris que c'était un garçon de courses, payé vingt dollars par semaine, dont la famille était propriétaire d'une écurie de chevaux de course.

Ils semblent avoir un certain sens de l'humour, particulièrement ceux du magasin de fournitures. Sur les murs on peut lire des devises.

NE REMETS JAMAIS A DEMAIN
CE QUE TU PEUX FAIRE FAIRE
A QUELQU'UN D'AUTRE AUJOURD'HUI MÊME

•

NE MORDS JAMAIS LA MAIN
QUI SIGNE LE CHÈQUE

•

L'imagination joue un grand rôle dans notre travail quotidien et j'encourage toutes ses manifestations. Nos garçons le savent, aussi n'hésitent-ils pas à soumettre au chef de service toutes les idées originales qu'ils pensent être réalisables. Notre attitude à l'égard de l'esprit inventif provoque, parfois, de surprenantes suggestions de la part de nos sorciers de l'arrière-boutique.

L'un d'eux est venu me voir, il n'y a pas longtemps, avec une idée de génie. A ce moment-là, nous comptions parmi nos clients un grand fabricant de chewing-gum et aussi l'un des principaux fabricants de pâte dentifrice. Notre gaillard avait eu l'idée de deux nouveaux produits destinés à la très importante population italienne aux Etats-Unis : le chewing-gum et la pâte dentifrice parfumés à l'ail ! Plusieurs années se sont écoulées, je me demande encore si nous n'avons pas laissé échapper une fortune.

Une autre fois, un garçon, qui en avait probablement assez de ses quatre petits frères et sœurs, proposa la fabrication de sucettes hypnotiques au nembutal [1]. Le nom ? Suce-et-Dors !

La courbe du développement de mes affaires ferait dresser les cheveux sur la tête d'un homme d'affaires rassis. Par exemple, en 1919, complètement sans le sou, à bout de ressources, alors que j'avais l'occasion d'obtenir une bonne situation à la Générale Electrique, je ne suis même pas allé les voir. Et, au lieu de cela, je me lançais dans l'illustration de mode, métier dont je ne connaissais rien et dans lequel je réussis à me faire une très belle situation. Je n'avais pas trente ans. Pourquoi ce succès ? Parce que mes dessins avaient pour fond des idées inattendues ou abstraites à une époque où ces choses n'existaient pas. De plus, paraît-il, ces dessins n'étaient pas mauvais en eux-mêmes.

En 1928, alors que j'étais bien établi comme dessinateur de mode, j'abandonnai tout, subitement, et je me jetai dans l'esthétique industrielle, une profession inexistante, inconnue.

En 1929, je tombais en plein dans le krach de Wall Street qui secoua le monde entier et, par la même occasion, pratiquement tout ce que je possédais. La plupart de mes contrats étaient soit réduits à presque rien, soit complètement résiliés. Je regardai la situation en face et décidai que c'était le moment ou jamais d'étendre mes activités. Aussi, je louai un bureau très élégant au cin-

1. Soporifique.

quante-quatrième étage du n° 500 de la 5e Avenue. Je le meublai somptueusement et je menai mon affaire au succès jusqu'en 1935. C'est alors que l'Amérique fut touchée par la grande crise et une épidémie de faillites catastrophiques, ce n'était pas le moment de se décourager. Je me mis donc à la recherche d'un studio « penthouse » très luxueux et je le trouvai au meilleur endroit de la 5e Avenue. Ce changement eut le meilleur effet sur le moral des dessinateurs, réconfortés par la confiance du patron. L'affaire se développa et prospéra d'année en année. En d'autres termes, malgré ce que les gens disent ou ce qu'écrivent les experts, mon principe philosophique est bien simple : j'estime qu'en Amérique il y a toujours une chance de succès pour quiconque

a) sait faire quelque chose bien,
b) livre son travail à temps,
c) est homme de parole.

Sur ces bases, nous avons progressé avec succès, crise ou pas crise. C'est le triste privilège des ratés, des paresseux ou des imbéciles, de blâmer les autres et de rejeter sur eux la responsabilité de leur propre échec ou d'abandonner la lutte s'ils sont, momentanément, en difficulté, ou, encore, de mésestimer les possibilités qu'offrent les Etats-Unis.

Ceux que je plains de tout mon cœur, ce sont les pauvres garçons, les malheureuses filles qui ont le talent, le courage, la ténacité, la foi, mais que la santé déshérite. Ou bien encore ceux qu'une malchance affreuse condamne, effort après effort, à l'échec répété. A ces braves gens, il n'y a qu'une chose à souhaiter, c'est que la foi ne les abandonne pas. La loi des probabilités indique qu'un jour la chance croisera leur chemin. A ceux-ci, bon courage et bonne santé : essayez encore UNE fois !

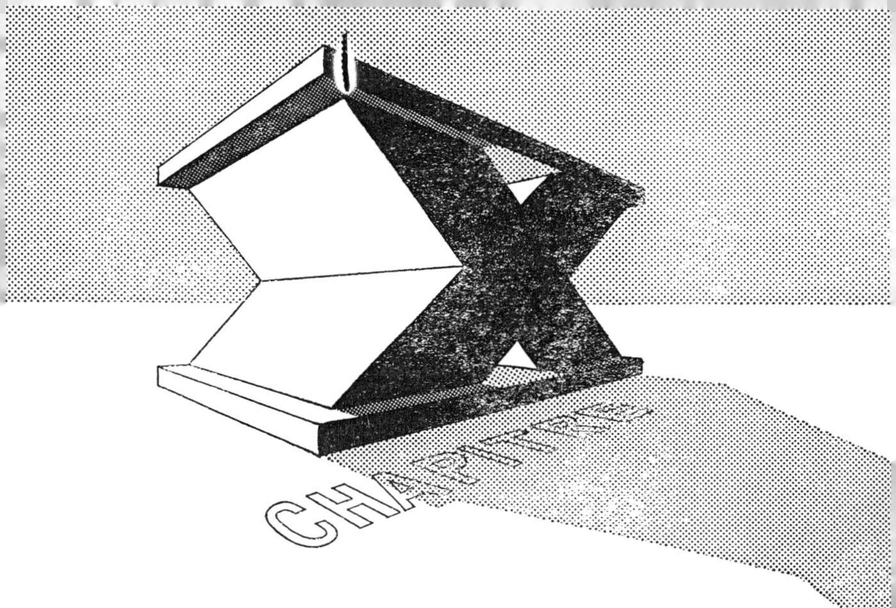

Un sigle ou symbole doit fidèlement traduire la firme qu'il représente, son standing, son caractère, la nature même de ses activités. Prenons le cas de la Cie " INTERNATIONAL HARVESTER ", l'une des plus anciennes et des plus puissantes en Amérique, aux ressources financières gigantesques, qui se spécialise dans la manufacture de matériel lourd et puissant. Le sigle qui fut développé pour elle par notre compagnie traduit précisément les caractéristiques de notre client ; ce sigle devint très connu et fut adapté dans toutes les activités de la firme : sur ses produits, emballages, stations services, uniformes, annonces et affiches publicitaires, camions, entrepôts, wagons de chemin de fer, usines, papier à lettre, cartes de visite de représentants et même sur les actions et obligations de la Compagnie. Le chiffre X du chapitre exemplifie graphiquement la stabilité, la solidité, le caractère permanent, la perspective du passé, la recherche vers l'avenir dans la lumière du progrès.

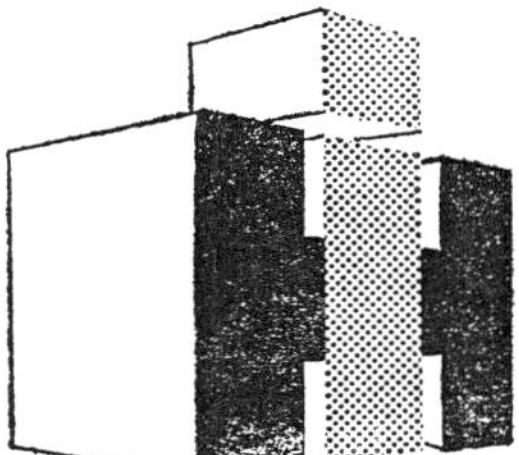

10

Les « Moi aussi » Boys

Notre installation dans la 5e Avenue eut d'heureux résultats. Notre moral sérieusement remonté, nous étions prêts à accueillir les nouvelles commandes qui se mirent à affluer. Le succès sensationnel de notre projet du réfrigérateur Coldspot fit l'objet d'articles dans plusieurs revues directoriales, publications de vente et de production et dans des revues techniques.

L'étude, en détail, du projet Coldspot donna lieu à des discussions animées dans les milieux commerciaux et directoriaux. De nombreux groupements et universités me demandèrent de faire des conférences, si possible illustrées, sur notre technique de rationalisation des formes. Cela nous fit une excellente publicité et provoqua de nombreuses demandes de renseignements de la part de futurs clients. C'était la première fois qu'une grosse industrie avait recours à un spécialiste, à un dessinateur industriel, pour rationaliser la forme d'un produit. On ne pouvait se référer à aucun précédent.

Au début du programme Coldspot, nous nous bornions à préparer des croquis à petite échelle, la plupart sous forme de perspectives en couleurs. Mais nous devions, bientôt, découvrir que de tels dessins sont défigurés lorsqu'ils sont agrandis à l'échelle d'exécution. Ce qu'il y a de pire, c'est qu'un dessin même à l'échelle d'exécution est à son tour sérieusement déformé lorsqu'il est exécuté à trois dimensions. J'eus, alors, la certitude qu'il serait utile de travailler directement sur des modèles grandeur nature à trois dimensions, surtout si nous pouvions utiliser un matériau permettant des transformations rapides et des expériences nombreuses. Le bois ne convenait pas. La solution évidente était la terre glaise dont se servent les sculpteurs. On s'en était servi avec succès pour l'étude des carrosseries automobiles. Alors nous nous mîmes à faire des carcasses légèrement plus petites que le réfrigérateur terminé, que nous recouvrîmes d'une couche de pâte à modeler, obtenant ainsi un bloc vierge d'argile plastique sur laquelle nous pouvions travailler. Nous pouvions alors découper ou sculpter à loisir. Nous découvrîmes que l'argile était plus facile à travailler lorsqu'elle était tiède. Ce fut alors que nous imaginâmes un four électrique qui conservait la terre à modeler en état de malléabilité parfaite, à une température modérée et constante.

Naturellement, nous souhaitions présenter les maquettes au client dans les conditions les plus favorables d'éclairage et sous l'angle le meilleur. Mais elles étaient trop lourdes pour être transportées sans risque de dégâts. Nous construisîmes donc la série de maquettes suivante sur des plates-formes basses, montées sur roulements à billes et d'une manipulation facile.

Toute la partie quincaillerie, gonds, loquets, plaque décorative d'identification, était taillée dans du bois et recouverte d'une laque d'aluminium. Comme cela manquait d'éclat et de fini, nous pulvérisions sur chaque pièce une couche de peinture de cuivre, lui donnant ainsi l'apparence du métal. Soigneusement polie, elle était, ensuite, placée dans une cuve à nickeler et, de nouveau, passée au polissoir. Une fois terminées, ces pièces de bois avaient exactement l'apparence du métal. Cette méthode avait, en outre, l'avantage d'être rapide et beaucoup moins onéreuse que la précédente.

Lorsque nous avons commencé à travailler sur le « Coldspot », le modèle en vente à ce moment-là était laid, sorte de boîte carrée, mal proportionnée, « agrémentée » de moulures, panneaux et autres décorations en toc. Il était très haut perché sur des pieds grêles et disgracieux et la poignée de la porte, un article de quincaillerie bon marché. Nous transformâmes tout cela par des moyens très simples.

La partie vide au-dessous de l'armoire frigorifique, incorporée à l'ensemble, devint un tiroir utilisable; la poignée de la porte, solide et aussi élégante que si nous l'avions dessinée pour une voiture de grand luxe. La porte elle-même, étudiée en tenant compte de l'acoustique, produisait, en se fermant, un son rassurant pour la ménagère. Les gonds étaient invisibles. La plaque portant la marque de fabrique ressemblait à un bijou. L'ensemble donnait une impression de grande qualité et de simplicité.

Les rayons constituaient, à l'époque, un sérieux problème pour l'industrie du froid. Ils devaient être emboutis et montés à la main, soudés et plongés dans un produit anti-rouille (ce qui ne les empêchait pas de rouiller quand même). Le prix de revient était exorbitant, en raison de la somme énorme de main-d'œuvre nécessitée. Ce rayonnage, d'ailleurs, manquait de netteté dans son apparence.

C'était l'époque où je travaillais, à Detroit, sur un projet de carrosserie pour la Compagnie Hupmobile. Parmi les matériaux envisagés pour la grille du radiateur, je remarquai plusieurs échantillons d'aluminium parforé qui nous avaient été soumis par un fournisseur. L'envers de ces larges panneaux était renforcé par des nervures longitudinales. Le tout, panneau et nervures, était moulé sous pression et d'une seule pièce. C'était simple, peu coûteux, exactement ce qu'il me fallait pour mon rayonnage du Coldspot. J'en commandai plusieurs échantillons avec les perforations adéquates et les ramenai avec moi chez Sears Roebuck, à Chicago. Ils firent sensation. J'avais trouvé la solution rêvée : un rayonnage simple, élégant, d'une solidité à toute épreuve et absolument inoxydable. Il fut adopté, copié par toute l'industrie du froid, et resta pendant des années le modèle courant de rayonnage. Ce fut une aubaine pour l'industrie de l'aluminium qui fournit, tous les ans, le métal nécessaire à la fabrication de plusieurs millions de rayonnages, d'année en année.

Une autre de nos améliorations sur le Coldspot fut un loquet qui s'ouvrait à la plus petite pression. Ce loquet était étudié de façon que la maîtresse de maison pût ouvrir son Caldspot, même les bras chargés, rien qu'en appuyant légèrement son coude sur une longue barre chromée. Ce loquet était aussi relié par un dispositif de commande à distance, à une petite pédale au niveau du sol. Toutes ces particularités pouvaient être utilisées avec avantage pour la publicité et par les vendeurs. Plus importante encore fut la constatation que notre analyse serrée du problème, en coopération avec le client et l'équipe d'ingénieurs, avait pour effet, non seulement d'améliorer l'apparence du produit, mais aussi d'en abaisser le prix de revient. Les résultats étaient spectaculaires et firent notre réputation. Ils mirent en lumière l'importance de l'esthétique industrielle et en firent un nouveau facteur fondamental de l'entreprise commerciale moderne. Comme je l'ai dit plus haut, cette histoire fut rapidement connue et fit l'objet d'une étude minutieuse.

L'habillage du Caldspot n'avait été en vérité qu'une application superficielle de l'« industrial design », on pourrait même dire qu'elle avait plutôt un caractère « cosmétologique ». Notre ambition était de rendre à l'avenir des services beaucoup moins superficiels.

La description du procédé suivi, telle que nous venons

de la lire, est fort abrégée. Nous décrirons, plus tard, un cas typique et complet.

Personne n'étudia le cas Coldspot avec plus d'intérêt que mes amis les créateurs du meuble « gratte-ciel », car ces gentlemen prévoyaient l'effondrement de la vogue éphémère du nouveau style d'ameublement. Les plus éveillés cherchaient à faire autre chose. Il ne leur fallut pas longtemps pour découvrir les possibilités de l'esthétique industrielle. Ce fut la ruée. Quelques-uns, doués du pouvoir de persuasion, s'arrangèrent pour soutirer des commandes de dessin à des fabricants crédules, auxquels ils offrirent un incroyable fatras d'imbécillités. Dans la plupart des cas, leurs projets étaient tellement impraticables que leurs malheureux clients levaient les bras au ciel et n'en croyaient pas leurs yeux. Quelques industriels « courageux » réussirent à construire leurs trucs et n'échappèrent que par miracle à la ruine.

Nous avions à lutter contre une bande d'une trentaine de « toqués » soi-disant artistes ou décorateurs, sans l'ombre d'expérience, de goût, de talent, ou d'intégrité, qui se paraient du titre d'esthéticiens industriels. Ils tuèrent presque dans l'œuf la jeune profession que nous avions tant de mal à essayer de faire démarrer. S. M. Schweller, ingénieur en chef de la firme General Motors-Frigidaire, raconte une histoire typique des débuts de notre profession. Un soi-disant esthéticien industriel assez connu exerça une telle pression pour obtenir une entrevue avec les ingénieurs que, lassés, les directeurs lui fixèrent un rendez-vous à l'usine. Cela ne faisait pas l'affaire du dessinateur. Pour apprécier toute la valeur de son projet, dit-il, il était indispensable qu'il leur fût présenté correctement et cela, dans un des principaux hôtels de Dayton. Un soir donc, les ingénieurs s'arrêtèrent à l'hôtel Van Cleve. On les fit monter dans un appartement. Après les avoir accueillis, l'artiste les dirigea vers une pièce sombre et mystérieuse, faiblement éclairée aux chandelles. Des violons jouaient en sourdine de la musique tzigane, une belle fille en grand décolleté était langoureusement appuyée contre la maquette, posée devant un rideau noir. Le Frigidaire, grandeur nature, était bouffi, affreux et... rouge ! Mes amis de la Compagnie Frigidaire, parmi lesquels se trouvent quelques-unes des personnalités les plus brillantes de l'industrie américaine, furent ébahis par la choquante vulgarité de ce spectacle. Ils jetèrent un regard poli sur la monstrueuse maquette et prirent congé.

Voilà le genre de choses contre lesquelles, au début, nous avions à lutter. Je me rendais compte que notre seule chance d'assurer à notre organisation un succès durable était de rester sincères, pratiques et réalistes. Les résultats parlent d'eux-mêmes. Quelques-uns de nos clients, parmi les plus grosses affaires qui soient, nous ont été fidèles pendant quatorze ans et davantage. Notre record est d'avoir travaillé dix-sept ans avec la plus grande compagnie de chemins de fer du monde. Nous nous sommes créé une réputation d'honnêteté et de solidité de jugement que j'ai la joie de partager avec mes associés et nos dessinateurs.

Le succès de ma collaboration avec « Sears Roebuck » devait constituer un tournant décisif de ma carrière. Débordé, j'atteignis bientôt un plafond de production. Je me trouvais dans une impasse; deux solutions s'offraient à moi : soit continuer à créer moi-même tous les projets et rester au même point, soit choisir deux ou trois de mes meilleurs dessinateurs et les entraîner suffisamment pour en faire des chefs d'équipe de première classe, très bien rémunérés, capables à leur tour de former des jeunes ayant du talent. En d'autres termes, il me fallait décider si je préférais poursuivre une carrière purement personnelle, et par cela même limitée, ou transformer mes activités présentes en une firme importante capable de se développer sur un plan international.

Après un examen serré des quelques hommes qui travaillaient avec moi et des possibilités de notre profession, je pris une décision et décrétai trois mesures immédiates :

1° Promotion de trois des meilleurs dessinateurs au titre d'assistants, afin de les entraîner à fond et d'augmenter leur prestige auprès des clients.

2° Engagement d'un directeur commercial.

3° Création d'un service publicité et relations extérieures [1].

Les résultats furent conformes à ce que j'avais espéré. La qualité de notre travail s'améliora encore et nous permit d'augmenter sérieusement le nombre de nos clients. Environ deux ans plus tard, je pris d'autres mesures dont les plus importantes étaient :

1° Augmentation de l'équipe de techniciens purs et d'ingénieurs spécialisés, à ne pas confondre avec les dessinateurs de « forme » et destinés à collaborer avec ces derniers.

2° Création d'un atelier de construction de maquettes.

3° Création d'un service expérimental de modelage d'argile et de plâtre, outillé d'une façon parfaite.

Toutes ces mesures payèrent des dividendes immédiats. Mes assistants étaient des garçons actifs, pleins de talent et sympathiques. Mes clients aimaient travailler avec eux et, libéré de la nécessité de les voir fréquemment, je commençai à entrevoir des possibilités de développement presque illimité. Bientôt nous doublâmes le nombre de nos contrats. Pendant toute cette période d'expansion, je considérai mon rôle comme vital et nettement défini; je fixai une règle fondamentale que chacun devait suivre sans hésitation ni discussion. Cette règle est permanente et immuable, la voici :

1. En anglais : Public Relations.

AUCUN PROJET NE DOIT SORTIR DES BUREAUX R. L. AVANT D'AVOIR ÉTÉ VÉRIFIÉ ET REVÉRIFIÉ QUANT A SES QUALITÉS PRATIQUES ET SES POSSIBILITÉS CERTAINES DE FABRICATION. LES CHEFS DE SERVICE SERONT TENUS POUR DIRECTEMENT RESPONSABLES DE LA NON-OBSERVANCE DE CETTE RÈGLE.

Etre pratiques, telle était ma philosophie de l'esthétique industrielle. Son succès ininterrompu a justifié la déclaration de Santayana, à savoir que « c'est un grand avantage pour un système philosophique d'être effectivement vrai ».

Mes raisons d'établir la règle précédente, qui n'a jamais cessé d'être appliquée depuis lors, sont flagrantes, si l'on considère ce que certains de nos concurrents, dessinateurs d'aventure, faisaient à l'époque pour discréditer la profession.

●

Cette collection d'ennuis de toutes sortes qu'on appelle un navire.

Kipling.

Les affaires allaient bien et j'éprouvais un besoin urgent de me distraire de mon travail et des responsabilités incessantes qu'une bonne équipe pouvait maintenant partager avec moi. Depuis l'enfance, les bateaux me fascinaient. Je pouvais, enfin, me permettre d'en acheter un et je me décidai à le faire.

Vint le jour fatal où je fis l'acquisition de mon premier bateau. J'en ai eu quatorze depuis. Ils ont été mon cauchemar. Pendant vingt ans, les bateaux, ou plutôt les équipages de bateaux m'ont rendu la vie impossible. J'ai beau mépriser tout le côté odieux du « yachting », il n'y a rien à faire, l'habitude est prise. C'est pire que la drogue. J'ai eu plus que mon compte d'empoisonnements avec les « capitaines » saouls, les cuisiniers dégénérés et les gangsters de chantiers navals. J'ai été volé, escroqué et pillé par la plus belle collection d'ivrognes, de grandes gueules, de scélérats et d'épaves humaines qui aient jamais traîné autour d'un yacht-club élégant; des hommes qui n'hésiteraient pas à fréter leur propre mère si elle pouvait flotter. J'ai eu un steward qui m'a compté seize dollars de moutarde en une semaine. Un « capitaine » m'a froidement annoncé, un jour, qu'il avait accidentellement laissé tomber pour six cents dollars d'argenterie dans l'Hudson. On m'a fait payer deux fois la même essence et trois fois la même huile.

Deux jours avant son combat à New York contre Gene Tunney, en 1924, Georges Carpentier passait l'après-midi sur mon bateau, avec quelques amis. A l'insu de mes invités, l'équipage choisit ce moment pour me mettre le marché en main. Nous arrivions à un point isolé du détroit de Long Island quand le capitaine m'informa que l'équipage demandait une augmentation de 33 % avec effet rétroactif sur deux semaines. Il insinua sournoisement que nous aurions peut-être des ennuis avec les machines, qu'il ne pouvait pas garantir que nous serions de retour à New York à temps pour le combat, ce championnat du Monde Poids lourds pour lequel plus de cent mille tickets avaient été vendus; combat devenu maintenant historique dans les annales de la boxe. Ils eurent leur augmentation et les machines se comportèrent parfaitement bien. A peine débarqués, je flanquai toute la bande à la porte.

Je décidai de ne jamais plus acheter de bateau, si cela ne dépendait que de moi. Depuis, j'ai été successivement propriétaire de cinq autres bateaux. Ma dernière acquisition date du mois dernier.

11

Du cure-dent à la locomotive

Deux hommes, Charles et Stuart Symington, eurent foi en ma croisade solitaire et, dès le début, s'offrirent à m'aider. Devenu, bien plus tard, ministre de l'Air et actuellement Président au Sénat de la Commission des Forces Armées, Stu est un de mes meilleurs amis [1]. Les Symington m'ayant donné en 1935 une lettre d'introduction pour le président des Chemins de Fer de Pennsylvanie, M. M. W. Clement, je partis donc pour Philadelphie, où j'avais le « rendez-vous de ma vie » avec le président du plus immense réseau de chemins de fer du monde. Je sentais que les conséquences de cette entrevue seraient capitales. La conversation se déroula à peu près comme suit :

— Eh bien, jeune homme, dites-moi ce que vous pensez faire pour nos chemins de fer ? Et d'abord, racontez-moi ce que vous avez fait pendant la guerre.

Je lui parlai brièvement de mes années de guerre en France. M. W. Clement parut intéressé. Il avait connu le front français et se rappelait quelques mots de la langue. Il semblait avoir gardé un bon souvenir de l'aventure.

— Avez-vous jamais dessiné du matériel de chemin de fer ? me dit-il de sa voix de stentor.

1. En 1960 il fut candidat à la présidence des Etats-Unis, puis se désista en faveur du président Kennedy dont il est resté l'ami intime.

— Non, mais depuis vingt ans, je rêve de le faire.

— Ainsi, vous aimez la vie en Amérique ?

— Je ne pourrais être plus heureux.

— Bon, parfait. Nous n'avons rien pour vous actuellement. Nous vous ferons signe, si quelque chose se présente.

Cette fin d'entrevue n'était pas du tout ce que je voulais.

— Monsieur Clement, j'aimerais commencer tout de suite. Je sais que je peux faire des choses vraiment utiles pour vous et le réseau. Donnez-moi une chance de vous le prouver. Ne pouvez-vous trouver un seul objet susceptible d'être amélioré, sur lequel je puisse travailler immédiatement ?

— Quoi, par exemple ?

— Une locomotive.

M. Clement est un homme à cheveux blancs, de haute taille et de belle prestance. Le prototype du géant des affaires (il emploie 650 000 hommes). Il parut interloqué et intrigué par ma réponse. Il ne dit rien. Renversé dans son fauteuil tournant, les pouces sous les revers de son veston noir, il se contenta de fixer le plafond.

Au bout d'un temps assez long, il pressa un bouton sous son bureau. Son secrétaire entra.

— Dites à Brown de venir me voir.

Puis de nouveau le silence. Nous attendions. De temps en temps, il jetait vers moi un regard furtif, et j'essayais de paraître calme, en dépit de l'agitation presque intolérable qui me possédait. Je sentais qu'à cette minute mon avenir se décidait. Je retenais mon souffle.

Brown entra, ou plutôt se précipita pour prendre les ordres du chef.

— Ce jeune Français m'a été recommandé par Symington et il aime l'Amérique. Il pense être capable de faire du dessin industriel. Il veut absolument dessiner pour nous un objet quelconque, et nous montrer ses qualités. Ecoutez, Brown, je trouve que les poubelles de notre gare

avant

après

LES ILLUSTRATIONS QUI SUIVENT REPRÉSENTENT LES DÉBUTS DE LA PROFESSION ET CEUX DE L'AUTEUR EN AMÉRIQUE

1929. Le premier problème résolu par l'auteur, le duplicateur *Gestetner*.

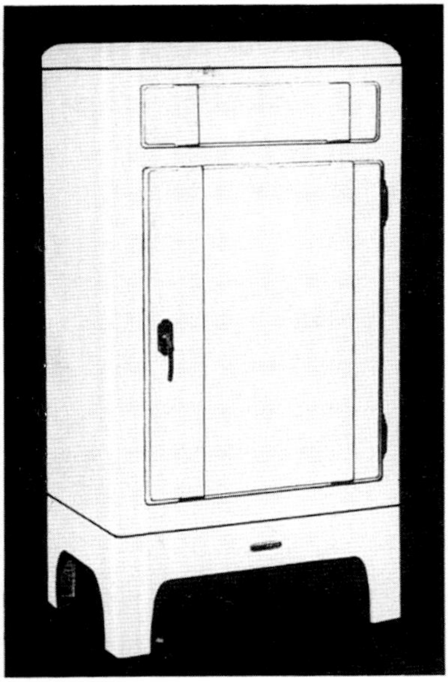

1936. La glacière électrique *Cocdspot* pour la Compagnie Sears Roebuck.

avant

vente annuelle : 60 000

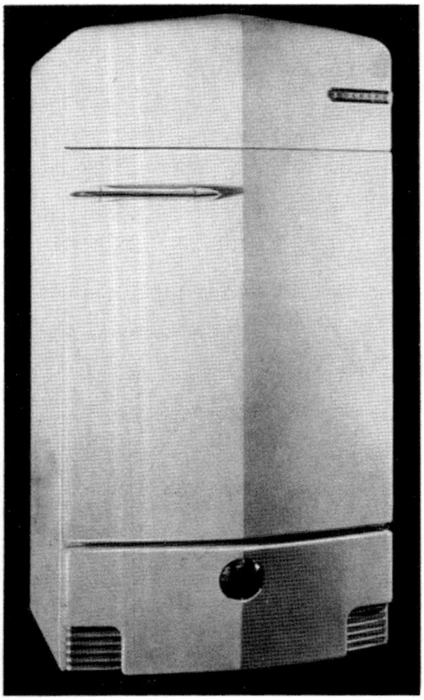

après

vente annuelle : 275 000

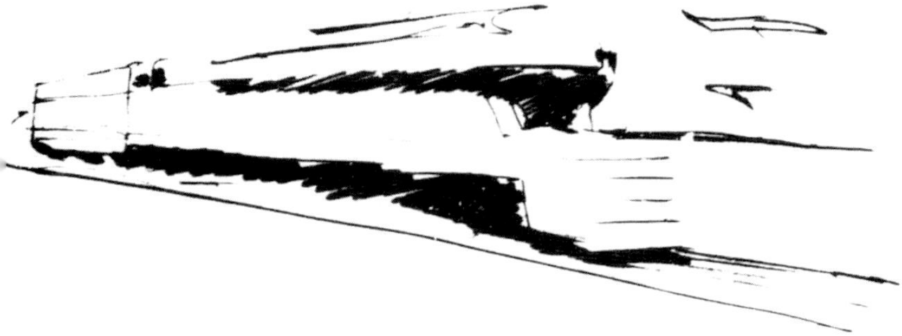

Ce croquis rapide donne la première impression de la locomotive prototype S-1 de la Compagnie des Chemins de Fer de Pennsylvanie.

Modèle d'argile basé sur les dimensions et les caractéristiques indiquées par le service des ingénieurs de la compagnie de chemin de fer. Après vérification et acceptation du modèle par la compagnie, nous établissons pour elle des « bleus » montrant les coupes avant et de profil.

Ci-dessus : Le prototype de l
S-1 terminé.
Cette locomotive de 6 00
chevaux entraîne 16 wagon
Pullman à 200 km/h. Sa lor
gueur est de 45 m. Compare
la ressemblance avec le tou
premier croquis de la pag
précédente. *Ci-contre :* 1937
Grand jour dans la vie d'u
jeune esthéticien industriel ; l
mise en service de la locomo
tive profilée à grande vitesse
type S-1 de la Pennsylvani
Railroad.

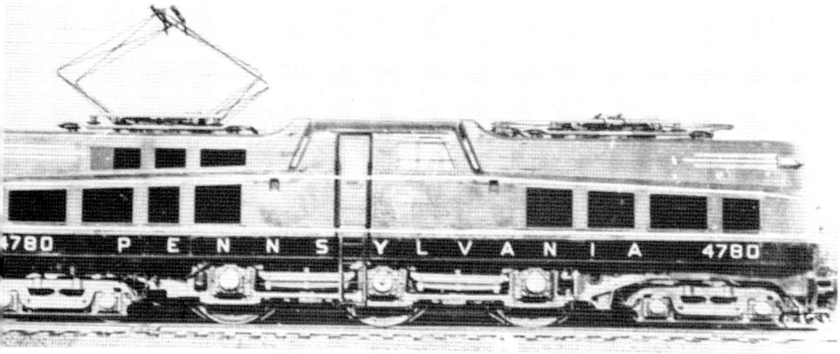

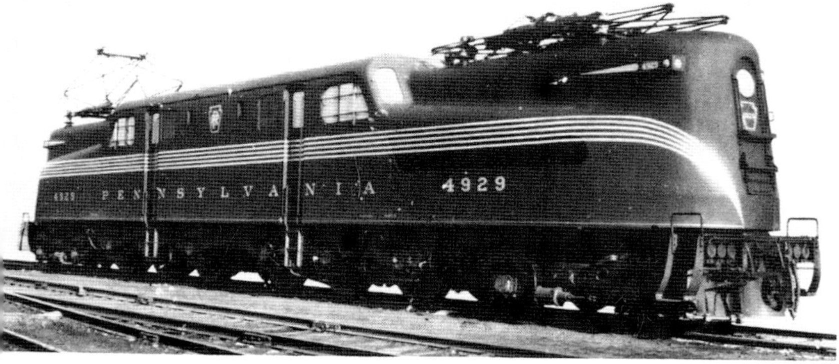

Locomotive électrique à grande vitesse pour la Pennsylvania. *Ci-dessus, en haut.* Avant : Les grilles des ventilateurs tirent l'œil et détruisent l'homogénéité de la ligne. Toute la carrosserie est rivetée.
Au milieu. Après : Les grilles de ventilation sont à peine visibles. Elles se fondent dans la ligne horizontale. La coque est soudée. *Ci-contre :* La carrosserie-coque, soudée, préfabriquée, est posée sur le châssis, exactement comme on le fait pour une *Ford* ou une *Renault* fabriquée à la chaîne.

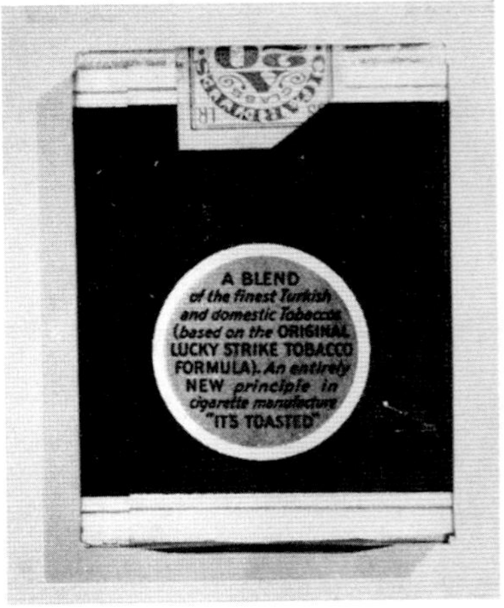

Avant : L'ancien paquet de *Lucky Strike* était vert. Sur une face, la célèbre marque de fabrique sur disque rouge ; sur l'autre face, du texte que personne ne lisait. L'encre verte était coûteuse et dégageait une légère odeur.

Après : Le paquet est blanc. La marque d fabrique est apposée sur les deux faces. L texte a été transposé et imprimé sur les côté Le prix de l'impression se trouve sérieuseme réduit.

L'œuf. La forme parfaitement adaptée à la fonction. Illustration de la théorie de la tension structurale de la forme coque, chère aux aérodynamiciens. C'est un profilage idéal. La coquille, en dépit de sa minceur, peut supporter une pression graduellement appliquée de 9 kg environ, sans se briser. La forme est de nature à causer un minimum de friction dans les entrailles de l'animal. Merveilleux exemple d'aérodynamisme appliqué à un objet à progression ralentie. Toute autre forme (cubique, par exemple) rendrait la vie des poules fort désagréable.

Ci-contre : Magasins *Foley* à Houston. Le salon de beauté.
Ci-dessus : 1945. Façade des magasins.
Le premier grand magasin mécanique érigé aux États-Unis après la guerre et qui, basé sur des principes entièrement nouveaux, affecta dans le monde entier la technologie du grand magasin des temps modernes.

Tracteur *Farmall* de l'International Harvester C°, avant *(en haut)* et après *(ci-contre)*.

FARMALL

1955. *Frigidaire.* Pendant vingt-deux ans, dessiné par l'auteur, ce réfrigérateur est celui qui se vend le plus au monde.

Style « Borax » de l'avant-guerre. Une triste période dans l'histoire de l'ameublement américain.

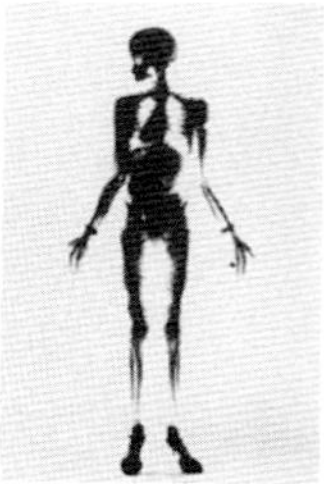

châssis

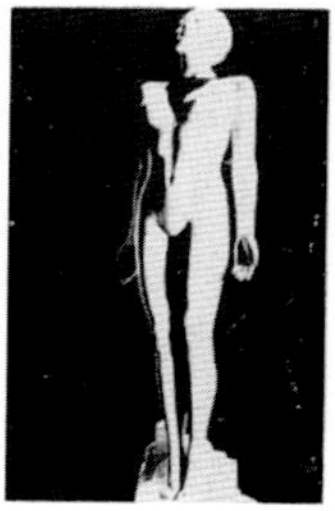

carrosserie A

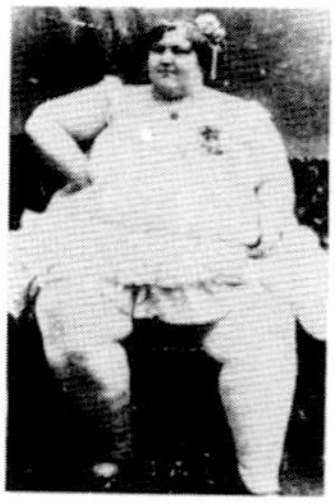

carrosserie B

Le dessin d'une carrosserie. En haut à gauche, un châssis est prêt à recevoir une carrosserie. Celle-ci peut être gracieuse (A) si le dessinateur respecte le principe d'économie des matériaux ou disgracieuse (B) s'il le néglige. Le corps humain est lui aussi bâti sur un châssis, ou squelette, et il obéit au même principe d'économie des matériaux ; le super-ballonnement est inesthétique. Il est intéressant de noter qu'au point de vue du prix d'entretien il y a une vaste différence. La voiture (B) plus lourde exigera plus de carburant ; la dame (B) elle aussi. Il y a cependant de fortes chances pour que le modèle léger grand sport placé au-dessus de cette dernière coûte infiniment plus cher à entretenir.

Ci-dessus, en haut : 1949. Un exemple entre cent d'une des premières esquisses faites pour l'étude d'un problème de nouvelle carrosserie, illustrant la recherche avancée. En effet, ce croquis fait en 1949 et qui parut dans la première édition de ce livre en 1953, ne serait pas trop démodé aujourd'hui. *En bas :* Moule à charlotte 1952. N'étaient les dents, on pourrait dire avec Shakespeare : « Sans dents, sans yeux, sans goût, sans rien », de ce spécimen de grosse voiture américaine que les Européens appellent le « Ricanement du dollar ».

I. Première esquisse

II. Exécutée au pinceau.

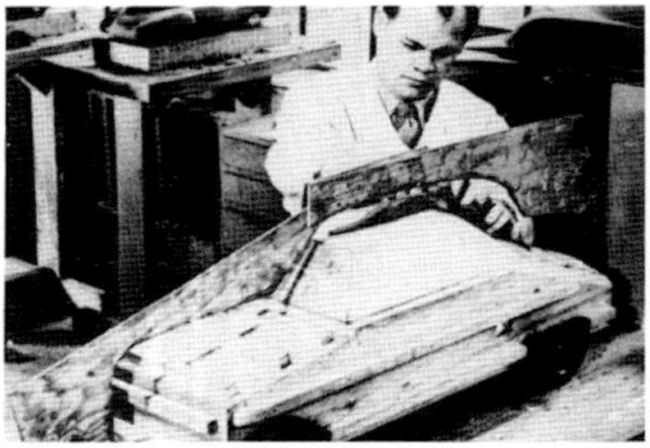

III. Début de la fabrication du modèle d'argile.

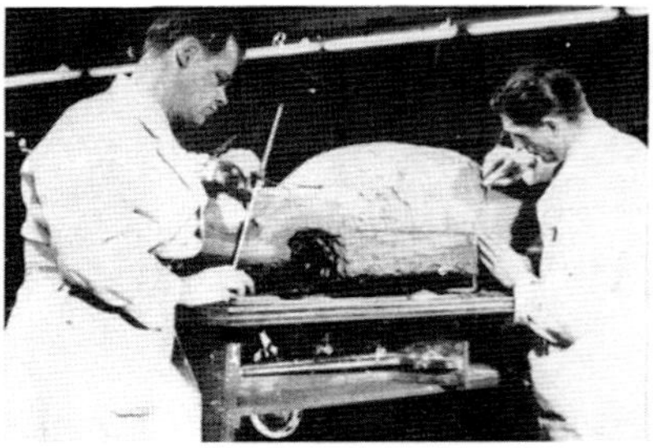

IV. On travaille au modèle.

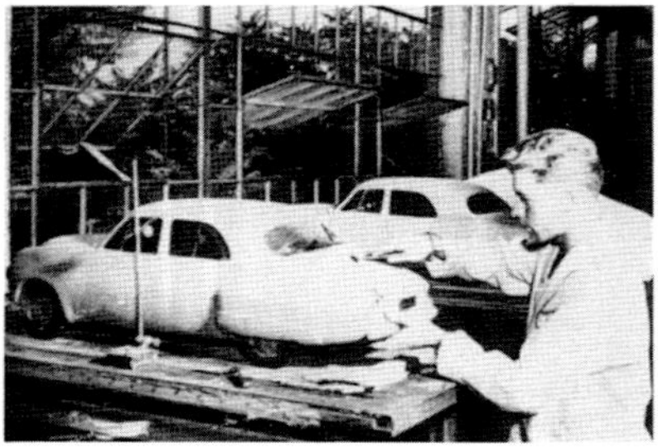

V. Le modèle est presque terminé.

VI. Préparation du modèle de plâtre.

SÉQUENCE DU DÉVELOPPEMENT D'UN DESSIN DE CARROSSERIE.

VII. Le moulage en plâtre est peint.

VIII. Les modèles sont terminés.

IX. On commence le modèle grandeur nature.

X. Essais pour les dimensions intérieures.

XI. Modèle grandeur nature en argile.

XII. Modèle grandeur nature en plâtre.

1945. Timbreuse perforatrice *Cummins*.

avant

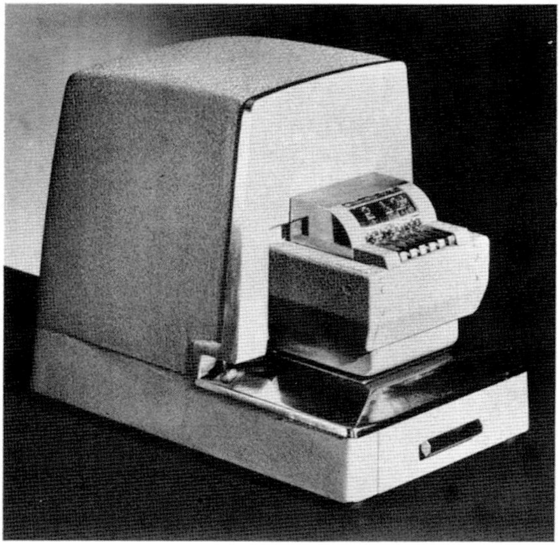

après

de New York sont abominables. Pourquoi n'en aurions-nous pas de plus pratiques ? Je veux que vous preniez des dispositions pour que ce Français jette un coup d'œil sur nos poubelles. Peut-être pourra-t-il les améliorer. Et se tournant vers moi : « Occupez-vous de ça », me dit-il.

— Merci de l'occasion, monsieur Clement, répondis-je, je vous convaincrai, et vous me ferez confiance.

Je prenais congé, lorsqu'un gentleman à cheveux blancs, très grand, extrêmement maigre et d'aspect sévère, entra dans le bureau. M. Clement me rappela. « Une minute, dit-il, venez ici. » Je me retournai et fis face aux deux hommes.

— Avez-vous jamais vu un Indien ? dit-il, désignant le personnage desséché et terrifiant.

— Non.

— Eh bien, je vous en présente un. Colonel Young, un de nos vice-présidents, un Peau-Rouge, comme vous dites en France. Le colonel, de souche indienne, n'eut pas l'air d'apprécier la plaisanterie; il ne daigna pas sourire. Mais je ne sais pas pourquoi il me parut moins effrayant. Nous échangeâmes une poignée de main à « écraser des noix », et Clement ajouta : « Voici notre nouveau dessinateur de poubelles. Ne le perdez pas de vue. » Il me sembla voir briller une petite lueur dans ses yeux. Il me donna une franche poignée de main, amicale et appuyée.

— Parfait, Lœwy, dit le colonel Peau-Rouge, allez-y et *ne vous en faites pas.*

Je pris congé sur ces mots.

Pendant le retour de Philadelphie à New York, j'étais tellement ému que je ne pouvais pas rester assis. Je n'arrêtais pas de marcher de long en large dans le wagon-salon, au point de gêner les autres voyageurs. Je finis par m'asseoir, ivre de joie.

Je me rendis à la gare de Pennsylvanie et passai trois jours à étudier *de visu* la question des poubelles. Pendant des heures, j'observai les voyageurs, les abonnés, les flâneurs, dans leurs rapports les plus intimes avec une boîte à ordures de gare. J'appris une quantité de choses et retournai à ma planche à dessin. Au bout de quelques jours, j'avais terminé plusieurs projets, prêts à être soumis à la direction. Je ne fus pas reçu par Clement. Quelqu'un choisit un de mes dessins, d'après lequel un petit nombre d'échantillons furent fabriqués et placés à des points stratégiques de la gare de New York, où j'observai leur comportement. Quelques jours plus tard, j'étais appelé à Philadelphie et de nouveau introduit dans le bureau du président, M. Clement.

— Comment va le grand spécialiste de la boîte à ordures ? me dit-il.

— Très bien. Mais comment va la boîte à ordures ?

Il s'installa confortablement dans son fauteuil et entama un long monologue sur la France, la guerre, et une douzaine d'autres sujets, y compris la cuisine française. Mais pas un mot sur mes poubelles chéries. A la fin, il me fut impossible de supporter plus longtemps cette incertitude et je répétai : « Monsieur Clement, que pensez-vous de la boîte à ordures ? »

— Jeune homme, répondit-il, ici, on ne perd pas de temps à discuter des problèmes qui sont résolus.

Sur ce, il fit signe à son secrétaire, qu'il avait manifestement sonné. « Dites à Hankins de venir me trouver et d'apporter une photo de la G.G.I. », lui dit-il.

Nouveau silence. Clement se renverse dans son fauteuil. C'est la répétition exacte de notre première entrevue. Hankins entra.

— Je vous présente Lœwy, notre magicien de la boîte à ordures.

Hankins[1] me jeta un regard sous ses sourcils en broussaille, ne fit pas un geste et ne dit mot. Il avait l'air hostile et renfrogné.

— Montrez-lui cette photo, dit Clement.

La photo représentait le prototype des nouvelles locomotives électriques géantes, les fameuses G.G.I., familières à ceux qui voyagent entre New York et Washington.

Je regardai attentivement la photographie, essayant de paraître calme en dépit de mon émotion, Clement me dit :

— C'est une bonne locomotive. Nous l'avons construite a titre d'essai. Nous allons en construire davantage. Qu'a-t-elle qui vous chiffonne ?

Bien des choses me chiffonnaient, mais je me sentais gêné; il m'était difficile de formuler des critiques brutales devant l'homme qui l'avait probablement conçue et, pourtant, cette locomotive n'était pas belle. Elle avait quelque chose d'hétéroclite. L'ensemble n'était pas homogène, sa carcasse d'acier n'était qu'un assemblage disparate de plaques rivées. Elle avait un air inachevé et disgracieux.

— Elle paraît puissante et bien bâtie, dis-je, mais je crois qu'elle pourrait être encore améliorée. J'aimerais vous emprunter cette épreuve pour quelques jours.

— Pouvons-nous la lui prêter ? demanda Clement à Hankins.

A contrecœur, Hankins me la tendit, sans un mot.

— Allez-y, Lœwy, et *ne vous en faites pas.*

— Monsieur Hankins, dis-je, je peux avoir besoin de poser certaines questions d'ordre technique à votre équipe d'ingénieurs. Qui devrai-je demander ?

— Moi.

Quand je sortis, j'étais comme hébété. J'étouffais de joie, de gratitude envers ces hommes, ces grands chefs, des ingénieurs célèbres dans le monde du rail, qui avaient

1. M. F. W. Hankins, diercteur de la force motrice des Chemins de Fer de Pennsylvanie.

suffisamment confiance en moi pour me consacrer un peu de leur temps et m'offrir l'occasion de faire mes preuves.

Je retournai au bureau en vitesse et j'annonçai la grande nouvelle. Ce fut du délire ! J'avais déjà étudié la photo pendant le voyage de retour. J'avais la certitude de plus en plus nette qu'on pouvait accomplir un magnifique travail sur cette locomotive.

Avant tout, j'envisageai la simplification. Je voulais prouver à ces hommes que je n'étais pas un artiste à cheveux longs et lavallière, ayant la prétention de faire une beauté à une locomotive de six mille chevaux, mais un créateur réaliste, doué de sens pratique. Je comptais d'abord suggérer que l'on soudât les différentes plaques qui composaient la carcasse, au lieu de les riveter. Cela supprimerait des dizaines de milliers de rivets, simplifierait l'aspect de la machine et abaisserait probablement le prix de sa fabrication en série. Nous travaillerions ensuite sur les détails et les touches moins importantes.

Je retournai à Philadelphie pour poser quelques questions techniques, sans toutefois divulguer mon plan. Après vérification et revérification de chaque aspect du point de vue pratique, nous étions prêts, et le projet fut terminé en quelques jours, d'après lequel quelques magnifiques dessins en couleurs, en perspective, furent préparés et encadrés. Le grand moment était arrivé : la réunion avec Clement et Hankins.

L'effet produit par mon projet fut sensationnel. Les deux hommes étaient stupéfaits et en restaient bouche bée. Quoi ? Une locomotive soudée ? En voilà une drôle d'idée! Croit-il dessiner une carrosserie d'automobile ? Non mais! Il y a des gens qui ont vraiment du culot ! L'atmosphère était explosive. Hankins était près de l'apoplexie.

Je me tenais coi, espérant sortir indemne de l'ouragan silencieux qui agitait les deux hommes. J'avais le cœur serré. La séance fut courte, sans poignées de main, et je rentrai à New York, ne sachant que penser. Pas de nouvelles. Je retournai à Philadelphie. Rien pour moi, aucune nouvelle commande. Autres voyages à Philadelphie, et rien que le vide devant moi. Très abattu, je m'arrêtai au service des Constructions mécaniques, pour dire bonjour à l'un des dessinateurs-mécaniciens qui m'avait aidé. Je restai sur place, surpris à tel point que je croyais ne pas comprendre. Que voyais-je, là, sur la table à dessin : un des éléments de « ma » locomotive, dont on traçait « les bleus ». Mon ami, voyant ma réaction, me fit un clin d'œil et sourit.

De tous côtés, sur les énormes panneaux à dessins verticaux longs de quarante mètres, d'autres segments de la machine, étudiés en détail.

Fred Hankins m'aperçut.

— Nous allons construire une maquette grandeur nature de votre projet. Dans deux semaines, je vous demanderai de venir avec moi à Wilmington, et nous verrons ça ensemble. Bonsoir, Lœwy, et *ne vous en faites pas.*

Hankins lui aussi me fit un sourire.

Je commençais à comprendre ce que cette expression, si courante en Amérique, veut signifier.

Quelques jours après, à Wilmington, je contemplais la locomotive. Longue de trente-cinq mètres, elle était magnifique. Hankins était ravi et tous les ouvriers aimaient la machine, ce qui est toujours un bon signe. En dépit de mes efforts je ne trouvais pas beaucoup de critiques à formuler. Cependant, quelques détails devaient être corrigés : ici, une courbe; là, un reflet mal placé, un angle de portière, une main courante, etc. J'avais amené avec moi cent mètres de bande adhésive et de la craie de couleur.

— Monsieur Hankins, dis-je, j'ai quelques corrections à faire. Il vaudrait mieux que je les fasse directement sur la locomotive, et non sur un dessin. Cela ne vous dérange pas si je me mets au travail tout de suite ?

— Allez-y.

J'enlevai mon pardessus et mon veston, relevai mes manches et, avec l'aide de l'équipe d'ouvriers et quelques grandes échelles, je grimpai sur la locomotive géante et commençai à faire mes corrections. Je savais exactement ce que je voulais et je travaillais avec calme et précision. Il n'y avait aucune hésitation de mon côté, et Hankins, qui m'observait, paraissait profondément intéressé. Des groupes de monteurs me regardaient, perché au sommet de la maquette, étendant le chatterton blanc, dessinant des traits à la craie et écrivant des instructions sur la surface de la calandre. Je sentais que mon public était convaincu et plutôt fasciné. Les améliorations que j'apportais à la maquette étaient indiscutables. Tous se rendaient compte qu'ils n'avaient pas à faire avec un amateur.

Nous retournâmes à Philadelphie dans son wagon-bureau luxueux, Hankins se montra amical et gai. Je rentrai à New York. Par la suite, 75 de ces locomotives furent construites, pour le prix de 40 millions de dollars, répliques exactes de ma maquette.

Bien des années plus tard, on constata que le procédé de soudure avait permis d'économiser des millions de dollars d'une façon imprévue. En effet, l'entretien des 75 locomotives s'est avéré plus facile, en raison de la surface lisse, résultat de la suppression des rivets. Le système de soudure est maintenant universellement adopté.

Sur ma recommandation, des machines automatiques de lavage furent étudiées et construites. Celles-ci lavent une locomotive en six minutes, au lieu d'une heure vingt.

D'affaire en affaire, le jour vint où nous fûmes appelés, presque quotidiennement, en consultation sur quelque nouveau problème de nature imprévisible et toujours intéressant. Cela pouvait être n'importe quoi : un bac à automobiles, la décoration d'un menu, une nouvelle tour de signalisation, un pont sur le Potomac, une tasse de café, ou l'uniforme d'une contrôleuse de tickets. Nous nous efforcions invariablement de montrer de l'originalité et du sens pratique. Parmi les plus intéressantes commandes de dessins que nous reçûmes se trouvaient le plan d'urbanisme de la ville d'Atlantic City, et toute une série de trains de luxe, tels que le « Spirit of St-Louis », l'« Admiral », le « Broadway Limited », etc. Il nous arriva de travailler durant la même semaine sur une locomotive qui établit le record de cent quatre-vingt-douze kilomètres à l'heure et sur des enveloppes de cure-dents pour les wagons-restaurants.

CHAPITRE 12

Il est des caractères d'imprimerie d'un dessin si pur qu'ils peuvent, en eux-mêmes, devenir un élément décoratif important. Souvent, en dessinant un objet manufacturé, nous nous servons de ces caractères, soit dans la marque de fabrique, soit dans le numéro de série, comme d'un élément esthétique. Il y a intérêt à accentuer l'élément de contraste soit par la dimension, soit par la couleur de ces symboles. Dans cet exemple graphique, le contraste est créé par la taille et par l'emplacement du chiffre douze. Ce caractère fut spécialement dessiné par l'auteur pour l'Agence Air France aux Champs-Elysées à Paris, et reproduit dans toutes ses nouvelles agences.

12

Business sur grande échelle

Par un jour d'automne de l'année 1940, un homme d'âge moyen, bien habillé, trapu et rougeaud, entra dans notre bureau sans avoir pris rendez-vous, suivi de son chauffeur. « Je suis M. Hill, dit-il, et je voudrais voir M. Lœwy. » Ma secrétaire, Miss Peters, l'introduisit. Il entra sans mot dire, me dévisagea attentivement et me dit : « Je suis George Washington Hill[1] et je désire vous parler. » Sur ce, il enleva tranquillement sa veste de tweed, découvrant une magnifique paire de bretelles brodées, puis se tournant vers ma secrétaire, il dit : « Me permettez-vous, Madame, de garder mon chapeau ? » La belle et élégante Helen Peters répondit par un sourire. J'étais fasciné par son chapeau de feutre, une espèce d'objet tout usé, dont le bord était orné de tout un assortiment d'hameçons et d'appâts faits de plumes coloriées pour la pêche au lancer.

— Mon ami Albert Lasker, commença-t-il, me dit que vous n'aimez pas l'empaquetage des Lucky Strike. Il me dit également que vous « croyez » pouvoir en dessiner un meilleur. Moi, je ne le crois pas. D'ailleurs je ne vois rien à reprocher à mes paquets.

Je gardai le silence afin de souligner poliment la contradiction qui opposait sa déclaration négative au fait qu'il

1. Le légendaire Roi du Tabac, un des géants de l'Amérique des affaires.

était assis devant mon bureau. Il m'observa intensément, dans un long silence mutuel. Finalement il sourit, dit « très bien » en français et nous fûmes amis. Nous avions fait connaissance. Sans autre cérémonie, il tira de sa poche un ravissant étui à cigarettes et d'autres accessoires en bambou fumé et en or jaune. « Cartier, dit-il. Seuls les Français savent faire ça. » Je trouvai ces objets d'un goût parfait. Il me montra ensuite un briquet, également bien dessiné.

— Et regardez-moi ces bretelles ! C'est de Cartier aussi.

Pour ne pas être en reste, je lui montrai les miennes.

— Eh bien, dit-il, et nos paquets ? Croyez-vous vraiment que vous pourriez les améliorer ?

— Je parie que oui.

— Vous pariez combien ?

Je pensai rapidement aux centaines de millions de dollars représentant les ventes annuelles de la Compagnie American Tobacco, à l'importance du projet et je répondis : « Cinquante mille dollars. » Il resta un instant silencieux, regardant, par les portes-fenêtres, les géraniums de la terrasse. Il prit ensuite le bloc sur mon bureau, inscrivit une note au crayon et le lança sur le bureau poli jusque devant moi, où il fit un ou deux tours comme une roulette et s'arrêta lentement, en bonne position. Je lus :

EMPAQUETAGE DE LA LUCKY STRIKE

20 000 dollars d'avance
30 000 dollars supplémentaires
si votre projet est utilisé.

G. W. H.

— Cela vous va ?

— Très gentil, monsieur Hill. Merci.

Alors il se leva, remit sa veste, se dirigea lentement vers la porte, s'inclina respectueusement devant Helen Peters et se retourna vers moi.

— Quand le projet sera-t-il prêt, Lœwy ?

— Oh ! je n'en sais rien. Par un beau matin de printemps je serai d'humeur à dessiner un empaquetage de Lucky et vous l'aurez alors en quelques heures. Je vous ferai signe à ce moment-là.

Nous échangeâmes une poignée de main et George Washington Hill sortit avec son chauffeur.

Vers cinq heures de l'après-midi, le chauffeur revint avec un paquet. C'était une cartouche de Lucky avec une carte de visite de G. W. Hill sur laquelle il avait écrit :

Mettez ceci sous votre oreiller et faites de beaux rêves.
G. W. H.

Je fis immédiatement une recherche de fond sur les emballages des paquets de cigarettes en général, étudiant la concurrence, les ventes, etc., de façon à comprendre le problème.

Tout se passa comme je l'avais prévu. Par un beau jour d'avril, j'eus envie de m'attaquer au problème. Je fis plusieurs dessins qui me plaisaient assez et une demi-douzaine de modèles furent préparés par nos dessinateurs. J'appelai G. W. Hill au téléphone. « Je viens tout de suite », dit-il.

Après avoir enlevé sa veste de tweed, il regarda longuement les modèles : j'avais gagné mon « pari ». Cependant, il avait plusieurs idées personnelles qu'il voulait mettre à l'épreuve. Je fis apporter du papier de couleur, des ciseaux et de la dissolution et je plaçai le tout devant lui. Il se mit à découper des rubans de papier, des cercles rouges, des bandes dorées ou vertes, etc., et essaya toutes sortes de variantes. Cela dura des heures pendant lesquelles il ne dit pas un mot. M. Hill était parfaitement heureux. J'avais pris soin de le laisser assis seul, à mon bureau, et continuai à travailler, à dicter, etc., avec Helen, ma secrétaire, l'ignorant totalement.

Finalement, il se leva, contempla son œuvre pensivement, repoussa le tout des deux mains et dit : « C'est bon, Lœwy, chargez-vous-en. » Il sortit, satisfait et en paix avec le monde. Quelques jours plus tard, le nouveau paquet était imprimé. Depuis ce temps-là, je n'ai jamais pu me convaincre que tout ce que j'ai pu lire sur ce personnage légendaire, sur sa réputation d'homme impitoyable, sur sa violence et son âpreté en affaires soit fondé. Le souvenir que j'ai de G. W. Hill est celui d'un homme d'une intelligence et d'une imagination supérieures. Un homme doué de sensibilité et de savoir-faire qui, malheureusement, est maintenant disparu. En grand homme d'affaires américain, il avait pressenti l'importance d'une présentation impeccable, et il n'avait pas marchandé sur le prix. Comme nous le verrons plus loin, il n'eut pas à s'en repentir.

Pour ceux qui ne sont pas familiarisés avec les questions de l'empaquetage et de la psychologie de la vente, quelques explications sur le problème des paquets de Lucky Strike me semblent nécessaires. Il a été prouvé, maintes fois, qu'une modification brutale dans la présentation d'un produit bien accueilli et parfaitement identifié par le public est une chose risquée. Si par contre cette modification est réalisée correctement, elle donne à l'article une sorte de fraîcheur, de deuxième jeunesse. Les avantages sont généralement immédiats et durables. Il ne faut surtout pas transformer les caractéristiques essentielles d'un empaquetage imposé au prix de centaines de millions de dollars, comme c'était le cas pour les Lucky Strike. La moindre erreur peut avoir des conséquences graves. D'autre part, les transformations doivent être progressives. Deux étapes intermédiaires sinon plus sont nécessaires avant d'arriver à l'aspect final désiré.

Dans le cas qui nous intéresse, certaines améliorations définitives furent obtenues. Dans le paquet original, le cercle rouge bien connu, appelé « la cible », n'apparaissait que sur une seule face. L'autre face était consacrée aux identifications d'usine, aux règlements fédéraux, aux numéros de séries, etc., facteurs sans intérêt. Je reportai tout ce texte sur les côtés du paquet et je plaçai une deuxième cible rouge sur la face arrière libérée.

Ainsi, un paquet posé sur une table, ou une enveloppe vide jetée, montrerait inévitablement la marque de fabrique. Depuis que ce paquet a été redessiné, il en a été vendu plus de cinquante milliards[1]. Et, par conséquent, « la cible » des Lucky Strike a été exposée vingt-cinq milliards de fois de plus, sans dépenses publicitaires pour l'« American Tobacco Company ». D'autre part, grâce à sa blancheur immaculée, le paquet de Lucky Strike a l'air et est propre. Il suggère automatiquement la fraîcheur de son contenu et une fabrication impeccablement soignée. L'augmentation considérable des ventes confirme le bien-fondé de la transformation, comme aussi le fait que nous travaillons régulièrement pour la Compagnie, qui estime que les cinquante mille dollars avaient représenté un bon placement. Je prévois le jour où toute sorte d'empaquetages bien connus sur le marché mondial seront soumis périodiquement à une cure de rajeunissement, pour le plus grand profit du fabricant, du consommateur et du dessinateur.

En septembre 1939, quelques bons amis me félicitèrent à l'occasion de ma vingtième année de séjour aux U.S.A. C'était surprenant, saisissant. Parfois on prend conscience à la faveur d'un choc inattendu, de l'existence de certaines choses qu'on remarque peu en temps ordinaire. J'avais été tellement pris par mon travail, si absorbé par la réalisation de mon idée, que je n'avais pas eu le temps de jeter un regard en arrière sur ma propre vie. Comme une fusée éclairante sur un champ de bataille, la deuxième Guerre mondiale donna soudain du relief à toute chose. Vingt ans s'étaient déjà écoulés depuis que j'avais débar-

1. Nombre vérifié par The American Tobacco C° en 1952.

qué en Amérique. Où en étais-je ? Qu'avais-je accompli ? Que me réservait l'avenir ?

Les dures épreuves de ma première année d'esthétique industrielle avaient glissé totalement inaperçues dans le cours des décennies. Maintenant, au contraire, j'étais à la tête d'une affaire relativement importante. Nous avions des douzaines de clients, pour la plupart des grandes entreprises. Dans mes bureaux, plus de cent personnes gagnaient confortablement leur vie depuis bien des années.

Nous commencions à être très connus et notre réputation, du point de vue moral comme du point de vue professionnel, était irréprochable. Parmi les centaines de fournisseurs qui vendaient pour des centaines de millions de dollars de matériel et de produits à nos clients — souvent sur notre recommandation — aucun ne nous avait jamais pressentis, même d'une façon détournée, pour nous offrir des compensations ou des commissions. Notre réputation d'intégrité était telle qu'une démarche aussi choquante était impensable. Nous avions acquis le respect de tous ceux pour qui nous avions travaillé. C'était une réussite dont je ne m'étais jamais pleinement rendu compte auparavant, et je remerciais l'Amérique qui m'avait donné ma chance.

De temps à autre, je réunissais tous les chefs de division afin de leur rappeler les bases sur lesquelles notre succès était fondé :

1° Livrer les projets dans les délais prévus.

2° Vérifier soigneusement chaque détail technique avec le bureau d'études et les ingénieurs de la production de notre client.

3° Etre toujours renseigné sur les concurrents de notre client; sur toute technique ou matériau nouveau.

Naturellement, la guerre freina beaucoup notre développement. L'armée nous enleva à peu près 50 % de nos hommes. Il fallut nous contenter d'une équipe réduite. Par un entraînement intensif, nous arrivâmes à former de nouveaux dessinateurs et l'équilibre se trouva rétabli. Pendant toute la guerre, nous aidâmes à développer de nouvelles idées et à créer de nouveaux équipements pour le Corps médical de l'Armée, le Corps des Ingénieurs, les Services de l'Artillerie et l'Intendance Générale. J'eus, également, le plaisir de travailler en étroits contacts avec un homme brillant et un stratège de l'Air, le major Alexandre de Seversky.

En 1944, pour exprimer ma confiance et ma reconnaissance à mes meilleurs collaborateurs, je les pris comme associés. C'est à ce moment que naquit « Raymond Lœwy Associates ». Cela donna un nouvel essor à l'organisation. A cette époque, nous avions annexé, en dessous de notre bureau, un très grand atelier de dessin. L'étage supérieur devint le centre des bureaux directoriaux, de la comptabilité et de la publicité et liaisons extérieures. Actuellement, notre activité peut se décomposer en quatre branches: Produits industriels, Dessins de véhicules et force motrice, Dessins d'emballages et présentations et Architecture spécialisée. Cette dernière branche fonctionne sous le nom de Compagnie Raymond Lœwy fondée en mai 1949.

En collaboration avec deux de mes collègues, Teagne et Dreyfuss, nous fîmes les plans pour la nouvelle salle de travail de l'Etat-Major de la Défense Nationale à Washington, extraordinaire théâtre où se préparaient les grandes décisions stratégiques de la guerre mondiale et où le Président Roosevelt se rendait chaque jour.

Ainsi, en 1945, notre affaire était en plein essor et sous contrat avec plus de soixante-quinze sociétés. Nous avions surtout affaire aux dirigeants des plus grandes entreprises du pays. Ils nous consultaient dès que surgissait un problème d'importance. Dans notre domaine, nous étions une grosse affaire également, la première.

C'est vers cette époque que survint un incident qui influença considérablement ma philosophie des affaires et de nos responsabilités sociales. Il se produisit d'une façon naturelle et laissa sur moi une marque indélébile. J'étais en visite chez un client de Dayton. Le produit que nous avions dessiné, le Frigidaire de la General Motors, remportait un énorme succès; les chiffres de vente montaient en flèche. L'entreprise, la plus grande du monde et la plus remarquable du genre, avait encore affirmé sa suprématie et nous étions tous contents. Mon ami, M. Biechler, le directeur général, me fit demander :

— Que faites-vous ce soir, Lœwy ?

— Rien de spécial, je dînerai tôt et, sans doute, ensuite j'irai au cinéma.

— Pourquoi ne viendriez-vous pas chez moi, dîner avec nous ? J'aimerais vous montrer quelque chose.

— Avec plaisir.

J'étais légèrement intrigué par ce qu'il voulait me montrer et je me rendis chez lui, un peu en dehors de la ville. Sa maison était confortable et luxueuse. Sa femme, une charmante maîtresse de maison. Un bon feu chantait dans l'âtre, les fauteuils étaient profonds et le champagne rosé de premier ordre. Le dîner était excellent et je me sentais détendu et heureux. J'avais presque oublié que mon hôte avait exprimé le désir de me montrer « quelque chose », lorsque le maître d'hôtel annonça que la voiture était prête. « Venez, Lœwy, allons faire un petit tour ensemble. »

Il faisait une de ces remarquables nuits d'hiver de l'Ohio; l'air était limpide, les myriades d'étoiles étincelaient dans le ciel. Nous roulions en silence à travers la campagne. Au loin, nous apercevions sur la grand-route un ruban continu de lumières qui se déplaçaient rapidement dans des directions opposées. C'était l'heure de la relève dans la gigantesque usine de mon ami et la route était couverte de milliers d'automobiles. Nous atteignîmes la grand-route et nous nous mêlâmes au flot qui se dirigeait vers l'usine. L'allure était régulière et le flot silencieux, ne fût-ce le battement rythmé des voitures roulant en sens inverse. Pas de bruit de klaxon, pas de grincements de freins, seulement un formidable ronronnement et une sensation d'ordre, de précision, de puissance. Arrivés au sommet d'une colline, nous voyions le flot des feux rouges arrière et le flot des phares blancs fondre dans le lointain. La vaste usine était dans un halo de vapeur de mercure bleu. Au-dessus de certains points, le ciel frémissait, traversé par les éclairs mauves livides de la soudure automatique. Blancs, rouges, verts et bleus, des signaux lumineux, appels de code du personnel, ponctuaient la nuit. Tout le ciel était embrasé. Mon ami se pencha vers moi et, avec un petit signe de tête, me dit : « N'est-ce pas joli ? »

« Joli » était une expression aussi remarquable que mon ami lui-même. J'étais très ému par la munificence de tout cela. C'était comme le flot même du sang généreux d'une Amérique saine et vibrante.

Arrivés à l'usine, sans nous arrêter aux bureaux de la direction, nous nous dirigeâmes directement vers les chaînes de montage. C'était l'action industrielle dans son meilleur rythme, une cadence frénétique sur un ton de basse. Vitesse sans confusion, on voyait les réfrigérateurs par milliers, éclatants de blancheur, glisser sur leur chaîne vers le lointain.

Dans un coin, à l'écart, Biechler me prit par le bras :

— Mon cher Lœwy, dit-il, je voulais que vous voyiez tout cela, parce que, lorsque vous étudiez notre problème avec vos employés dans votre atelier de la Ve Avenue, peut-être ne vous rendez-vous pas compte de l'importance réelle des dessins que vous couchez sur le papier. Voyez-vous, chacun des hommes qui travaillent ici a la charge d'une famille de quatre personnes (en moyenne) : femme, mère, vieux père, gosses. Ils vivent tous bien, surtout parce qu'ils ont un emploi. Et ils ont un emploi, entre autres raisons, parce que vos dessins sont réussis. Dans cette seule usine — et nous en avons des douzaines d'autres à travers le monde — 18 000 hommes sont employés. 18 000 hommes qui dépendent, dans une certaine mesure, de vous. Et rappelez-vous que, pour un employé à l'usine, il y en a trois à l'extérieur : vendeurs, agents de publicité, surveillants, transporteurs et livreurs, magasiniers et comptables, expéditeurs et réparateurs, électriciens, statisticiens, ingénieurs, dessinateurs, etc. Cela fait 70 000 de plus. Si vous ajoutez encore 250 000 personnes (leur famille qui dépend d'eux), vous aurez une idée exacte de ce que c'est. Plus de 320 000 personnes dont la vie dépend directement du succès et de l'échec des projets que vous dessinez.

Cela me rendit pour le moins pensif. Mon ami s'avança vers un grand contremaître vêtu de blanc. « Parks, lui dit-il, je voudrais vous présenter Raymond Lœwy, qui a dessiné notre réfrigérateur. » Parks sourit, enleva son gant de grosse toile blanche et me serra la main. « Merci, c'est du bon travail », me dit-il.

Je raconte souvent cette histoire à mes employés, surtout aux dessinateurs nouvellement engagés dans la maison. Nous ne perdons jamais le contact avec la réalité et nous ne sous-estimons pas nos responsabilités. Comme nous avons plus de cent cinquante clients actifs sur nos listes, il se peut bien que la qualité de nos dessins affecte la vie de millions d'hommes. Sensation à la fois satisfaisante et terrifiante.

Je passe une grande partie de mon temps dans les usines et j'aime cela. Il y a dans l'atmosphère d'une grande usine moderne américaine en plein travail quelque chose qui mériterait d'être observé attentivement par quelque auteur américain de talent. C'est l'un des spectacles les plus exaltants du monde. Une chose remarquable et qui m'impressionne encore au bout de trente ans, c'est l'élégance naturelle du travailleur américain. Je ne parle pas des chauffeurs de taxi ni des débardeurs, mais des ouvriers d'usine avec leurs « bleus » bien coupés, leurs gants à crispin, leur casquette blanche à longue visière; ils ont l'air d'être les ambassadeurs d'une grande nation industrielle et ils sont des représentants de style.

J'ai vu des opérateurs de machines automatiques, des spécialistes de chaînes de montage, ou des peintres au pistolet, auprès desquels bien des vedettes de cinéma feraient figure de garçons de café fatigués. Il est certains soudeurs, avec leur casque relevé sur leur front, leurs salopettes blanches impeccables et leurs gants noirs, qui sont l'image même de l'élégance masculine. Il est tout naturel de voir, à l'heure de la relève, aux abords de l'usine, des ouvriers au teint hâlé, à la silhouette élancée et athlétique. L'air sain, heureux et bien nourris, ils ont de la tenue et de la dignité, des visages au regard calme; ce sont des gentlemen. Ces hommes, qu'ils soient grisonnants ou jeunes, représentent l'aristocratie ouvrière du monde.

J'aime à m'imaginer, parfois, que l'un d'entre eux, bien habillé, traverse quelque ville ouvrière dans sa décapotable beige, une cigarette aux lèvres, tandis que sa radio joue le dernier air à la mode. Il s'arrête près du trottoir.

— Qui êtes-vous ? lui demande un passant, ouvrier étranger, débarqué un instant auparavant.

— Je m'appelle Smith. Je suis tourneur à l'usine 6 de la General Motors Company. Je rentre chez moi pour installer la nouvelle machine à laver la vaisselle que j'ai offerte à ma femme pour son anniversaire. Mais il faut que je me dépêche maintenant, sinon je raterai le spectacle télévisé de 6 h 30. Au revoir, mon vieux.

Ce serait une excellente propagande pour le mode de vie de l'ouvrier américain, mais le passant n'y croirait pas. Il penserait que le tout est entièrement inventé.

Et il faut dire que cet homme est un homme de cœur; il aidera ses amis en détresse, il n'est pas envieux. Il souhaite ardemment que tous les autres ouvriers dans le monde, ses camarades, puissent un jour vivre dans le même confort et dans la Paix.

CHAPITRE XIII

CERTAINS PRODUITS MANUFACTURÉS COMPOSÉS DE NOMBREUX ÉLÉMENTS IDENTIQUES ACQUIÈRENT DU FAIT DE CETTE RÉPÉTITION UNE APPARENCE ORGANISÉE IMPRESSIONNANTE. DANS D'AUTRES CAS, IL EN RÉSULTE LA MONOTONIE. CELLE-CI PEUT ÊTRE ROMPUE AU MOYEN DE VARIATIONS DANS LA TAILLE DE CES ÉLÉMENTS RÉPÉTITIFS, MAIS NON DANS LEUR FORME MÊME AINSI QUE LE DÉMONTRE LE TEXTE DE CET EXEMPLE GRAPHIQUE. QUELQUEFOIS PAR CONTRE IL Y A **INTÉRÊT A ROMPRE LA MONOTONIE PAR UNE TRANSITION MARQUÉE VERS UNE FORME CONTRASTANTE AINSI QU'IL EST DÉMONTRÉ PAR CET EXEMPLE GRAPHIQUE.**

CETTE TECHNIQUE EST GÉNÉRALEMENT RÉSERVÉE AU DESSIN D'UNE MACHINE COMPLIQUÉE.

13

Viola Erickson

Après la guerre, en 1940, d'un commun accord avec ma femme, nous divorçâmes. Conservant l'un pour l'autre la plus grande estime, nous sommes restés très bons amis.

L'on attribue souvent mon succès relatif dans la vie à trois facteurs principaux :

a) de l'imagination,
b) de la chance,
c) de la détermination.

Vrai ou non sur le plan professionnel, cela s'applique largement à ma vie privée. Que de fois ai-je rêvé de la femme idéale, véritable sublimation de tout ce qui est beauté, charme, vivacité, intelligence, chic, et mille choses encore.

Cette femme, la chance devait la mettre sur mon chemin. Le rêve était devenu réalité et, mon esprit de détermination aidant, j'épousais, le 22 décembre 1948, mon adorable Viola.

Jusqu'à l'âge de quinze ans environ, jeune garçon avide de perfection, je la cherchai partout, maladroitement sans doute mais avec intensité. Je rêvais de cette perfection de couleur, de rythme, de chaleur. J'aimais tout ce qui est gai, lumineux, suave, palpitant de vie. Je sentais que cette perfection existait, mais je ne savais ni où, ni sous quelle forme — abstraite ou palpable — la trouver. Trop jeune pour analyser mes sensations, j'espérais simplement qu'un jour la perfection se révélerait à moi dans toute sa splendeur, sous une forme définitive et imprévue. Avec une candeur juvénile, j'avais poursuivi la beauté en des lieux où elle apparaît presque à coup sûr, que ce soit au Louvre, dans le parc d'un château en Touraine, dans les prairies et les forêts, dans les concerts ou bien au bord de la mer. Profondément ému par la splendeur des choses que Dieu créa pour l'homme, je demeurais pourtant insatisfait.

Bien des fois je crus atteindre mon idéal de perfection. Je me promenais un jour dans une haute forêt de l'Ile-de-France. Une averse venait de tomber; le soleil brillait maintenant, très bas sur l'horizon. Le bruissement paresseux des gouttes de pluie tombant de feuille en feuille, l'odeur des champignons dans la fraîche soirée d'octobre, un cor de chasse au loin, tout cela se fondait harmonieusement en demi-teintes exquises. C'était presque la perfection, mais il y manquait deux choses : l'ardeur et la vie.

Bien d'autres fois encore, je me sentis tout près d'atteindre mon but impalpable.

Un certain soir de printemps, en Normandie, je m'arrêtai pour passer la nuit dans un village aux toits de chaume, proche de celui où Marcel Proust vécut son adolescence. Seul comme toujours, je flânais au hasard dans la tranquille somnolence du village. La petite église, au soleil couchant, était d'une grande pureté de style. J'entrai dans la pénombre et cherchai une zone d'obscurité. Je m'appuyai contre la pierre fraîche et j'admirai en silence les fenêtres aux vitraux illuminés par le soleil couchant. Je restai là, un long moment, détendu et heureux. Un vieillard mince aux cheveux blancs sortit de la pénombre du transept, s'assit à l'orgue et se mit à jouer, doucement. Il jouait admirablement. Minutes parfaites d'élégance spirituelle dans un cadre adorable. Je crus avoir trouvé mon idéal, mais non. Je voulais plus; à cette perfection pourtant rare, il manquait encore quelque chose, mais quoi ?

Peu après ma brève et séduisante rencontre avec la jeune maman du train, au retour du collège, un changement s'était opéré en moi; ma conception de l'idéal prenait une forme moins éthérée et, peu à peu, émergeait le dessin d'une taille souple, de cheveux soyeux et parfumés, de lèvres rouges. Tout cela me semblait bien près de la solution.

Je repris mes premières définitions de l'idéal : couleur, rythme, parfum, rayonnement. Tout cela s'y trouvait effectivement, avec la chaleur en plus.

J'avais enfin trouvé la perfection, c'était la Femme, découverte magnifique pour l'adolescent que j'étais, et qui fera sans doute sourire le jeune lecteur blasé d'aujourd'hui. Mais je ne regrette en rien cette candeur juvénile qui m'a permis de mieux apprécier et de mieux aimer, peut-être, la Femme.

Mon admiration pour elle est devenue de jour en jour plus totale, et ces étranges créatures sont, de façon toujours imprévisible, si adorables que, loin d'elles, la vie pour moi est inconcevable. La présence d'une jeune femme bien faite, aux longs cils, qu'elle soit habillée par Christian Dior ou entourée d'un petit morceau de toile à sac (ou même sans rien) suffit à me rendre heureux. Mon inspiration, c'est elle; ma joie de vivre, elle, ma raison d'être, elle encore et c'est merveilleusement simple, car elle est ma femme : Viola Erickson Lœwy [1].

La place que la Femme occupe dans mon existence étant

1. Seize ans plus tard, cette description est plus que jamais vraie.

ainsi définie, peut-être est-il loyal de reconnaître que sur ce plan la vie m'a bien traité. Je suis un de ces hommes fortunés qui n'ont fait avec les femmes que des expériences heureuses. Même lorsque le destin détruisit mon premier mariage, il nous laissa tous deux sans amertume et bons amis. C'est ainsi que mes sentiments à l'égard des femmes sont un mélange d'adoration et de respect. Je plains l'homme qui éprouve l'un ou l'autre de ces sentiments et non les deux. Il ne saura jamais ce qu'est l'amour, du moins la conception que je m'en suis faite.

Sur le plan professionnel, cette compréhension et cette appréciation de la Femme m'ont servi. Il a été dit que nos créations reflètent ce culte de la Femme. Sans jamais devenir fragiles ou trop délicats, nos dessins sont empreints d'une sveltesse, d'une grâce qui plaisent aux femmes. Par chance, il se trouve que la plupart des hommes apprécient également ces qualités. Un dessin harmonieux confère, même à une turbine de cent mille chevaux ou à un torpilleur de haute mer, une qualité d'élégance qui flatte leur penchant inné pour la puissance ordonnée et la grâce du pur sang. Toujours je rappelle à mes collaborateurs que l'expression de la force ne nécessite pas toujours la brutalité.

En 1939, je remportais, grâce à mon travail, des succès aussi inattendus que plaisants. La « Royal Society of Arts » (Société Royale Britannique des Arts) me fit l'honneur de m'attribuer le rang de *Fellow* (FRSA) et me conféra le titre de Dessinateur Royal pour l'Industrie (RDI). Mon ami Georges Doriot, de la Faculté de Harvard, m'invita à faire de nombreuses conférences à l'Université. En 1941, le ministère de la Justice des Etats-Unis me choisit pour être la vedette d'une émission radiodiffusée dans tous les U.S.A., en qualité de citoyen naturalisé américain et porte-parole de la nation.

Je fus présenté de la façon suivante : « Le ministère de la Justice des Etats-Unis présente son émission annuelle pour tous les Américains. Aujourd'hui, notre invité est un homme qui a marqué de son empreinte la manière de vivre de l'Amérique contemporaine : M. Raymond Lœwy, l'esthéticien industriel. »

J'avais essayé d'être un bon Américain, de contribuer pour ma modeste part à la grandeur du pays, et j'avais réussi. Quelle sensation merveilleuse dépassant de beaucoup le succès commercial. Et, toujours à mon esprit, il y avait la France, que j'essayais de refléter en ma personne, en mon comportement journalier.

Coup sur coup, je devins membre de la Commission consultative du ministère de l'Education de New York, membre fondateur de la Société Américaine du Dessin Industriel et plus tard son président. Le jour où l'armée américaine entra dans Paris libéré, le ministère des Affaires étrangères à Washington me fit le grand honneur de me permettre de m'adresser, à la Radio, au peuple français, en français, en qualité de citoyen français naturalisé américain. J'eus finalement l'honneur rare — pour un sujet naturalisé — d'être invité en audience privée par le président des Etats-Unis, Harry Truman, à la Maison Blanche [1].

En ce jour de printemps 1947, je me rappelai avec émotion mon arrivée à New York à la fin de la première Guerre mondiale, et une certaine visite sur le toit d'un gratte-ciel en compagnie de mon frère. Un chemin si long, si long, me séparait de ces premiers jours, mais si vite

1. Plus tard, je fus convoqué par le président Eisenhower et depuis, en mai 1962, à deux reprises, par le président Kennedy.

franchi pourtant. J'étais maintenant un vieux New-Yorkais, un type qui avait connu le bar Knickerbocker, entendu Gallagher et Shean, sifflé *Dardanella*, connu Tex Rickard et Harry Greb. Je comprenais mieux l'Amérique et l'aimais chaque jour davantage.

Prenez la charité, par exemple. L'Américain moyen donnerait son cœur pourvu que personne ne le regarde, mais il lui déplairait d'être pris en flagrant délit de charité.

Ou bien le théâtre américain, qui se trouve être un respectable terrain d'opération pour des gens respectables. Qu'ils soient vedettes ou simples figurants, tous les acteurs ont de la dignité. Moralement et physiquement, le théâtre est propre et sain, le personnel est bien payé, respecté de tout le monde. A ceux qui critiquent le journalisme américain pour son sensationalisme occasionnel ou ses manchettes spectaculaires, je recommande une étude des conditions de travail, du souci de l'exactitude et du *fair play*. Ils apprécieraient rapidement le superbe travail réalisé par des institutions nationales comme le *New York Times*, le *Herald Tribune*, le *Washington Post*, le *Denver Post*, et les milliers d'autres journaux fonctionnant selon des principes de bienséance commune, d'honnêteté, de loyauté et d'intégrité professionnelle. J'ai la chance de connaître un grand nombre de journalistes et j'estime qu'ils forment un groupe brillant de chic types à l'esprit vif et dynamique. Pour la célérité et l'initiative, ils sont imbattables. Souvent, ils sont fort spirituels.

Ceci s'applique également au domaine des magazines qui est peut-être le groupement professionnel le plus remarquable que j'aie eu le privilège de rencontrer. On y trouve un mélange fascinant de talent, d'humour et d'imagination. Les fréquents déjeuners d'affaires avec les rédacteurs de célèbres périodiques comptent au nombre des moments remarquables de ma vie d'homme d'affaires. La variété de leurs connaissances, leur vue pénétrante dans une infinité de domaines, y compris les plus techniques, sont stupéfiantes. Il faut connaître de tels hommes pour comprendre le succès de publications telles que *Time*, *Look*, *The Atlantic Monthly*, *The Saturday Review of Literature*, *The New Yorker*, *Esquire*, etc.

Mes contacts quotidiens avec les Américains m'ont permis de découvrir leur véritable nature; je parle des hommes réguliers, de la masse de ceux qui travaillent honnêtement pour gagner leur vie, qu'ils soient ouvriers, employés, ingénieurs ou hommes d'affaires. Ce sont de chic types qui ont du cœur et un sens du *fair play*, une merveilleuse expression anglo-saxonne qui veut dire « régulier ».

Ils aiment beaucoup les sports et ils sont extrêmement intéressés par tout ce qui touche aux arts, que ce soit peinture, sculpture, musique, littérature ou théâtre. Ils sont toujours prêts à aider une œuvre artistique méritoire, à offrir des bourses de voyage ou d'études aux jeunes qui ont du talent. Les expositions de peinture moderne ont un énorme succès même dans les toutes petites villes. C'est tout à fait effarant !

L'assistance publique telle que nous la connaissons en France, et qui fournit les fonds pour les hôpitaux, n'existe pas en Amérique. Tous les hôpitaux, même les plus modernes, et ceux-ci sont magnifiques, sont subventionnés par le peuple, volontairement et non pas sous forme d'impôts.

D'où vient donc la réputation de matérialisme choquant qu'ont acquise les Américains ? Je pense qu'elle est en grande partie due à la conduite d'un petit nombre d'individus grossiers et vulgaires qui font beaucoup parler d'eux et dont l'ensemble de leurs compatriotes n'est pas du tout fier. Cette clique aime malheureusement beaucoup voyager et ils étalent à l'étranger leurs façons tapageuses et leur manque de bonnes manières. L'impression est désastreuse et permanente. J'en ai vu partout : en Italie, en France, à Cuba...

Tous les pays au monde sont affligés par ce genre de personnes et je ne pense pas que le pourcentage en Amérique soit plus élevé qu'en Hollande, en Italie, au Liban ou en Allemagne. Mais comme il y a cent quatre-vingt-six millions d'Américains, nous en avons regrettablement beaucoup plus en nombre absolu.

La plupart des Américains sont vivement choqués par certaines expressions de super-vulgarité qui ne font rien pour augmenter le prestige de ce grand pays. Je veux parler, par exemple, de certains hôtels de grand luxe que l'on a construits récemment à Miami en Floride. Ces gigantesques structures, véritables monstres de laideur d'un luxe effarant, attirent une clientèle tapageuse qui a beaucoup d'argent à dépenser et qui ne s'en cache pas.

L'état-major d'un magazine de mode américain est un endroit palpitant d'intérêt. L'ambiance offre un mélange synthétique mais amusant de néo-nonchalance, d'esprit caustique et de « Jolie Madame » à en étouffer. Les bureaux et les corridors fourmillent de jeunes femmes chic qui préféreraient mourir que d'enlever leurs chapeaux, ce qui les distingue des vulgaires mais appétissantes dactylos. Beaucoup d'entre elles méprisent l'hétérosexualité. Elles se débrouillent pour exécuter un travail excellent, oscillant régulièrement entre leur dernière crise de neurasthénie, leur prochain béguin passionné et le numéro des modes d'automne. Sans elles, adorables *darlings,* les psychanalystes de Park Avenue n'auraient plus qu'à mettre leurs divans au clou.

A l'occasion, le caractère trop didactique et dogmatique de leur prose peut être assez exaspérant. Mais, esthétiquement parlant, ces magazines font autant, dans leur domaine, que le *New Yorker* dans le sien pour la préservation de l'humour et de l'esprit américains.

Quant aux directeurs artistiques, je les considère comme les leaders de leur profession.

Certains traits de caractère de notre pays ne laissent cependant pas d'être assez irritants, comme par exemple l'attitude du policeman qui vous flanque une contravention. Je trouve difficile à digérer le ton à la fois amical et familier de l'agent motocycliste qui vous tend une formule de contravention à dix mille francs en vous appelant « Mon copain ». Je préférerais me faire proprement « engueuler » par un agent parisien qui, finalement, me laisserait repartir en ronchonnant.

Ou bien encore l'indifférence apathique du public envers le fameux Système américain de Blanchissage dont le pouvoir destructeur est tout simplement renversant. Les dirigeants de cette industrie devraient s'installer au Pentagone [1] et prendre la direction de la section chimique de la guerre qui vise à la destruction complète et définitive.

Je trouve également surprenante la patience avec laquelle le public supporte la mutilation de la plupart des villes et des villages américains, par les horribles poteaux téléphoniques ou les pylônes de haute tension. J'ai vu des dizaines de petites villes adorables, de campagnes délicieuses violées en plein jour, en public, par ces monstrueuses installations. Mon ami, Frank Lloyd Wright et

1. Ministère de la Guerre à Washington.

moi, sommes d'accord sur quelques points, et en désaccord sur beaucoup d'autres. Notre haine commune pour ces affreux poteaux télégraphiques est telle que, lorsque nous sommes en violent désaccord, nous pouvons toujours faire la paix en remettant sur le tapis ce détestable sujet qui reste notre terrain d'entente.

Quant à la fameuse querelle sur la bonne ou la mauvaise influence du cinéma américain sur la population, je me suis rendu fort impopulaire auprès de bien des gens, aux Etats-Unis, en prenant fermement parti pour le cinéma.

Grâce au cinématographe, la plupart des Américains, au fond de la bourgade la plus perdue des régions agricoles ou minières, de l'Ouest ou du Far West, ont appris à se tenir à table, à apprécier la bonne musique, etc. Il a permis à des firmes comme Sears Roebuck[1] et Montgomery Ward de vendre, même dans les plus petites fermes ou villas de banlieue, des robes et tailleurs bien coupés et dessinés par les meilleurs créateurs de mode. Quel contraste avec les vêtements misérables du paysan ou de l'ouvrier de l'Europe centrale ! Le cinéma aide à vendre, également, des millions d'appareils ménagers et d'objets utiles que Mary Smith ou Bill Jones ont vus au cinéma dans une scène se passant dans une cuisine de Detroit, un garage de Cincinnati ou une nurserie new-yorkaise. Tout cela est excellent pour maintenir ce standard de vie que l'Europe, espérons-le, connaîtra un jour[2].

En ce qui concerne les valeurs spirituelles, je ne crois pas que le cinéma ait une influence quelconque dans un sens ou dans l'autre. A mon avis, le cinéma américain est un facteur important et utile dans l'économie nationale. A l'étranger, il devient un moyen majeur de propagande pour le standard de vie américain. Qu'ils soient

1. La plus grosse entreprise de vente sur catalogue aux U.S.A.
2. Ceci fut écrit en 1952, les choses ont bien changé depuis.

ou non enrichis intellectuellement par l'intrigue souvent puérile proposée par le film, les spectateurs étrangers sont amusés et intéressés par la nouvelle Chevrolet de Dagwood, le Frigidaire de Blondie, les couches en plastique de bébé.

Je ne prétends pas excuser les intrigues ineptes, les interprètes médiocres, ni les réalisations prétentieuses. Mais la situation s'améliore, l'industrie cinématographique se libère lentement de la fâcheuse influence de Cecil B. de Mille et C° (et de ses pareils) et de tout ce qu'elle comporte de vulgaire. Non, ce qu'il y a de plus désagréable au cinéma ne se trouve pas sur l'écran mais dans la salle de spectacle. Tous ceux qui ont été « en sandwich », pendant trois heures, entre deux mioches mâchonnant des cacahuètes, la bouche à demi ouverte, comprendront ce que je veux dire : l'odeur chaude et écœurante des cacahuètes humides est une des horreurs de l'Amérique.

Il existe un autre contraste intéressant avec l'Europe : c'est la répugnance générale qu'ont les Américains à réparer ce qui est légèrement détraqué quand il est si facile de le jeter à la boîte aux ordures. Cette attitude gaspilleuse ne l'est qu'en apparence car elle accélère considérablement le roulement des affaires et augmente, par conséquent, la production et la vente, engendre des possibilités d'affaires nouvelles et procure des emplois. Si le public adoptait l'attitude des Européens (née d'un penchant naturel et de contraintes économiques) de se cramponner à un produit donné, jusqu'à ce qu'il soit presque totalement inutilisable, notre économie ne serait pas ce qu'elle est. Il est facile de prévoir ce qu'il adviendrait de l'industrie automobile aux Etats-Unis si les consommateurs s'avisaient de garder la même auto huit ou dix ans, comme beaucoup d'Européens le font, ou sont forcés de le faire. La production piquerait du nez et l'économie entière en souffrirait.

Naturellement cette tendance nationale à se défaire rapidement de tout ce qui demande une réparation peut être poussée à l'extrême; par exemple, dans la vie maritale, où bien des situations délicates susceptibles d'être raccommodées sont le plus souvent jetées pêle-mêle sur la pile de bric-à-brac du Tribunal des Divorces.

J'eus l'agréable surprise, à mon arrivée d'Europe, de constater comme il est rare ici de rencontrer des enterrements dans la rue. Quiconque a vécu à l'étranger sait combien il est fréquent de croiser des processions funèbres, marchant lentement le long des rues d'une grande ville. Il n'est pas rare d'en voir deux, trois ou davantage dans une seule journée. Ce n'est pas fait pour réjouir l'esprit et cela gêne considérablement la circulation. Ici, on voit rarement pareil spectacle, excepté à l'occasion de l'enterrement d'un gangster italien ou d'un personnage important des bas-fonds de la politique locale : la mort est devenue aérodynamique.

J'ai vu souvent des limousines-corbillards de cent quarante chevaux, étincelantes, rutilantes, conduites, cercueil et couronnes, avec une telle maîtrise, qu'elles s'arrangeaient pour éviter toutes les lumières rouges, gagner les vertes de justesse et parcourir le trajet 57e rue-Woodlawn [1] en trente-trois minutes au chronomètre. Presque un record de Jaguar ou d'Avanti.

En amoureux de la vitesse, au cas où je finirais mes jours en Amérique, je souhaite humblement de faire ainsi ma dernière promenade rondement. Je me plais même à imaginer qu'un agent motocycliste nous arrête toutes sirènes en action. Sur quoi, il tendrait au chauffeur (pour avoir fait du cent dix sur le pont de Queensborough) une contravention pour mon dernier excès de vitesse.

L'attitude inattendue du peuple américain devant la

1. Un grand cimetière new-yorkais.

mort, vue comme une industrie, prend parfois des aspects surprenants pour le visiteur. Tel est le cas d'un *night club* de troisième ordre d'une vulgarité criarde situé sur une des principales artères de banlieue. Ses affaires ayant mal tourné, il dut fermer ses portes, peut-être en raison de son emplacement regrettable, juste en face d'un cimetière. Son propriétaire avait dépensé des sommes folles pour recouvrir la façade de panneaux de miroir noir percés de grandes fenêtres circulaires aux cadres dorés. L'ensemble était aussi hideux que tapageur. Une monstrueuse enseigne au néon hurlait « CLUB TAMPA ! » jusqu'à ce qu'apparût un jour une pancarte : « A LOUER ».

Un certain fabricant de cercueils en matière plastique reprit le fonds et plaça une « boîte à sommeil » derrière chaque hublot de l'ex-*night club.* Homme de ressources, il n'eut tout simplement qu'à changer l'enseigne « Club Tampa » en « Club Cercueil Cie ».

En fait de mauvais goût, je pense aux fameux « jardins du sommeil », le gigantesque Park-Cimetière de Los Angeles, qu'Evelyn Waugh, le romancier anglais, a pris comme sujet de sa satire meurtrière : *Le Cher Disparu.* Une grande partie de la matière de son livre est malheureusement authentique et nous ridiculise aux yeux du monde. Le mélange de la mort et de l'humour est une chose; celui de la mort et du sensualisme grossier en est une autre. Ce commercialisme révoltant de la mort est heureusement confiné à la Californie du Sud.

Les Anglais eux-mêmes ne manquent ni d'originalité ni d'excentricité dans ce domaine.

Lors de mon récent voyage d'affaires en Angleterre, alors que deux de nos dessinateurs et moi roulions en voiture entre Londres et Birmingham, nous remarquâmes une simple maisonnette appelée « Chisham Arms ». Elle était divisée en deux parties, le côté gauche de la façade peint en blanc et celui de droite en bleu pâle. Au-dessus de la porte gauche on lisait : « RESTAURANT GRILL », au-dessus de l'autre : « CREMATORIUM ». L'ensemble était charmant et intime...

J'imagine volontiers un de ces touristes américains, toujours pressés, en quête d'un steak rapidement servi, entrant par inadvertance par la mauvaise porte et criant : « Servez-le-moi bien à point et avec des frites ! »

14

Préparatifs pour l'après-guerre

C'est la guerre, la guerre totale. Donald Nelson, mon vieil ami des temps du Sears-Roebuck, est en train d'essayer de faire d'une Amérique pacifique, une nation militaire. En qualité de chef du département de la Production de guerre, il a pour tâche de transformer l'industrie américaine en une source inépuisable de matériel de guerre. Je ne puis imaginer d'homme plus courageux ou plus qualifié pour diriger cette opération gigantesque. Qu'on ait confié ce poste à un tel homme m'a sérieusement remonté le moral et fait reprendre une confiance dont j'ai diablement besoin. En effet, la France était envahie, Londres en flammes et la plus grande partie de l'Europe occupée saignait à mort sous la terreur. Puis, Pearl Harbour. Nous étions battus sur les mers, battus aux Philippines, dans les airs et à Guadalcanal. Nos hommes mobilisés n'avaient pas d'armes pour s'entraîner : seulement des bâtons pour fusils et des poteaux pour canons. Donald Nelson, aux prises avec une tâche de surhomme, conservant son calme et sa lucidité, gagna la partie. Je suis heureux d'avoir l'occasion d'exprimer, comme chaque Américain le devrait, ma gratitude pour les services qu'il a rendus à la nation en détresse.

La période de guerre servit de test pour éprouver l'habileté de l'esthéticien industriel et son ingéniosité devant les difficultés de toute sorte. Il ne fallait pas que la production civile mourût, malgré le manque de main-d'œuvre spécialisée, de matériaux et même de machines. Il fallait maintenir la fabrication des produits essentiels aux besoins de 80 % de la population qui restait dans le pays. La vie continuait. Il était d'ailleurs impérieux que les travailleurs non requis dans les usines de guerre fussent employés, nourris, et même distraits pendant leurs loisirs, si l'on ne voulait pas voir le moral de la nation flancher.

Créer des produits commerciaux sans acier, cuivre, étain, zinc ou plomb, leur donner un aspect présentable sans peinture, laque ou teinture, n'est pas une bagatelle. Même les matières plastiques se trouvaient souvent sur la liste des produits contingentés et le peu qui nous restait n'allait pas loin. Avec beaucoup d'imagination, nous réussissions parfois à continuer certaines fabrications. Prenez, par exemple, le simple étui de rouge à lèvres. Cet article, apparemment insignifiant, était, en réalité, un facteur psychologique important. Les femmes américaines sans rouge à lèvres deviendraient très vite la proie du découragement. Les hommes suivraient le train. Nous nous mîmes au travail et, après des jours et des nuits d'essai, nous parvînmes à mettre au point, non pas un simple étui de rouge à lèvres, mais un étui tournant, sans avoir recours au métal. Ce fut un succès et le fabricant en vendit des centaines de millions pendant tout le temps des hostilités. Je pourrais citer bien d'autres exemples du rôle que nous avons joué dans la normalisation de la vie du pays, pendant la guerre. Quant à nos travaux pour la défense, il s'agissait tantôt de construire un groupe hôpital volant de campagne complet, capable de décoller, d'atterrir et de fonctionner en quelques heures aux points critiques du front, tantôt de réaliser pour le corps médical aérien des trousses de secours complètes pour les premiers soins, pouvant être parachutées sans risque de casse; pour l'artillerie, un outillage de chargement rapide des canons; pour l'aviation, une idée de cible volante pouvant être dirigée et propulsée par fusée (dispositif qui servit à l'entraînement des pilotes de combat). Pour l'Intendance, des chaussures spéciales pour terrains marécageux, des tentes ultra-légères et une douzaine d'autres articles. Enfin, nous avons camouflé d'énormes usines telles que Glenn Martin à Baltimore, comprenant, sur les toits, des lacs simulés formés de débris de vitres disposés en formes irrégulières qui, reluisant au soleil, ressemblaient à un plan d'eau naturel.

En 1942, il apparut clairement que l'industrie devait se préparer pour la période d'après-guerre, afin d'être en mesure d'absorber les soldats dès leur démobilisation et de réduire ou d'éliminer les conséquences d'un fossé désastreux risquant de se creuser entre la production de guerre et l'industrie d'après-guerre. Le plus souvent, il nous fut impossible de prendre contact avec les ingénieurs et nous fîmes de notre mieux pour prendre nous-mêmes les initiatives. Ainsi, à la fin de la guerre, nous avions réussi à mettre au point pour Studebaker une série complète de carrosseries d'un type nouveau, les constructeurs d'outillage et de matrices pouvaient se mettre au travail. Ceci fut l'œuvre de mes propres dessinateurs, des hommes qui avaient dépassé l'âge du recrutement, ou qui étaient chefs de famille nombreuse, ou souffraient d'un handicap physique. Tout fut exécuté sans utiliser aucun des matériaux réservés à l'effort de guerre et, naturellement, sans aucune indication de ce que risquait d'être le style automobile d'après-guerre. Suivant simplement notre instinct, nous eûmes la chance de tomber juste, aidés, bien sûr, par un peu de logique appliquée au problème : facteurs simples, tels que meilleure visibilité, allégement et ligne svelte suggérant la rapidité.

Le succès de la nouvelle Studebaker, entraînant l'amélioration du standing et de la structure financière de cette compagnie, tend à prouver que nous avions vu juste. Studebaker sortit ses voitures d'après-guerre avec plus d'un an d'avance sur ses concurrents. « R. L. A. » parvint à placer bon nombre de ses clients dans une position également avantageuse.

A la fin de la guerre, la profession d'esthéticien industriel comptait à peu près deux mille membres. Malheureusement, un grand nombre de ces hommes n'étaient pas qualifiés pour exercer une profession qui requiert de grandes connaissances techniques. J'eus un entretien avec mes collègues Teague et Dreyfuss, pour discuter la situation ainsi créée et nous efforcer d'y remédier. Il nous parut évident qu'il fallait fonder une organisation, une association, qui exigerait de ses futurs membres certaines qualifications et des références. Avec l'aide de dix autres dessinateurs de classe, qui s'étaient joints à nous, en 1944, la Société Américaine de l'Industrial Design devint une réalité.

Ayant fixé le principe de l'admission dans la Société, nous reçûmes les membres qui remplissaient les conditions exigées. La Société prit rapidement de l'essor. Elle compte maintenant plus de cent cinquante membres, tous esthéticiens industriels agréés. Je fus élu *Fellow* (membre) de la A.S.I.D. en 1944 et son président en 1946.

Comme chef de l'organisation, la nécessité d'établir un code moral s'imposa à moi. Le projet qui fut élaboré, mis au point, adopté dans l'année, rendit à notre Société d'immenses services.

Ce code précise qu'un esthéticien doit être intègre, loyal envers son client et ne pas travailler pour deux clients en concurrence directe, à moins que ceux-ci ne soient d'accord. Il ne doit causer aucun préjudice prémédité à un collègue; ne doit, en aucun cas, lui « chiper » ses clients ou ses dessinateurs. Afin de couvrir tous les risques, il est encore précisé qu'un dessinateur ne doit pas faire de pronostics à la légère, ne doit en aucun cas s'attribuer le crédit pour des succès dont il n'est pas responsable, et ne doit pas faire de publicité payée.

Tout cela peut sembler très restrictif. En vérité — à de rares exceptions près — depuis les débuts de l'esthétique industrielle, ce code non écrit était appliqué d'une manière tacite. Ceci dit, on pourrait penser que les dessinateurs courent le risque de passer le plus clair de leur vie en pénitence, pour avoir enfreint le règlement. Il n'en est rien. Les dessinateurs industriels ont le respect de leur profession et savent se conduire.

Pour le recrutement de ses membres, la A.S.I.D. est encore plus fermée que le Club des Explorateurs Albinos d'origine grecque de la Patagonie occidentale. Il faut être un praticien ou professeur d'esthétique industrielle doué de compétence, d'intégrité et de caractère. Pour les dessinateurs, ils doivent avoir participé, de façon active et décisive, au dessin d'au moins trois produits distincts, effectivement mis en vente; ils doivent avoir travaillé pour trois industriels différents et être parrainés par deux membres, au moins, de la Société.

En dehors de son quartier général de New York, la A.S.I.D. a maintenant des succursales à Chicago, Detroit et Los Angeles.

Troisième partie

Commençons la dernière partie de cet ouvrage par une prière silencieuse :

PUISSE LE TRÈS-HAUT OUVRIR ENFIN LES YEUX DES AMÉRICAINS, MES COMPATRIOTES, AFIN QU'ILS CESSENT DE METTRE DE LA MAYONNAISE SUR DES POIRES FRAÎCHES.

AMEN.

15

La « National Widget[1] Company »

A la fin des hostilités, la main-d'œuvre qualifiée, les machines et les matières premières à nouveau disponibles, nous reprîmes notre travail sans handicaps ni restrictions. Les années de guerre nous avaient fait apprécier la valeur de l'ingéniosité et nous avaient appris à économiser les matériaux. L'esthétique industrielle devenait de plus en plus efficace et consciente de l'importance des prix de revient; partie de l'expérience tentée par quelques hommes enthousiastes, la profession était maintenant devenue une force reconnue et respectée.

Il n'est pas, de nos jours, un seul fabricant, depuis la General Motors jusqu'à la Compagnie des Biberons Musicaux, qui songerait à lancer un produit sur le marché sans le concours d'un dessinateur, qu'il soit employé de la maison ou technicien établi à son compte. Tout cela s'est fait en l'espace de vingt ans. J'estime que c'est le triomphe absolu de ma théorie première, à savoir qu'une présentation irréprochable serait un jour partie intégrante du planning de tous produits ou entreprises commerciales dans tous les domaines.

A l'heure actuelle, l'attitude d'un client éventuel en présence d'un dessinateur industriel en quête d'un contrat

1. Nom que l'on donne à toutes sortes de petits objets tels que mélangeurs électriques, extracteurs électriques de jus de fruits, gaufriers électriques, etc.

est totalement différente de ce qu'elle était entre 1930 et 1935. Le client sait, par ses lectures, par les conversations, ce qu'est l'esthétique industrielle; cette profession n'est plus un mystère pour lui. Mais, dans certains cas, il ne se rend pas encore compte de tout le parti qu'il peut en tirer pour son affaire. Jack Smith fait de jolis Widgets, qui se vendent bien, et il ne croit pas avoir vraiment besoin d'une aide extérieure. Cependant, plusieurs concessionnaires importants, ses agents de publicité et un ou deux de ses directeurs lui ont cité tel spécialiste qui paraît bien connaître les desiderata du public.

— Un tel a dessiné la nouvelle série des Blidgets 1949 (compagnie concurrente), et la vente a monté de 200 %, lui disent-ils. Pourquoi ne lui demanderiez-vous pas de passer vous voir la prochaine fois qu'il viendra à Saint-Louis ? J'aimerais assez que vous fassiez un essai, Jack.

Jack Smith réfléchit à la chose pendant quelque temps et, finalement, il se décide. Il écrit au spécialiste et lui propose une rencontre pour discuter des problèmes de la présentation des produits de sa compagnie. Quand une maison n'a jamais encore travaillé avec l'un de nous, l'entrevue se déroule à peu près comme suit :

JACK SMITH. — Monsieur Lœwy, j'ai entendu parler de vous et de votre œuvre en termes fort élogieux. En fait, je vous ai prié de venir nous voir à la requête de plusieurs membres de notre organisation. Nous sommes les fabricants de Widgets les plus importants d'Amérique. Nous savons que vous avez dessiné avec succès des trains, des bateaux, des avions, du matériel de bureau et bien d'autres choses. Mais pensez-vous que vous pourriez nous aider à résoudre nos problèmes ? Peut-être ne vous en rendez-vous pas compte, mais le Widget est quelque chose de très particulier. Il se situe dans une classe à part. Certains de nos ingénieurs ont passé leur vie à dessiner des Widgets améliorés et plus économiques. Estimez-vous que vous pourriez améliorer davantage encore les résultats atteints ?

R. L. — A dire vrai, monsieur Smith, nous avons dessiné pour la maison Thomson une série fort réussie de Blidgets très semblables, en bien des points, aux Widgets. Toutefois, à seule fin d'essayer de vous convaincre, mettons que nous n'ayons jamais dessiné quoi que ce fût qui ressemble même de loin à un Widget.

« Mes associés et moi, connaissons bien la *Jack Smith Widget Company.* Nous avons suivi sa marche durant toutes ces dernières années. Nous savons que votre maison jouit d'une réputation basée sur son intégrité et la qualité de ses produits. D'un point de vue purement commercial, cependant, nous estimons qu'on peut améliorer votre chiffre d'affaires. Vos modèles actuels paraissent manquer de certaines caractéristiques extérieures qui permettraient de les distinguer des modèles de la concurrence. Pour commencer, leur reproduction, sur les placards publicitaires que vous passez dans la presse, gagnerait à être améliorée. Les modèles actuels sont assez falots d'apparence au point qu'on ne les distingue que vaguement des autres produits concurrents. Ils manquent d'éclat et d'attrait. A notre sens, une organisation qualifiée à l'imagination créatrice, travaillant de l'extérieur mais en contact étroit avec vos ingénieurs, pourrait trouver une solution améliorée et originale à vos problèmes. »

M. Smith. — Comment proposeriez-vous d'attaquer ce problème ? Quelles seraient vos suggestions dans un cas comme le nôtre ?

R. L. — D'abord, nous devrions nous familiariser avec votre usine et avec son équipement afin que les projets soumis ne sortent pas de vos possibilités de fabrication. De votre côté, peut-être, voudriez-vous examiner les avantages de quelques projets nouveaux qui, eux, pourraient nécessiter un nouvel outillage ou un nouvel équipement. Mais nous pourrons discuter de cela plus tard.

« Deuxièmement, nous étudierons le marché du Widget et celui de vos concurrents. S'il en existe un, fabriqué par une autre société et connaissant un succès hors pair, nous nous efforcerons d'en déterminer la ou les raisons (prix, aspect, fonctionnement, rendement, qualité, etc.). Ici, la collaboration de votre service des ventes nous sera précieuse. Nous pourrions alors discuter en connaissance de cause de vos problèmes et suggérer des honoraires. »

M. SMITH. — Bien franchement, monsieur Lœwy, tout cela me paraît très logique, mais dépasse aussi de beaucoup ce que j'envisageais. Je présumais que vous me soumettriez simplement quelques croquis, indiquant vos vues personnelles sur l'aspect de notre produit. Voilà, monsieur Lœwy, ce que je...

R. L. — Eh bien ! en ce cas, monsieur Smith, je crois, à mon grand regret, que je ne pourrai vous être d'aucun secours dans ce domaine. Nous hésiterions beaucoup à vous soumettre à la légère un projet qui n'aurait pas été réalisé en pleine connaissance de toutes les données en présence. Je pense que vous agiriez de même, monsieur Smith.

M. SMITH. — Dans ce cas, êtes-vous raisonnablement certain de pouvoir étudier et connaître notre marché, dans un laps de temps relativement court pour être en mesure de suggérer des améliorations ?

R. L. — Certainement, à condition que vous nous assuriez la collaboration de vos différents services. Vous comprenez, monsieur Smith, les Widgets, après tout, ne sont pas très différents de beaucoup d'autres articles que nous avons dessinés dans le passé. S'il est vrai que ces articles n'étaient pas exactement des Widgets, ils ne présentent cependant pas de grandes différences quant à leur fabrication, leur vente et leur distribution. Même en ce qui concerne le prix, la différence est infime. Je peux vous assurer, monsieur Smith, qu'avec la collaboration de votre bureau d'études, nous serons en mesure d'augmenter la demande de votre produit, et peut-être de réduire son prix.

M. SMITH. — Cela ne serait donc possible que si nous vous admettions, vous et vos associés, « au sein de la famille », pour ainsi dire. Nous devrions alors vous divulguer certains de nos procédés et autres sujets confidentiels?

R. L. — Oui, et cela sans restriction. Mais je vous rappelle que l'estime dans laquelle nous sommes tenus dans le monde des affaires est fondée en grande partie sur notre réputation de discrétion et d'intégrité professionnelle. Plusieurs des plus grandes entreprises de ce pays ont placé leur confiance en nous depuis quinze ans ou plus. Vous pouvez être assuré que tous sujets traités, pendant le temps que durera notre association, seront protégés par nous et que le secret le plus absolu sera observé.

M. Smith. — J'en suis sûr. Mais dites-moi : dans une association telle que vous l'entendez, ne craignez-vous pas qu'il se produise quelques heurts de personnalités ? Il nous faut considérer le côté humain, voyez-vous. Certains de nos ingénieurs sont dans la maison depuis plus de vingt-cinq ans. Ils ont grandi avec elle. Ils apportent à leur tâche un certain orgueil et je puis vous affirmer qu'ils connaissent leur affaire. Ne croyez-vous pas qu'ils pourraient être froissés de voir des étrangers s'immiscer dans nos affaires ? Je me demande si nous n'allons pas au-devant de conflits.

R. L. — Je ne le crois pas. Nous nous sommes déjà trouvés dans des situations analogues et elles n'ont jamais donné lieu à de graves désaccords. Si vous vouliez bien nous laisser faire, vous verriez que le problème ne se poserait pas.

M. Smith. — Rappelez-vous que le Widget n'est pas une affaire comme les autres, vous le savez.

R. L. — Il est peu probable que vous soyez plus difficile que bien des firmes avec lesquelles nous avons travaillé dans l'harmonie. Vous avez l'air de gens raisonnables, nous devrions nous entendre.

M. Smith. — J'en suis certain, monsieur Lœwy.

R. L. — Moi également. D'ailleurs, notez bien, monsieur Smith, que nous n'interviendrons pas dans les travaux de vos ingénieurs. Ils s'en rendront compte très vite. Nous sommes plus que désireux de reconnaître pleinement l'efficacité de leur contribution à la tâche commune. Ils verront très vite que nous n'avons aucune intention de les supplanter. Pourquoi le ferions-nous, du reste ? Nous avons notre propre affaire et nous ne nous en tirons pas mal tout seuls, vous savez. Et, quand le résultat de nos efforts communs sera lancé sur le marché, où il fera sensation, nous aurons à cœur de donner à chacun son dû. Les communiqués que notre service de relations extérieures distribuera à la presse — avec votre approbation — ne manqueront pas de mentionner que le nouveau Widget a été conçu par Raymond Lœwy et ses associés *en collaboration* avec le Bureau d'Etudes de votre Société. Non, monsieur Smith, vous n'avez rien à craindre, croyez-moi. En fait, vous verrez que vos propres collaborateurs vous demanderont de faire appel à nous la prochaine fois qu'un problème surgira.

M. SMITH. — Vous avez, monsieur Lœwy, éclairci bien des points et je me sens gagné à vos idées. Cependant, en tant que président de cette Société, et conscient de mes responsabilités vis-à-vis de ses actionnaires, je me demande quelles garanties de succès vous m'offrez. En résumé, tout cela va coûter une certaine somme et il me faut avoir quelque assurance que nous obtiendrons des résultats en rapport avec la dépense engagée. Ce n'est pas comme si vous prépariez simplement quelques esquisses pour nous. Nous sommes en train de considérer un programme assez ambitieux et nous devons prendre les précautions nécessaires pour rentrer dans notre argent.

R. L. — Je vous comprends. Pourtant, demanderiez-vous à un chirurgien, par exemple, même s'il s'agit d'une sommité, de vous garantir le succès d'une opération ? Tout ce qu'il pourrait vous dire, c'est que les chances de succès sont grandes, ou modérées, ou que le succès est pratiquement assuré. Mais, dans aucun cas sérieux, il ne pourrait, honnêtement, vous le garantir. En ce qui me concerne, je ne peux que vous rappeler la série de succès remportés par nos créations, vous démontrer que, dans le cas présent, *l'opération* ne sort pas de l'ordinaire, qu'elle n'est pas particulièrement délicate et que le malade semble résistant. Les chances de succès sont donc grandes et nous verrons dans le monde une quantité croissante de nouveaux petits Widgets. Si cela peut vous rassurer, je vous communiquerai la liste d'une centaine de firmes qui se sont assuré nos services. Vous y trouverez sûrement des amis auxquels vous pourrez demander : « Comment vous êtes-vous entendus avec les Lœwy ? Et quels sont les résultats ? En avez-vous eu pour votre argent ? »

M. SMITH. — Ainsi, vous ne voyez pas d'inconvénients à ce que je prenne contact avec quelques-uns de vos clients ?

R. L. — Pas le moins du monde. J'en serais enchanté. Voici une liste de nos clients à ce jour. Gardez-la, je vous en prie.

M. SMITH. — Je dois dire que tout cela est plutôt encourageant. Ne pourrions-nous faire un essai d'un mois et voir comment se présentent les choses ?

R. L. — Difficilement. Je ne vois pas comment nous pourrions obtenir des résultats sur un laps de temps aussi court. N'oubliez pas que, si nous nous engageons vis-à-vis de vous, cela signifie que nous ne pouvons pas travailler pour un de vos concurrents directs. Notre code professionnel nous l'interdit. Nous ne pourrions donc guère envisager une association de moins d'un an.

M. SMITH. — Je suppose qu'il vous faut un certain temps pour vous mettre au courant de nos opérations, pour avoir une vue d'ensemble. Cela, par conséquent, représente une mise de fonds substantielle dont il nous faudra retirer le maximum; mais j'entends bien que, seule, une collaboration d'une certaine durée nous permettrait de faire le point.

R. L. — Il existe une autre façon — peut-être plus acceptable pour vous — d'envisager le problème financier, monsieur Smith. Si vous hésitez à engager la société dans la dépense que constitue une année de rétribution, dépense que vous auriez du mal, semblez-vous dire, à justifier devant le conseil d'administration, pourquoi ne pas envisager un autre arrangement ? Engagez-vous pour une période de douze mois contre une rétribution nominale, disons de quelques milliers de dollars, et allouez-nous, par la suite, une redevance proportionnelle au succès de notre projet. La somme que vous risquerez serait, ainsi, réduite au maximum. En ce qui nous concerne, nous considérerions favorablement une entente de ce genre qui a fait ses preuves dans le passé.

M. SMITH. — Vous paraissez vraiment être certain d'améliorer les Widgets et leur chance sur le marché. Mais, pour l'instant, je ne suis pas décidé à m'engager sur cette base. Nous pourrions plutôt examiner un contrat avec un fixe.

R. L. — J'en serais enchanté.

M. SMITH. — En somme, vous m'avez fait entrevoir de nouvelles perspectives sur toute l'affaire. L'esthétique industrielle, après tout, nous sera peut-être précieuse. Pourquoi ne me feriez-vous pas une proposition écrite portant sur une période d'un an et concernant le dessin d'une série complète de Widgets, y compris l'emballage ?

R. L. — Faut-il y inclure, également, les étalages pour les dépositaires et tous les dispositifs annexes ?

M. SMITH. — Oui. Vous pourriez aussi chercher des idées pour une nouvelle marque de fabrique que nous apposerions sur nos camions de livraison et nos fournitures. Celle que nous utilisons n'est guère remarquable et je pense qu'on pourrait l'améliorer.

R. L. — Okay. Vous aurez notre proposition écrite d'ici deux jours.

M. SMITH. — Bon. Je vais en parler à mes associés et je vous tiendrai au courant. Si nous nous décidons, il n'y aura pas de temps à perdre. Nos nouveaux modèles 53 doivent être prêts en novembre au plus tard. Tenez, emportez ce Widget et essayez-le. Je crois qu'il vous plaira. Et merci pour votre visite.

Ceci est une prise de contact typique.

Une fois le contrat signé, le spécialiste n'a pas de mal à prouver qu'il connaît son métier et qu'il n'en veut aux prérogatives de personne. En fait, il devient, en quelque sorte, un survolteur moral et souvent les comités d'études et de recherches, les services de vente et de fabrication trouvent une nouvelle impulsion et se mettent à faire des étincelles. En général, les résultats sont profitables pour tout le monde.

Notre rémunération varie selon les difficultés du problème. Nous acceptons des travaux à partir de sommes aussi modestes que cinq cents dollars. Par contre, certains contrats atteignent trois cent mille dollars par an.

Si l'article à re-créer est grand et compliqué — un tracteur, par exemple — les transformations destinées à améliorer son apparence sont tellement évidentes et simples, qu'une rémunération relativement modeste suffit. Mais s'il s'agissait de redessiner une aiguille à coudre, je demanderais au moins cent mille dollars. Après tout, il serait aussi difficile d'améliorer la forme d'une aiguille que celle d'un œuf, parfaitement adaptée à sa fonction.

La majorité des esthéticiens industriels se spécialisent dans le dessin des objets fabriqués en grande série, tels que les ustensiles de ménage, la quincaillerie, les appareils électriques et électroniques, l'outillage, la machinerie, etc. Certains d'entre eux étendent leur activité à l'étalage et à l'emballage. Quelques autres font des projets d'installations de magasins et boutiques. Une minorité se spécialise dans les moyens de transport : ils dessinent l'intérieur des avions de transport, des bateaux, des trains ou des autobus. En outre, les grandes entreprises d'esthétique industrielle comptent une équipe de spécialistes de l'agencement des grands magasins. Ce « service d'architecture spécialisée » acquiert actuellement une grande importance. Nous en parlerons plus loin en détail.

En dehors de ces activités établies et courantes, nous cherchons constamment d'autres terrains d'action. Car en Amérique, la plupart des entreprises importantes d'industrie, de commerce ou de recherches, ont besoin pour fonctionner de deux choses que nous sommes à même de leur procurer : l'imagination et un point de vue nouveau. Ajoutez à cela un sens de la réalité et une réputation bien établie de discrétion en ce qui concerne les projets les plus secrets de nos clients.

Les dirigeants de ces firmes géantes doivent, naturellement, être doués de beaucoup d'imagination eux-mêmes pour s'acquitter convenablement de leur tâche. Ils ont aussi de l'expérience, suffisamment, en tout cas, pour se rendre compte que l'imagination fait prime et que, dans une maison bien dirigée, on n'en a jamais trop. Aussi sommes-nous appelés à collaborer à la solution de problèmes qui, à première vue, semblent très éloignés de l'esthétique industrielle si l'on considère la profession comme l'art d'appliquer l'esthétique à l'industrie. Citons, par exemple, le cas de ce fabricant de pipes fort connu qui nous demanda de jeter un coup d'œil sur le processus de fabrication de son usine, non pour redessiner ses articles mais, simplement, pour connaître la réaction de personnes venues de l'extérieur et renommées pour leur bon goût, leur sens des affaires et leur esprit pratique. Ou encore le cas de quelques éditeurs de magazines, désireux de nous consulter sur la mise en pages de leur périodique, sa typographie et son aspect général. Dernièrement, un célèbre fabricant de ceintures élastiques et de soutiens-gorge nous demanda de nous joindre à son équipe de recherches, notre rôle se bornant à examiner et critiquer les nouveaux modèles de dessous féminins. Dans ce domaine, le problème peut se ramener à ces constantes : amincir les hanches sans rejeter les masses adipeuses superflues en des régions topographiques où elles seraient encore moins souhaitables. Ce problème de déplacement, de redistribution, de pression et compression est un problème nécessitant la science de l'ingénieur et sa règle à calcul.

Les soutiens-gorge doivent jouer leur rôle de soutien, sans trahir la présence de poutrelles, supports-armatures ou systèmes de levage. C'est un problème de construction en encorbellement, familier à ceux qui dessinent des ponts ou qui calculent les efforts de flexion. L'individu femelle, en général, paraît perpétuellement confronté avec les mêmes problèmes :

a) Le volume excessif de certaines de ses parties constituantes et sa réorientation vers des zones plus favorables.

b) L'absence de volume, sa création par voie de synthèse et son placement en zone favorable et fixe.

La solution de ces questions a fait surgir, rien qu'en Amérique, l'industrie du soutien-gorge qui représente quatre cent vingt millions de dollars par an. Prétendre que les articles que l'on fabrique actuellement suffisent à améliorer les formes féminines serait méconnaître la mentalité des femmes et l'ingéniosité de l'esthétique industrielle qui ne connaît qu'un résultat : la perfection.

On nous demande parfois de résoudre de bien curieux problèmes, tel celui de ce vice-président d'une des plus importantes compagnies du monde qui vint, un soir, impromptu, à mon domicile, il y a cinq ou six ans, pour me demander un entretien privé. Il nous avait vus résoudre une question particulièrement complexe pour un de ses services, et nous avions gagné sa confiance. Aussi venait-il me soumettre un autre problème : sa femme, épousée trente-six ans auparavant, devenait de jour en jour plus intolérable. Sa secrétaire, qui était jeune, devenait, au contraire, de plus en plus adorable. Ses deux fils étaient au collège, son unique fille venait de se marier. La maison semblait vide, l'atmosphère était déprimante et sans espoir d'amélioration avec une mégère pour épouse. Que devait-il faire ? Je fus quelque temps à me remettre de ma surprise. Le ménage à trois, en lui-même, est chose courante. Mais, en tant que problème, il n'était rien comparé au mien. Je me trouvais en face d'une situation pour le moins délicate. Comment faire pour renvoyer mon vice-président à sa femme — c'est-à-dire, à sa place — sans que la Société « R. L. A. » perde un client ? J'y parvins en une heure et vingt minutes. Mon homme rentra chez lui, suivit mon conseil, inévitable, et il a vécu très malheureux depuis ce jour. Je ne suis pas — du point de vue imaginatif — extrêmement fier de cette histoire. En outre, je m'étais mis dans le cas embarrassant de contrevenir à l'une des règles fondamentales de notre code moral : ne jamais donner un conseil sans avoir reçu d'honoraires.

En 1937, mes associés et moi avions l'impression que le grand magasin américain ne s'était que très peu modifié au cours des vingt ou trente années précédentes. Depuis l'installation des ascenseurs modernes, des escaliers roulants, de la lumière électrique, etc., il n'y avait pas eu de changements majeurs dans ses conceptions commerciales. La présentation des articles et l'aspect général du bâtiment s'étaient à peu près standardisés. Un banal assemblage de marchandises sans personnalité.

Nous étions unanimes à penser que le grand magasin considéré comme une entité, comme le type de la « machine à vendre », était bon pour une transformation totale. Partant de ce point de vue inhabituel, nous eûmes un entretien avec mon excellente amie, Miss Dorothy Shaver, présidente de la Société Lord and Taylor. Dorothy, qui fait autorité dans le milieu des directrices américaines, fut de notre avis et promit de nous donner l'occasion d'une démonstration de nos idées, en collaboration avec elle. Elle avait, elle-même, des conceptions hardies et nous travaillâmes ensemble à l'élaboration d'un projet de magasin pour la banlieue. Ce prototype, qui devait être construit à vingt kilomètres de New York, fut baptisé *Fringe Store*[1]. Nos services ayant fait l'enquête nécessaire, un terrain à Manhasset, dans Long Island, fut acheté.

Un nouveau monde s'ouvrit à nous, le jour où nous arrivâmes à convaincre un de nos clients qu'un magasin était une « machine à vendre » et non un bâtiment élevé autour d'une masse de voitures à bras. Partis de ce principe, nous sommes maintenant à la tête de l'une des plus importantes firmes d'analyses et d'aménagements scientifiques de grands magasins.

Les mêmes qualités, esprit de recherche, d'invention, connaissance des techniques de vente, sens de la présentation spectaculaire, compréhension des préférences du consommateur, firent le succès du magasin *Lord and Taylor*, comme elles avaient fait le succès de notre Coldspot.

Un de nos premiers projets marquants fut dessiné pour W. T. Grant, de Buffalo, une chaîne de plusieurs centaines de magasins, précurseurs de Monoprix et de Prisunic. Nous lui avions présenté ce qui constituait alors une technique de vente révolutionnaire : une vitrine de vente « au trottoir ». Ayant constaté que les femmes se dirigent toujours irrésistiblement vers les comptoirs où d'autres femmes se bousculent pour acheter en solde des objets défraîchis, j'avais la conviction que rien n'attire autant le consommateur en puissance, que la vue d'autres consommateurs en train d'acheter. C'est ce que j'appelle « l'achat par contagion ».

La vitrine « au trottoir » est une vitrine semi-circulaire, en saillie et très visible pour les passants, au centre de

1. Nom depuis universellement adopté qui signifie « succursale périphérique ».

laquelle on place un comptoir chargé de petits articles, extrêmement bon marché et faciles à écouler. Les passantes qui contemplent, de l'extérieur, le groupe de femmes pressées autour du comptoir, se débattant pour acheter l'occasion du jour, sont littéralement happées vers l'intérieur du magasin. Elles viennent, en vitesse, rejoindre l'heureuse cohue qui attend de pouvoir acheter des choses aussi banales qu'un bâton de rouge à lèvres ou un paquet d'épingles à cheveux presque donnés. Une fois à l'intérieur du magasin, la cliente, en proie aux cajoleries de vendeuses expertes, en extase devant les marchandises savamment présentées et illuminées, éblouie par l'ensemble de tant de possessions éventuelles, est aussi vulnérable qu'un pigeon paralytique. Cette idée fut mise par nous à l'essai en 1942.

Mais, chaque magasin, station-service, boutique de spécialités, etc., exige de l'expert une optique appropriée. La vitrine « au trottoir » était parfaite pour un magasin vendant des articles bon marché, en vrac, à l'usage d'une clientèle peu exigeante. La maison *Lord and Taylor* — en revanche — pour qui nous avons modernisé la maison de New York et conçu cinq nouveaux *fringe stores,* représente un genre très différent. Dorothy Shaver avait la conviction qu'il existe une cliente *Lord and Taylor,* aussi différente de toutes les autres qu'une jeune fille allant au premier bal blanc l'est de la femme à barbe qui vient d'avoir son cinquième enfant. Cette jeune fille « bal blanc » et ses sœurs, cousines et tantes à venir ont inspiré à *Lord and Taylor* la sollicitude presque tendre dont la direction enveloppe les clientes. Nous avons créé pour elles les *Petites boutiques* — gaies, intimes et confortables — éparpillées irrégulièrement sur le pourtour des emplacements choisis, afin d'éviter l'aspect « voulu », « organisé » qui engendre la contrainte. Les comptoirs sont gracieusement arrondis, l'éclairage propre à flatter les teints les plus ternes, de sorte que le *fringe store* est devenu l'endroit de rendez-vous favori de la bourgeoise cossue (et dépensière) de la banlieue de Long Island.

Notre projet le plus ambitieux à ce jour — celui qui semble indiquer la direction générale de notre travail à venir en ce domaine — est le gigantesque magasin des frères Foley à Houston (Texas). Premier grand magasin construit depuis quinze ans en Amérique, les méthodes techniques employées furent, pour la plupart, sans précédent.

Mon associé, William Snaith, qui dirige cette section de notre activité, a clairement posé le problème des grands magasins en affirmant :

1° Que le grand magasin est probablement la dernière des grosses industries à fonctionnement manuel.

2° Qu'étant donné que le fonctionnement d'un grand magasin *exige* du travail manuel, il est difficile, sinon impossible, de le mécaniser.

3° Qu'étant soumis à la pression inexorable des salaires et heures de travail, le grand magasin, dont les frais généraux sont élevés, n'a qu'une très petite marge pour se battre contre la concurrence.

4° Que son fonctionnement, dans la plupart des cas, a été entravé plutôt qu'aidé par les conceptions souvent erronées des architectes, que ces erreurs ne sauraient être rectifiées à l'aide d'un pot de peinture et à coups de pinceau, mais grâce seulement à un changement radical de structure qui, lui seul, apporterait la solution.

Les magasins *Foley* furent donc les premiers de ce pays à utiliser à fond (autant que faire se peut) la mécanisation, afin de travailler sur une base économique saine. Plusieurs systèmes furent employés : pour chaque rayon, les marchandises en réserve sont à la portée de la main (exception faite des tapis, moquettes, linoléums, meubles et appareils de grande taille), ceci afin de réduire la manipulation au minimum. Ainsi naquit le super-magasin « sans fenêtres » résultant du fait que chaque élément était placé à son emplacement logique. Toute la publicité effarante qui s'est faite autour du magasin « sans fenêtres » ne fut que l'exploitation d'une situation qui ne visait pas à l'effet, mais qui résultait simplement d'une conception rationnelle de l'aménagement. Des appareils mécaniques, d'un système simple et entièrement nouveau, assurent le remplacement des marchandises, au fur et à mesure des besoins, sans gêner la fonction-vente, même aux heures de pointe.

Des glissières partent des comptoirs, rejoignent des réseaux de tapis roulants qui aboutissent à une piste centrale de triage. Ainsi les centaines de milliers de paquets arrivent directement, à travers le sous-sol, jusqu'au garage où ils sont chargés sur les voitures des clients, prêts à partir.

On encourage l'acheteur à faire lui-même son choix dans les rayons et, dans ce but, deux aménagements inédits ont été conçus et installés. L'ensemble a été étudié pour permettre au client d'acheter facilement une garde-robe à sa taille et dans ses prix, sans devoir, pour cela, errer d'un bout à l'autre du magasin. Ce groupement par tailles plutôt que par genres ou types est un gros succès. La circulation verticale a été soigneusement étudiée. Des escaliers roulants et des passages étudiés scientifiquement dirigent le flot des acheteurs d'après l'itinéraire le plus favorable du point de vue « achat maximum ». Ceci est véritablement une science que nous avons mise au point.

Nous avons, bien entendu, tenu compte du charme, de la couleur, de la lumière, du confort auxquels l'acheteur américain s'est habitué. Rétrospectivement, on est surpris de constater que ces facteurs aient pu constituer le seul critère de nos plans. Aujourd'hui, nous faisons partie intégrale de l'équipe de vente.

Grâce à la modernisation complète de la véritable et fiévreuse maison *Gimbel's* de New York, nous ne sommes plus considérés comme de simples décorateurs. M. Gimbel se montre enchanté de ses lustres en cristal (maintenant qu'il a renoncé à considérer son magasin comme un vieux fauteuil de grand-père, légèrement mangé aux mites) à condition de lui prouver — d'après ses propres livres — que le tableau des bénéfices est deux fois plus attrayant. Au bureau, on parle un nouveau langage. On entend « performances des bénéfices », « contrôle automatique des dépenses », « stocks à circuits fermés »... Quel que soit le sens de ces expressions, il en résulte de meilleures conceptions, de meilleures ventes et des clients satisfaits.

« GIMBEL'S ET LA RAYMOND LŒWY CORPORATION S'ADORENT. »

Cette manchette plutôt surprenante parut un jour dans tous les journaux quotidiens de New York, sur huit colonnes, dans une annonce décrivant le succès des rayons dessinés par nous.

Sur deux points importants, les projets soumis à Gimbel et à Foley étaient similaires. Chacun d'eux avait exigé une étude minutieuse précédant l'établissement des plans architecturaux. Nous devions, d'autre part, ne pas perdre de vue le fait que *Gimbel's* comme *Foley* ne connaissent qu'un étalon pour juger une réussite : le chiffre d'affaires.

La maison *Foley* fut une expérience nouvelle, et réussie, mais elle est dirigée par un des commerçants les plus habiles du pays, un homme pour qui le succès n'existe pas s'il n'est pas étourdissant.

Notre étude préliminaire portait sur la réalisation de son idéal, c'est-à-dire un magasin dont les stocks seraient aussi proches que possible des rayons de vente correspondants, et où la main-d'œuvre serait réduite au minimum grâce à la mécanisation.

La main-d'œuvre indispensable pour les retouches, les rendus, la comptabilité, l'emballage, l'inspection, la vente aux comptoirs, représente en effet une lourde charge parasitaire et, partout où c'était possible, elle fut remplacée par une machine.

En conséquence, le système vasculaire du magasin Foley est une combinaison de glissières, de tapis roulants, de monte-charge, d'escaliers roulants, ainsi que d'escaliers de service et de coursives périphériques autour de chaque étage. Le véhicule qui prend place dans les monte-charge est une sorte de wagonnet à roues caoutchoutées qu'on pousse directement derrière le rayon, où il est déchargé rapidement et silencieusement, et renvoyé au sous-sol pour être rechargé. Un objet acheté aux étages supérieurs comme au rez-de-chaussée est empaqueté et lancé dans une glissière-toboggan, en spirale, aboutissant à un tapis roulant central. Dans certains cas, la chaîne disparaît sous la rue, à travers un tunnel, jusqu'au garage du magasin.

Le magasin n'a absolument aucune fenêtre, en raison de la disposition des stocks sur la périphérie, et non pour obtenir un effet spectaculaire. Mais le fait que ce résultat soit atteint prouve que la nécessité peut faire naître de nouvelles et intéressantes formes d'architecture (les magasins sans fenêtres ne sont certainement pas nouveaux, mais la plupart ont été aménagés ainsi pour obtenir un effet extérieur, et non pour répondre à une nécessité).

Le projet *Gimbel's* — service par service, mètre carré par mètre carré — fut le projet le plus détaillé que nous établîmes à l'époque. Il nous fallut tenir compte d'un autre élément : la vente devait continuer en dépit des peintres, des maçons, des déménagements, etc. Un tableau de bénéfices idéal fut établi pour chaque service. Projets et dessins, à partir de ce moment, furent élaborés en fonction d'une seule chose : la réalisation de cet idéal. Chaque détail du projet devait se justifier par une contrepartie en dollars et en *cents*.

Les services furent remaniés, changés de place ou même éliminés, chaque fois que l'avantage était manifeste. De nouveau, la direction fixa ses intentions, auxquelles tout notre travail devait répondre. *Gimbel's,* qui était devenu l'un des dix plus grands magasins du pays pendant la guerre, avait attiré l'attention des dirigeants de tous les grands magasins des Etats-Unis. Ceux qui, venant d'Europe, étudièrent le cas Gimbel (comme aussi ceux de Lord et Taylor, Foley, W. T. Grant et bien d'autres encore) en prirent note comme bien l'on pense, car ils sont de remarquables hommes d'affaires toujours à l'affût du nouveau. En France, le Printemps, les Galeries Lafayette, sont parmi les magasins les plus remarquables au monde par l'intelligence de leur gestion. Bien des idées maintenant utilisées dans le monde entier sont originaires de ces deux organisations de grande classe. Des hommes comme Laguionie, Meyer, Vigneras, Heilbronn, Gueden, etc., sont admirés sur le plan international.

L'avenir de *Gimbel's* dépendait, en grande partie, d'un double programme : maintenir son énorme chiffre d'affaires et ses ventes-réclame si appréciées, tout en s'efforçant d'acquérir une clientèle stable, pour une série d'articles de fond soutenus par une publicité intense à l'échelle nationale.

Espace ! Espace ! Dans ce mot tenait tout le problème de la maison *Gimbel's.* La surface se mesure en hectares. A la place du bazar — la « voiture à bras » de cent millions de dollars par an — s'élèvent une série d'étages avec des comptoirs fixes sur la périphérie et un espace central consacré au rayon bien-aimé des soldes haute-pression.

Dans bien des cas, on peut aussi améliorer beaucoup l'aspect des employés.

Par exemple, ayant observé que les préposés au snack-bar du grand magasin portaient des uniformes tristes, nous suggérâmes qu'on en change la nuance et qu'on y ajoute des boutons dorés. Du coup, leurs pourboires triplèrent.

16

Le chrome et vous

Avant l'ère de la machine, les objets étaient faits par des artisans. Ces artistes consacraient leur vie entière à un seul type d'objet, à un seul moyen d'expression. Ils travaillaient librement, sans hâte et sans contrainte. Ils connaissaient leur matière à fond, que ce fût du verre, de l'argile ou de l'étain. Ils l'utilisaient avec adresse suivant leur inspiration propre. L'apparence obtenue était « réussite » ou « ratage ». Pas de milieu. La matière première était soit bon marché, soit récupérable; le « ratage » sans gravité. Les moules (quand il y avait lieu d'en utiliser) ne coûtaient pas grand-chose et l'on pouvait fabriquer une grande variété de modèles à peu de frais. Ceux qui étaient réussis, étaient appréciés et conservés; les autres, rejetés et rapidement oubliés. Pour un chef-d'œuvre, que d'échecs. Pour chaque objet d'art exquis, signé Heppelwhite, Revere ou Cellini, que de tentatives malheureuses maintenant disparues. Heureuse époque que celle où le dessinateur avait le droit de se tromper comme tout être humain, de l'oublier et de vivre en paix !

Mais les choses ont changé. Avec l'avènement de la production en série, la fabrication d'un seul objet exige pour des millions de dollars d'outils et de matrices. Le dessinateur ne peut, alors, se permettre aucune négligence. En plus de l'énorme capital engagé, c'est l'avenir de la société qui est en jeu, celui des employés dont le gagne-pain est directement affecté par le succès ou l'échec du produit, sans oublier la réputation du dessinateur. Pour une conception défectueuse, celui-ci sera tourmenté et harcelé nuit et jour par le spectre de huit cent mille monstres grinçants qui le rendront neurasthénique et entacheront sa réputation. Nous voici loin de la responsabilité de l'artisan, responsabilité envers lui-même seulement, puisqu'il travaillait seul.

L'« industrial designer », lui, ne travaille jamais seul. En règle générale, il fait partie d'un trio (aidé de dizaines d'assistants) chargé de résoudre le problème. Aidé d'un ingénieur et d'un spécialiste du prix de revient, il examine chaque phase de l'entreprise dans ses moindres détails, afin de trouver une solution rapide, parfaite et définitive. C'est en équipe que s'accomplit, pour la production en série, ce que l'artisan faisait seul, avec ses mains et sans intervention extérieure. Le rapport étroit qui existait entre la matière (argile, verre ou étain) et l'artiste infusait à l'objet l'expression authentique d'une personnalité. L'artisan était le maître absolu de sa création depuis le début jusqu'à la fin. Dans bien des cas, l'œuvre non signée trahissait son auteur. On pouvait reconnaître au premier coup d'œil et au simple toucher un Stradivarius, ou un Phyfe, ou un Della Robbia.

En revanche, un produit en série doit être perfectionné, depuis sa première ébauche jusqu'à la dernière retouche, par toute une équipe, et cela dans la confusion qu'engendrent les interventions multiples : suggestions, contre-propositions, critiques et servitudes d'ordre technique. L'intégrité du projet, et même son existence, sont menacées de toutes parts par la succession de ces étapes multiples. Pour protéger son nouveau-né au cours de ce voyage tumultueux à travers la jungle de la recherche technique, des ateliers de maquettes et de modèles, des conférences et des tests de laboratoire, il faut au spécialiste la vigilance d'un trappeur, le sens diplomatique d'un Talleyrand et la persévérance d'un Christophe Colomb. Les dangers sont perpétuels et mortels car les choses ont tendance, si l'on n'y prend garde, à prendre inévitablement la mauvaise direction. Il y a longtemps que l'humanité a découvert l'« hostilité des choses ».

Sans examiner plus à fond la nature de ces attentats perpétuels à la vie du projet en question, disons que, pour moi, tout cela constitue une entreprise passionnante. Quand les hommes d'une même équipe ont du talent, du goût, de la persévérance, qu'ils ont le sens de l'humour et s'estiment mutuellement, l'allure est vertigineuse et les concurrents n'ont qu'à bien se tenir. Une fois la stratégie établie, la tactique est réglée comme une pantomime, avec la virtuosité d'une opération chirurgicale. La lucidité, l'économie de gestes, la suite dans les idées, le courage dans l'exécution atteignent leur apogée. C'est une aventure palpitante comme on n'en vit qu'en Amérique. J'ai nommé cette technique éclair d'un nom emprunté au combat, et l'expression « Opération Commando » est maintenant souvent utilisée dans notre profession.

Je me rappelle les exemples de collaboration merveilleuse avec plusieurs clients. Quelquefois, comme ce fut le cas pour « Frigidaire », l'élaboration du projet est littéralement passionnante. Nous attendions, avec impatience, d'être convoqués à Dayton par notre client. La perfection du résultat obtenu par nos efforts conjugués prouvait nettement que la naissance s'était effectuée sans douleur, plaçant les fabricants en tête de l'industrie, au double point de vue de la vente et du prestige. A l'usage du lecteur désireux de comprendre comment opère une équipe dans notre profession, je relaterai plus loin une de nos journées de travail.

Lorsque tous les intéressés s'efforcent de comprendre et d'aider le créateur, le résultat final est l'expression authentique de leur goût et de leur talent. C'est une grande satisfaction de voir que les caractéristiques essentielles de la création ont été conservées jusqu'au stade de la production. En pareil cas, l'esthéticien qui se mêle incognito aux milliers d'acheteurs et d'agents lors de l'inauguration du nouveau modèle peut entendre des remarques dans le genre de celle-ci : « On peut dire à coup sûr qui a dessiné ce truc-là. » Ceci est une bonne chose qui nous ramène un peu aux grands jours passés de l'artisanat.

On a beaucoup écrit, ces dernières années, sur la Fonction et l'Esthétique. La théorie habituelle est la suivante : « Toute chose qui fonctionne bien est visuellement harmonieuse. » Ou encore : « Si la Fonction est respectée, l'harmonie des Formes en découle automatiquement. » Toutefois, des éclaircissements s'imposent car ces affirmations ne sont pas toujours conformes à la réalité, en particulier lorsqu'il s'agit de machines compliquées. Cependant, elles sont généralement applicables aux choses simples. Par exemple, presque tout le monde s'accorde à reconnaître qu'un grand nombre des objets dus à la main de l'homme ont atteint à la perfection de la ligne. Un manche de hache, un soc de charrue, un bistouri, une hélice de bateau, une aiguille, une cornue sont corrects au point de vue fonctionnel et harmonieux du point de vue esthétique. Ceci ne s'applique pas forcément à des machines plus complexes telles qu'une batteuse, une cueilleuse de coton ou un métier à tisser, qui, tout en fonctionnant d'une façon satisfaisante, offrent à l'œil un aspect confus, désordonné. Autrement dit, la fonction parfaite seule n'engendre pas nécessairement la beauté. Il semble qu'il ne puisse pas y avoir de beauté sans ordre. La moissonneuse-lieuse peut se comporter de façon merveilleuse en action, chacune de ses parties composantes peut être parfaitement dessinée, l'ensemble n'en a pas moins un aspect fâcheux. Pourquoi ? Parce que la machine considérée comme un tout et sans tenir compte des pièces qui la composent, est compliquée et en donne l'impression. Voilà, je crois, la véritable réponse aux théories de l'« industrial designer ». Il semblerait que, plus encore que la Fonction elle-même, la Simplicité soit le facteur décisif de l'équation esthétique.

Par conséquent, le talent d'un créateur se reconnaît à la façon plus ou moins heureuse dont il arrive à la simplicité grâce à l'ordre et à la discipline. Le chemin qui conduit à ce but est tout désigné : *primo*, chaque pièce doit être dessinée avec compétence et avec le souci, poussé au maximum, d'économiser la matière première; *secundo*, la multiplicité étant à l'origine de la confusion, le dessinateur devra s'efforcer d'éliminer ou de combiner les divers éléments, chaque fois que ce sera possible. J'appellerai cette technique majeure la « réduction à l'essentiel ». Le dessinateur tiendra ensuite compte des couleurs, textures et apprêts autant que des matériaux eux-mêmes, qu'il soumettra au même traitement de simplification. Lorsque tout a été ainsi dépouillé et ramené à sa forme la plus simple, les parties faisant double emploi étant éliminées, celles qui faisaient saillie réduites, les couleurs et les textures simplifiées, les bruits parasites réduits ou éliminés, les vibrations annulées, le résultat a bien des chances d'être harmonieux. Je proclame que le « fonctionalisme » seul n'aurait pas atteint ce but. Pour mémoire et afin d'écarter toute possibilité de malentendu ou de fausse interprétation, je tiens à répéter que je suis partisan de la théorie : « la beauté par la fonction ». J'y ferai seulement cette modification : « la Beauté par la Fonction ET la Simplification ».

En plus de ce tribut au beau, l'esthétique industrielle « paie » d'une autre manière. Elle constitue un sage investissement puisqu'elle favorise la vente.

Voyons-en les raisons. Un produit peut être parfaitement conçu, fabriqué avec précision, vendu à un prix raisonnable, fonctionner sans faute et, pourtant, être boudé par le public parce que l'acheteur s'est fait une idée préconçue de l'aspect qu'un produit de choix, d'un type donné, doit revêtir. Tout ce qui s'en éloigne risque de ne pas être apprécié par le client quand on lui présente le nouvel intrus à l'aspect étrange. Autrement dit, le plus beau produit ne se vendra que si l'acheteur est *convaincu* que c'est réellement le plus beau.

Un esthéticien industriel compétent sait quelle idée le consommateur se fait d'un produit de qualité. Il connaît les facteurs qui l'attirent et ceux qui le repoussent. C'est son devoir d'éliminer les seconds et de favoriser les premiers. Cette méthode qui procède graduellement de croquis en croquis, nous l'appelons le « système de l'amélioration constante ». Sans entrer dans les détails techniques, disons que la méthode de simplification décrite ci-dessus est de cerner les points principaux. A cela nous ajouterons l'élimination des fentes, joints, rivets, vis, etc. Un autre écueil à éviter, c'est de donner à l'objet l'apparence rébarbative d'une boîte aux arêtes vives. La masse doit être homogène, gracieuse, ne présenter ni angles trop aigus ni luminosités brutales. Tout cela évidemment dans les limites du possible : plus d'un dessinateur les outrepasse et l'on a, alors, des formes soufflées et sans caractère. C'est ce que nous appelons le style « flanc à la gélatine ».

Considérons, pour illustrer notre raisonnement, un projet répondant au « système de l'amélioration constante ».

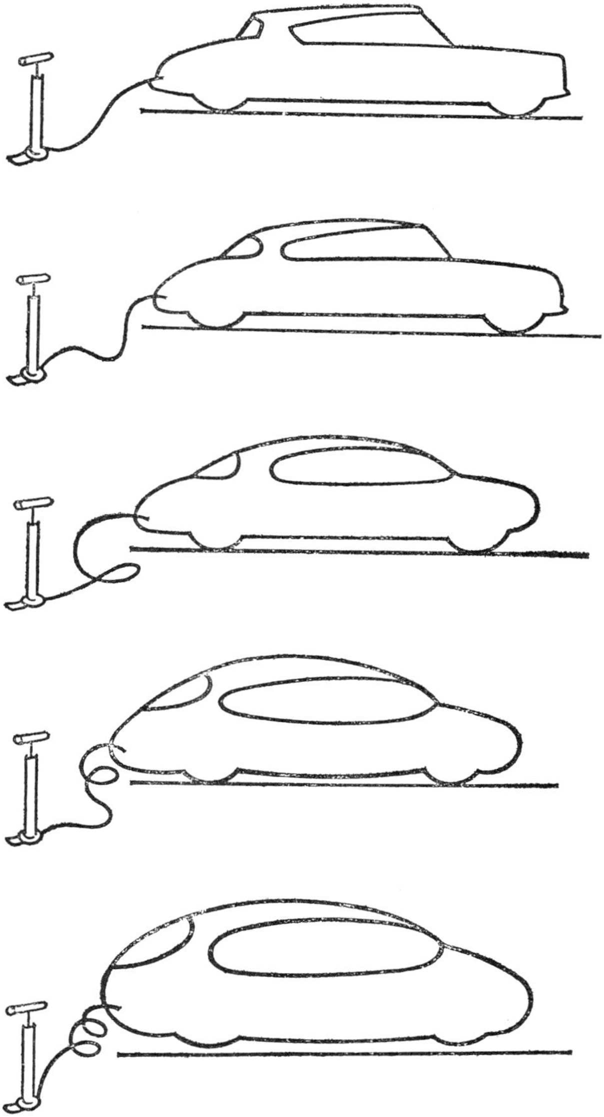

(Les voitures américaines commencent maintenant (1962) à se dégonfler, Dieu merci.)

Le grille-pain « A » est, au moment où nous parlons, incontestablement le meilleur et celui qui se vend le mieux: il est lisse, silencieux, admirablement poli et fini dans tous ses détails. Son socle est soigneusement adapté et le tout constitue un ensemble agréable. Les commandes latérales se marient harmonieusement avec la coque. Pas de rivets, ni de joints visibles. Il coûte 18 dollars 95.

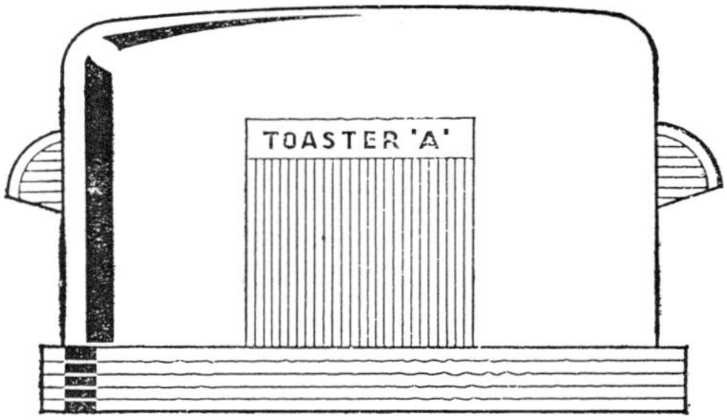

Le grille-pain « B » est fabriqué par un concurrent. Sa qualité et son fonctionnement sont aussi bons que ceux de « A », mais il ne se vend pas aussi bien. Sur sa coque se voient plusieurs joints et quelques rivets. Ses arêtes vives lui donnent l'air d'une boîte. Le socle jure avec le reste, de même que les boutons de commande : il coûte lui aussi 18 dollars 95.

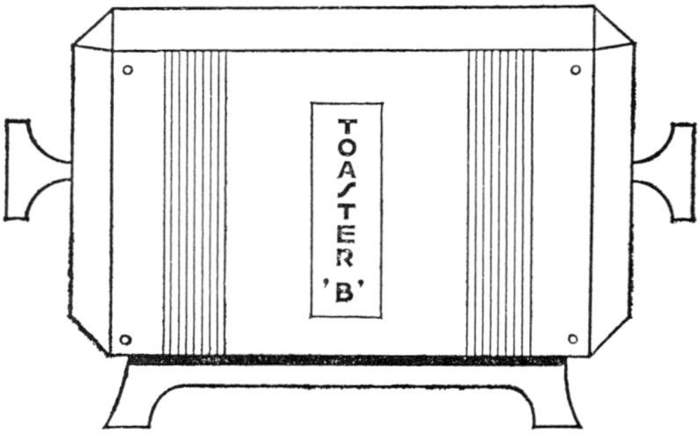

L'« industrial designer » est appelé en consultation. Il examine le malade, fait le diagnostic : maladie de « la boîte » avec un rien de déformation angulaire. Plus un cas bénin de rivets et de protubérances boutonneuses. Rien de grave à l'intérieur, fonctionnement satisfaisant.

Le remède est simple. C'est de la pure chirurgie esthétique.

Malheureusement, le modèle « A » fait grande impression sur les fabricants de « B » qui voudraient voir leur produit revêtir la même apparence. « Le public s'est mis dans la tête, disent-ils, que « A » représentait la qualité et qu'il n'achèterait rien qui en diffère. »

Le dessinateur est dans l'embarras parce qu'il refuse formellement de copier le modèle « A », mais il ne le dit pas au client, car il sait qu'il peut faire mieux que « A » et que, lorsque le client verra son projet, il devra reconnaître qu'il donne la même impression de qualité tout en conservant un caractère original. Il se met alors au travail et isole dans son esprit les traits de « A » qui attirent le consommateur et ceux qui le repoussent. Il crée alors le modèle « B 1 ».

Le grille-pain « B 1 », contrairement à « B », n'a pas d'arêtes vives. Les rivets ont disparu, de même que les fentes et les surfaces en porte à faux. Le socle, très simple, s'adapte mieux encore à la coque que celui de « A ». Les trois modèles ont la même hauteur, mais « B 1 », en raison de la teinte noire de son socle mince, paraît plus bas, donc plus stable et aussi moins encombrant. Au point de vue de la qualité, il inspire encore plus de confiance que « A ». Son mécanisme est absolument silencieux. Son prix ? 16 dollars 95.

Pourquoi cette baisse de deux dollars ? Parce que la carrosserie ne comprenant pas de rainures est moins longue à polir après le chromage. De même pour la base qui est en bakélite noire incassable et bon marché.

Ce produit a été transformé suivant le « système d'amélioration constante » et il y a de grandes chances pour qu'il se vende bien, beaucoup mieux que son prédécesseur.

J'aimerais attirer ici l'attention sur quelques répercussions : certains manufacturiers continueront à vendre le nouveau toaster au même prix, soit 18 dollars 95, et empocheront deux dollars de bénéfice supplémentaire par appareil vendu. Nous déconseillons ceci car nous pensons que les intérêts du consommateur en souffrent.

Le manufacturier avisé vendra l'appareil nouveau pour 17 dollars 95, conservant un dollar par appareil qu'il affectera à la modernisation de son équipement. Cela deviendra bientôt nécessaire car le nouveau prix de vente réduit de 18 dollars 95 à 17 dollars 95 fera vendre beaucoup plus d'appareils. Ayant mis de côté les fonds nécessaires au perfectionnement des procédés de fabrication, il sera en mesure d'abaisser de nouveau les prix, tout en améliorant la qualité et en donnant de nouveaux avantages à ses ouvriers et employés. La situation est par conséquent des plus saines et des plus stables.

La simplification à outrance d'un produit a aussi ses

L'exemple de la roue industrielle démontre les avantages d'un dessin simplifié aussi bien que l'effet inverse d'une simplification exagérée.

Rococo

Superflu

Coquet

Terne

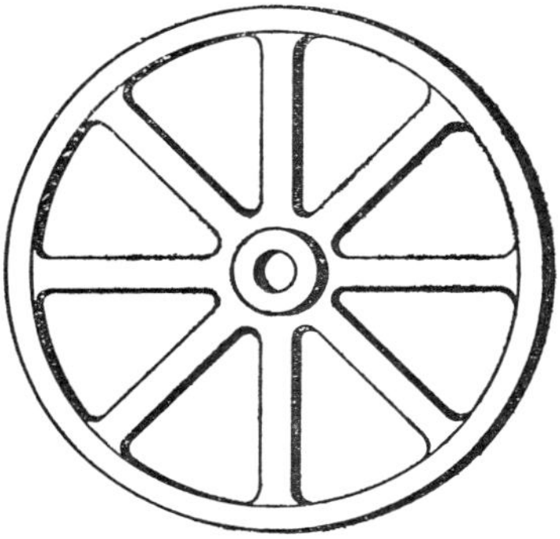

Sobre

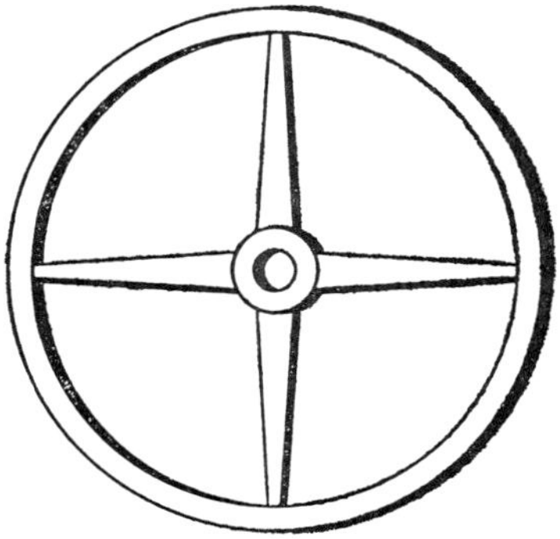

Excellent
mais...
ne pourrait-on
simplifier
davantage ?
Essayons...

*Semble
mal
équilibrée.*

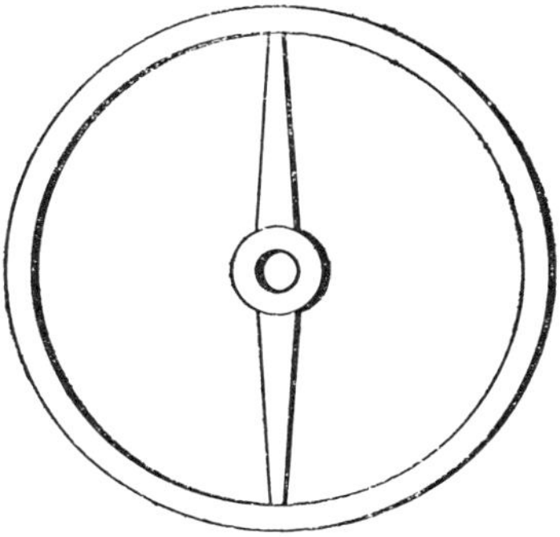

*Ne paraît pas
rationnelle et
n'inspire pas
la confiance.*

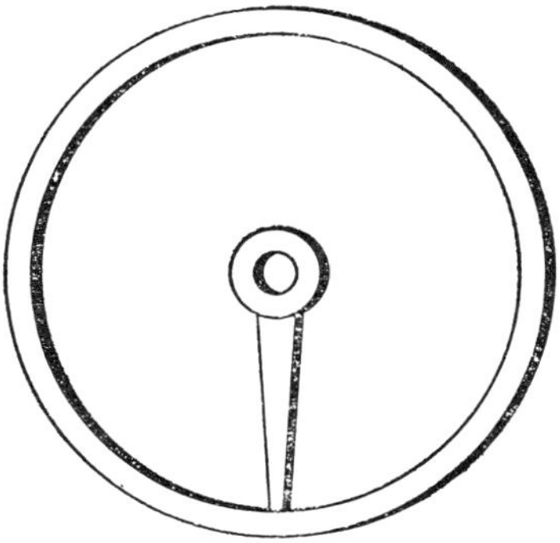

Par conséquent...

*... revenons
au triangle
bien équilibré.*

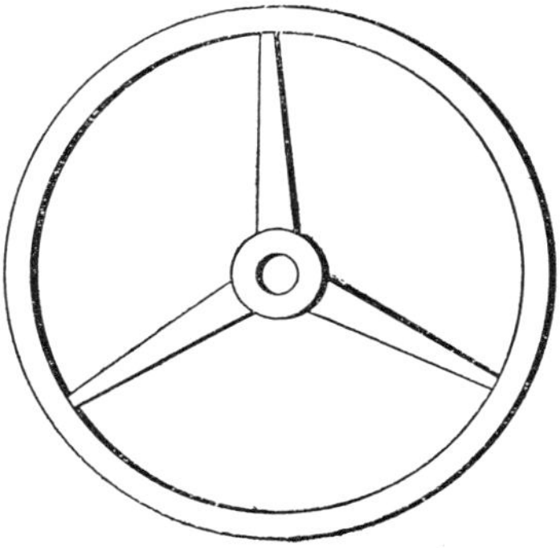

dangers. Elle ne tombe jamais dans la vulgarité comme sa contrepartie la « gélatine », mais le dessin risque d'avoir une apparence aride, et donne souvent une impressison de déséquilibre. La roue, cette magnifique invention, a été soumise à toutes sortes de traitements, plus ou moins heureux. Voyons quel a été son sort, depuis les premiers jours de l'âge de la machine. *(Voir pages précédentes.)*

La complexité de certains produits manufacturés leur donne automatiquement un aspect confus et compliqué qui les rend disgracieux, qu'il est du devoir de l'« industrial designer » de corriger.

Prenons par exemple le cas d'un avion Constellation. Théoriquement parlant, un tel appareil pourrait avoir un carénage en matière plastique transparente qui n'affecterait en rien ses qualités aérodynamiques; il volerait tout aussi bien. Au point de vue apparence, c'est une autre affaire; l'appareil deviendrait un monstrueux assemblage de câbles, de membrures, de tuyaux et de canalisations, de planchers, faux planchers, tubulures, réservoirs, poutrelles et longerons enchevêtrés, donnant une impression de confusion telle que le spectateur en serait choqué. L'impression très nette serait que ce bric-à-brac est absolument incapable de s'envoler et qu'en tout cas quelque chose est prêt à se détraquer d'un instant à l'autre dans ce cauchemar mécanique. L'enveloppe en aluminium rend à l'ensemble une apparence nette et organisée qui vous rassure.

Autre exemple : le capot d'une automobile. S'il était transparent, au lieu d'un élégant véhicule, nous verrions une masse enchevêtrée d'éléments compliqués d'un grand désordre visuel, probablement recouverts de cambouis et de poussière. Autrement dit, il y a des cas où une coque, un revêtement quelconque s'imposent. Cela est contraire aux conceptions d'un petit nombre de critiques, en matière d'esthétique industrielle, qui ont accablé la technique « de la coque » (ou carrosserie) de toutes sortes d'épithètes peu flatteuses. Ces puristes la considèrent comme un attentat à l'intégrité du dessin. Je ne peux souscrire entièrement à ce jugement. J'estime que, lorsqu'un objet donné a été réduit à sa meilleure forme fonctionnelle et qu'il paraît pourtant encore laid et mal agencé, une coque très simple et facile à retirer se justifie, esthétiquement parlant. Cette coque joue son rôle et, par conséquent, assume elle-même une fonction : celle d'éliminer la confusion.

Il est bien entendu que le dessinateur qui recourt à un tel dispositif, sans s'être assuré au préalable qu'il n'existait pas de solution directe au problème posé, commet une faute professionnelle. Les critiques superficiels citent, souvent, le règne animal comme un exemple de « beauté par la fonction ». Que c'est beau un requin ! Quelle créature magnifique bâtie pour la vitesse, quelle souplesse dans la manœuvre ! Je l'avoue, le requin est une conception de premier ordre. Mais que dire de la girafe ? Elle aussi a été conçue pour la vitesse à travers le sous-bois et son long cou lui permet de déceler l'approche de l'ennemi et d'atteindre le feuillage élevé des grands arbres de la forêt tropicale. Dans son cas, cependant, la théorie de la beauté par la fonction est en défaut. La girafe est laide en dépit de sa perfection fonctionnelle. Pour accorder un point à mes critiques, toutefois, je dois reconnaître que, dans le cas de la girafe, ma théorie de la simplification échouerait. Même en réduisant ses pattes au nombre de trois et en coupant sa queue, on n'améliorerait pas l'aspect regrettable de la pauvre bête.

Le monde animal paraît fournir des arguments en faveur de la cuirasse ou du revêtement. Prenons le cas de Miss Brigitte Bardot qui possède, j'en suis certain, un foie adorable et un pancréas charmant; je préférerais de beaucoup la voir avec sa peau que sans. A mes yeux (si je puis m'exprimer ainsi), la peau de Miss Bardot, importante, non seulement au point de vue de la texture, mais également sur le plan de l'élasticité, de l'hygrométrie, de la couleur et même, dit-on, pour ses qualités olfactives remarquables.

La peau de Miss Bardot n'est pas simplement un couvercle, un revêtement, une carapace, mais un organe fonctionnel, avec pour destination bien définie d'engendrer la beauté, ce qui la rend souhaitable en elle-même.

Le carénage de Miss Bardot me rappelle une conversation que j'eus, il y a des années, quand la ligne aérodynamique était d'actualité. Les expressions : « courant de fuite », « plan », ligne « goutte d'eau », étaient rebattues jusqu'à la nausée. Il y avait des crèmes à chaussures aérodynamiques, des portefeuilles « profilés », des hachoirs « en goutte d'eau ». A cette époque, j'étais en rapport avec un fabricant de petits appareils électriques. Il faisait un honnête séchoir à cheveux qui marchait bien et auquel il ne manquait qu'une meilleure disposition de ses parties constituantes, un robuste interrupteur et une nouvelle marque de fabrique. Mais mon homme, qui était un pur, ne plaisantait pas.

— Ecoutez-moi, Lœwy. Ça changera rien de simplifier cette damnée machine. Faut que ça brille, que ça gueule !

— Mais, monsieur Blurg, si vous voulez me laisser vous expliquer...

— J'vais vous dire, moi, ce que je veux. Vous collez tout le truc dans une coque, comme un gros œuf allongé, de cette forme que vous appelez... comment déjà ? aérodynamique? en goutte d'eau ? C'est ça, en « goutte d'eau ». Et puis, je veux tout plein de chrome. Je vois ça comme une énorme goutte d'eau chromée.

La goutte d'eau chromée !

Cette époque est révolue, mais le chrome joue toujours un rôle important et il donne la migraine à l'esthéticien le plus compétent. Nous estimons que le chrome — comme tous les revêtements de métal brillant d'ailleurs — employé avec modération en touches légères bien placées, ajoute un accent lumineux sur une surface bien proportionnée. Quand on submerge tout dans le chrome sans rime ni raison, c'est vulgaire et trahit un manque total d'imagination chez son dessinateur.

Malheureusement, l'expérience prouve que la plupart des gens adorent le chrome sans discrimination. Il m'est souvent arrivé de dessiner un objet dont les formes de base étaient conçues de telle sorte que le jeu des lumières et des ombres lui donnait un éclat suffisant, rendant l'addition de chrome parfaitement inutile. Dans la plupart des cas pourtant, le produit n'était pas plus tôt lancé sur le marché que les clients réclamaient davantage de chrome. Ceci est particulièrement vrai dans le domaine de l'automobile où les usagers accumulent les accessoires brillants : filets, baguettes, ornements, jusqu'à ce que la voiture ressemble à un arbre de Noël. Les marchands d'accessoires gagnent des dizaines de millions de dollars à vendre des enjoliveurs, bouchons de radiateurs, pare-chocs, pare-soleil, tous plus ineptes et plus hideux les uns que les autres, à nos amis les acheteurs qui en « décorent » leur voiture, à tort et à travers.

Aussi, pour se protéger, le spécialiste est-il maintenant quelquefois obligé d'introduire dans son projet plus de chrome qu'il ne le voudrait, ce qui lui permet, au moins, d'en contrôler la répartition et d'éviter les excès.

Malgré cela, il se trouve toujours un critique d'art moderne pour partir en croisade du haut de sa tour d'ivoire contre le pauvre dessinateur et l'accuser de vulgarité, de prostitution esthétique et d'avilissement indignes d'un professionnel. J'aimerais savoir ce que les critiques voudraient que le dessinateur fît. Former et éduquer les masses, leur apprendre à apprécier les formes simples et belles est un processus qu'il a à cœur mais qui prendra un certain temps. Il est prouvé qu'à part un petit nombre d'acheteurs raffinés, représentant un pourcentage infime, le public n'a pas encore admis, dans son ensemble, les produits dont la forme a été simplifiée à l'extrême.

Alors? Que peut faire l'esthéticien? Créer pour son client un produit qui ne se vendra pas, qui peut ruiner la maison qui le fabrique et vouer des dizaines de milliers de gens au chômage ? N'est-il pas préférable, pour tout le monde, de faire un effort d'éducation progressif, d'amener le public à se détacher du vulgaire par un effort soutenu et intelligent ? Ce faisant, fabricants et employés conservent leur situation. Nos clients, mes associés et moi sommes tout à fait d'accord, et je peux affirmer aux puristes — j'en suis un moi-même — que nous ne perdons jamais de vue le but à atteindre. Qu'on nous laisse seulement une chance de l'atteindre avec méthode et sans heurts tels que le public refuse d'acheter et mette ainsi notre client dans une position difficile [1].

En attendant, il m'arrive, et avec quel soulagement ! de créer un objet pour mon usage personnel : une voiture de ville, un bateau ou un appareil de radio, réduit à ses formes essentielles et pour ainsi dire sans chrome. C'est une profession de foi. Je maintiens que la forme harmonieuse. l'élégance intrinsèque de la ligne et la matière savamment utilisée ne requièrent, ici et là, qu'une légère touche brillante pour accentuer un point lumineux, ou faire contraste avec une ombre.

Même les produits les mieux étudiés et les mieux conçus peuvent, à l'usage, révéler des imperfections insoupçonnées qui nécessitent des retouches. Par exemple, quand de nouveaux types de lavabos escamotables furent mis en service

1. Depuis que ces lignes ont été écrites, en 1952, nos efforts ont eu, semble-t-il, un certain effet, et le consommateur est plus apte à accepter des formes plus simples et plus esthétiquement correctes.

dans les voitures Pullman, des voyageurs distraits rabattant le lavabo s'apercevaient trop tard qu'ils avaient oublié de récupérer leur dentier qui se trouvait projeté sur les rails ! On vit ainsi nombre de présidents de sociétés — dont les dents gisaient sur le ballast près de Fort Wayne — présider en zozotant, à Chicago, un conseil d'administration dont les membres étaient un peu déconcertés. Bientôt une trame métallique fixée au bon endroit corrigea le défaut.

Vers 1940, on mit en service de nouveaux trains de luxe entre New York et la Floride. Leurs wagons dernier modèle étaient équipés de sièges réglables très confortables. On pouvait replier les accotoirs entre les sièges; ce qui fait que lorsque deux sièges étaient inclinés au maximum on obtenait une sorte de lit pour deux. Pendant les voyages nocturnes on s'aperçut bien vite que plus d'un jeune couple avait découvert cette particularité. Un bon dîner[1], quelques verres de whisky, la perspective de la Floride ensoleillée, l'obscurité et la coopération bienveillante d'un manteau de fourrure largement étalé....

Bientôt, de nombreuses lettres de passagers scandalisés parvinrent à la direction des chemins de fer, protestant contre cette forme de confort ferroviaire clandestine. Nous dûmes alors installer une ampoule électrique sous chaque siège. L'installation fut faite de manière à empêcher, même des amoureux, d'éteindre cette lumière.

Juste avant la guerre, notre bureau de Londres créa deux trains pour la Compagnie Nationale des Chemins de Fer d'un pays assez primitif du Proche-Orient. En quelques

1. Cocktail de crevettes, poulet à la Béchamel, jardinière de légumes, glace et café.

semaines, tout ce qui pouvait se dévisser, se décrocher ou se déboulonner, avait disparu. Il ne restait plus dans les voitures ni stores, ni lampes, ni sièges, ni filets à bagages, ni poignées de portes. Les voyageurs jetaient tous ces objets par la fenêtre à des complices postés le long de la voie. La Compagnie jugea cela trop onéreux, en dépit de tout ce qu'on peut alléguer en faveur de cette distribution de souvenirs, du point de vue publicitaire.

Nous dûmes, alors, dessiner des trains où tout était soudé, au lieu d'être boulonné. Les coussins des sièges furent éliminés. De sorte que le chapardage s'arrêta net. Car peu de passagers songent à emporter dans leurs bagages une forte lampe à souder leur permettant de fonder les supports en bronze du matériel roulant.

A titre d'expérience et afin de réduire son poids, on supprima les cale-pieds dans un autocar transcontinental. Mais chaque fois que le véhicule accélérait ou ralentissait brusquement, une collection de bouteilles à liqueur vides se mettaient à rouler dans tous les sens sur le plancher. La nuit, le bruit réveillait les voyageurs. Il fallut rétablir les barres d'appui afin de restreindre les bouteilles vagabondes et ramener la paix.

Un peu plus tard, nouvelle expérience. Je choisis un tissu uni, beige, pour recouvrir les sièges d'un autre autocar. En quelques semaines, ils étaient devenus affreux, tachés, graisseux, pleins de mouchetures. Après une sérieuse enquête, nous eûmes un entretien avec le chef du matériel. Il était formel : les tissus unis ne seraient jamais pratiques, un tissu fantaisie s'imposait sur lequel les taches se confondraient avec les dessins et seraient moins visibles. Poussant l'enquête à fond, nous prîmes la décision de définir la taille moyenne des taches (environ une pièce de un dollar) et leur nature. Voici les substances identifiées, par ordre de fréquence :

café,
graisse (de sandwich),
chewing-gum,
coca-cola,
lait (des biberons),
chocolat,
jus de tomate,
urine (des bébés),
œufs (cuits),
mayonnaise.

Ayant fait préparer des échantillons à dessins compliqués, de la taille exacte d'une pièce de un dollar et de couleurs appropriées aux taches, certains, après essais, furent jugés adéquats et adoptés pour l'usage général. Ils se confondent avec presque tous les aliments, sauf les épinards, mais ce légume est rarement utilisé dans les sandwiches.

Il faut également prévoir les risques de dégâts causés par les animaux, quand on emploie une nouvelle matière plastique ou une substance synthétique. Rappelons le cas de ce jeune architecte aux idées avancées, qui, trouvant les tuyauteries habituelles démodées, fit courir sous les parquets de sa « demeure idéale », au lieu de tuyaux de plomb ou de cuivre, des tubes souples en matière plastique, semblables aux tuyaux d'arrosage de jardins. Tout alla bien jusqu'au jour où les souris, les ayant grignotés, trouvèrent cela délicieux. Les fuites répétées obligèrent l'innovateur à changer toute la tuyauterie après avoir démoli tous les planchers.

La Compagnie Ford utilisa à un certain moment dans ses voitures décapotables un matériau à base de soya, dont furent recouvertes les capotes. Le soya est un genre de haricot sucré dont on fait une sauce-condiment appréciée. Les ânes sont également friands de soya et ils dévorèrent la capote de toute Ford parquée auprès d'eux. Ford se sert maintenant d'un autre matériau plastique non alimentaire.

Nous devons lutter constamment contre les dégradations. L'une des plus fortes tendances de l'homme est ce besoin qu'il éprouve de graver son nom sur tout ce qui peut être marqué, rayé ou gravé. Certains vont jusqu'à tatouer leur nom sur leur propre peau. En matière de transport, c'est un problème très important. Il nous faut protéger les cloisons, les encadrements, les sièges de w.-c., etc., contre l'impulsion qui pousse Willy à faire un petit croquis pour annoncer au monde entier qu'il aime Julie, ou que la position assise favorise la méditation, ou qu'Un Tel est un c... ou un s..., etc. D'où la nécessité d'employer des matériaux non dégradables. Cette nécessité fut illustrée dans le cas d'un Etat du Middle West qui remplaça les plaques minéralogiques des automobiles par un matériau plastique que les cochons dévorèrent avec délices.

Les spécialistes sont continuellement préoccupés par le problème de la sécurité. Nous connaissons tous la perversité des objets animés. Si une chose est livrée à elle-même, on peut être sûr qu'elle se conduira stupidement. Si vous laissez tomber votre bouton de col, vous pouvez parier que, lentement mais délibérément, il roulera à travers la chambre, fera un tour à droite autour de la commode, un à gauche devant la chaise et, dans un mouvement de détente soudaine, ira se coincer dans un espace de quelques millimètres entre le mur et le radiateur. Le bouton de col agit exactement comme si, de longue date, il avait un rendez-vous avec la boucle d'oreille qui, sept ans auparavant, décida de s'y aller loger.

Les gens, livrés à eux-mêmes, agissent en général de la même manière. Ils essayent d'introduire une patère carrée dans un trou rond, ou dans pas de trou du tout. Ils laissent tomber leur épingle de cravate dans la mayonnaise, le chat dans la machine à laver ou leur montre dans le ragoût de mouton. Or — ne l'oubliez pas — il s'agit de personnes intelligentes à tous autres égards. Malheureusement, leur comportement est difficile à prévoir.

Les accidents se produisent souvent de la façon la plus curieuse. Vous vous rappelez probablement le cas de ce fonctionnaire du ministère de l'Agriculture, chargé de l'insémination artificielle du bétail. Il roulait paisiblement quelque part dans le Nevada, quand soudain un taureau furieux, et frustré, se jeta sur sa voiture et envoya notre homme dans le fossé où il se blessa. Le taureau se sentait probablement tout à fait justifié en agissant ainsi et bien des lecteurs le comprendront s'ils se mettent à sa place. Néanmoins, il est difficile de prévoir ce qui se passe dans la tête d'un taureau du Nevada.

Nous lisons couramment des histoires d'enfants qui avalent des épingles à nourrice, des tortues naines et des sifflets. Récemment, en opérant l'un de ces petits anges, l'on trouva son estomac plein de faux cils. Un simple dessinateur n'y peut vraiment rien, sinon créer une muselière pour la petite bouche du doux chérubin, solution plus facile que d'essayer d'empêcher sa maman de se servir de faux cils. Rien ne prouve d'ailleurs que l'un d'eux ne découvrira pas que la muselière est inflammable et qu'il ne se mettra pas immédiatement en quête d'une allumette... Vous imaginez la suite. Ces accidents-là sont absolument imprévisibles.

Les bubble-gums [1] constituent notre plus récent problème. Les enfants les envoient dans les endroits les plus extraordinaires. Dans les briquets d'auto, les condensateurs de télévision, les réveille-matin, etc. Ils vont même jusqu'à les avaler, ce dont on ne peut tenir le dessinateur pour responsable.

Les compagnies aériennes savent que certains enfants fort adroits et persévérants arrivent à faire pénétrer toute la peau d'une grosse banane dans le petit cendrier qui est placé dans l'accoudoir du fauteuil. Aucun moyen mécanique ou persuasif n'a pu encore résoudre ce problème.

Inutile de dire que les problèmes de sécurité à domicile absorbent une partie de l'énergie des dessinateurs. Je ne citerai pas de statistique concernant les accidents occasionnés par les installations défectueuses ou, plus souvent, par la négligence apportée à l'emploi de ces installations. Nous connaissons la plupart des imprudences qu'un être humain peut imaginer de commettre dans une cuisine, dans son bain, dans l'escalier, avec des appareils électriques, ou tout simplement assis dans son living-room en train de fumer. C'est une justice à rendre à l'ingéniosité des Américains : leurs ressources d'imagination, pour découvrir la meilleure façon inédite de se faire du mal, permettraient aux dessinateurs, s'ils pouvaient les prévoir toutes, de devenir des héros nationaux.

De nombreux moyens de combattre les dangers domestiques relèvent du domaine de l'« industrial designer ». D'abord il prend en considération la forme, le poids, l'équilibre, la stabilité et même la couleur des objets. Les poignées doivent avoir « de la prise », les jauges et les cadrans doivent être très lisibles. La visibilité dans les véhicules en marche doit être bonne, quelle que soit la lumière. Les angles doivent être arrondis, les gonds protégés. C'est ainsi que beaucoup de gens doivent la vie à

1. Chewing-gum qu'une certaine action conjuguée de la langue, des dents et du souffle permet de gonfler en forme de petit ballon.

la bonne visibilité de voitures bien conçues, comme, par exemple, la Studebaker.

Le corps humain détermine le contour, la texture, le poids et la température de tous les objets dont l'être humain se sert. Les jambes imposent la hauteur des sièges et leur profondeur, les bras, la hauteur des accoudoirs et le rembourrage des surfaces que le coude peut heurter. Les yeux doivent être protégés contre l'éblouissement. Ils doivent regarder à travers des verres ou des matières plastiques planes et incassables. Le dessin est donc le premier contrôle sur le mauvais usage que font, des appareils, ceux qui s'en servent et ceux qui se trouvent près d'eux.

Nous savons qu'en général, plus un produit est simple, plus il est beau et plus son usage est inoffensif. S'il n'y a qu'à tourner ou ajuster trois boutons sur une machine, on court probablement moins de risques que s'il y avait sept manœuvres à faire.

Il faut souvent munir les appareils d'un dispositif de blocage que l'on est obligé de manipuler avant que l'appareil ne soit en ordre de marche. Amener un être humain à s'arrêter un instant et à réfléchir avant de mettre en marche un dispositif quelconque, est une idée vieille comme le monde.

Ces dispositifs préviennent l'usager que « cet appareil tourne, brûle, coupe, ou bien qu'il est lourd ou qu'il faut faire très attention, avant de libérer son énergie ».

Si les dispositifs de mise en marche sont trop compliqués pour être maniés par une personne inexpérimentée, nous soudons, corroyons, clouons, rivons, ou verrouillons le mécanisme. Mais le plus souvent une femme ou un enfant parviendra quand même à déjouer toutes les mesures de sécurité prises par l'ingénieur.

Un autre moyen de prévenir les accidents est de joindre un mode d'emploi à l'appareil. Souvent nous fixons sur le produit une notice explicative, rédigée en termes simples. Dans certains cas l'appareil comporte des avertisseurs tels que lampes rouges, sonneries ou sifflets. Quand aucune de ces méthodes ne peut être employée, nous remettons une brochure rédigée en plusieurs langues avec l'appareil.

Depuis quelque temps, l'éducation du public est en progrès, tout au moins en ce qui concerne l'usage des objets simples. Maintenant que les changements de vitesse sont automatiques sur les voitures et que les compresseurs de réfrigérateur sont scellés, il n'est plus nécessaire à l'usager de connaître et de comprendre ces mécanismes compliqués. Les dispositifs automatiques contribuent à réduire le nombre des accidents car ils sont inaccessibles aux amateurs. Ceux-ci ne peuvent donc plus provoquer des courts-circuits, faire hurler leurs changements de vitesse, arracher les dents de leurs engrenages, introduire des pièces de monnaie, du gruyère, des épingles à cheveux, ou de la confiture de fraise dans les rouages les plus intimes des mécanismes les plus délicats. Le produit qui offre la plus grande sécurité a sensiblement la même définition que le produit bien conçu. Il a de la qualité, du rendement, il est simple, économique, facile à entretenir et à réparer. Fort heureusement, il est aussi celui qui est le mieux équilibré et qui est plus plaisant à l'œil.

CHAPITRE 17

Pizzaz ou schmaltz dans le jargon de notre profession décrivent tout ce qui est vulgaire, surfait et superflu. Cet effet regrettable résulte d'une surabondance d'éléments soit-disant décoratifs, de fignolages et d'arabesques souvent accompagnés de

COULEURS CRIARDES ET DÉ-TEXTURES MALAPPROPRIÉES

Cet exemple graphique de pizzaz (ou schmaltz) exprime une confusion qui serait pire encore si elle était accompagnée de couleurs explosives. Un objet manufacturé dessiné d'une telle façon serait fort disgracieux.

17

L'« industrial design » dans votre vie

M. Walter Clark, écrivain indépendant, décide d'écrire un article sur l'« industrial design » pour une revue mensuelle. Il a un point de vue « nouveau » sur ce sujet.

— Monsieur Lœwy, dit-il, peu de gens comprennent la portée de vos travaux et mon but est de permettre au lecteur de se rendre compte d'une façon toute personnelle, oui, personnelle, vous voyez ce que je veux dire, du rôle que vos créations jouent dans sa vie. Ou même dans la vie de sa femme. Voici donc ce que j'aimerais faire : je voudrais décrire une journée type de l'homme moyen, depuis le moment où il se réveille jusqu'à l'heure où il se couche. Au fur et à mesure, je mentionnerai tous les produits ou les objets qu'il utilise et que vos bureaux de dessin ont conçus, — comme le rasoir, le réfrigérateur, l'automobile, etc. Nous ne passerions rien sous silence. Nous présenterions une liste complète, ne croyez-vous pas que ce serait sensationnel ?

— Je vois, mais ne craignez-vous pas que cette énumération paraisse un peu... déroutante, fastidieuse même ? Ne pourriez-vous...

— Oh, je sais bien, monsieur Lœwy, mais pourquoi ne m'accorderiez-vous pas une interview d'une demi-heure ? Cela m'aiderait beaucoup. Qu'en dites-vous ?

— Je ne demande pas mieux, mais je vous assure que vous trouverez que...

Il pose son calepin et un crayon sur le bureau.

— Allons, essayons, qu'est-ce qu'on risque ?

— Essayons.

— Okay, commençons. Nous appellerons notre homme Jack Smith. Okay, Jack Smith est chez lui par un matin d'hiver, il est tôt et il dort encore.

— Sur quoi dort-il ?

— Sur son lit, bien sûr.

— Très bien. Alors notez que nous avons dessiné le matelas.

— Okay, alors il se lève et...

— Comment s'est-il réveillé ?

— Eh bien, son réveil...

— C'est Teague[1] qui a dessiné le réveil.

— Bon, alors, il va dans la salle de bains...

— Dans le noir ?

— Non, il allume l'électricité.

— Avec quoi ?

— Avec le commutateur, bien sûr.

— Nous avons dessiné le commutateur.

— Okay, alors il pousse le commutateur.

— Vous dites que c'est l'hiver. Jack n'a-t-il pas froid dans sa chambre ?

— Non, parce qu'il a allumé le radiateur que vous avez dessiné.

— Avec quoi ?

— Avec la valve du radiateur, je suppose.

— Alors notez qu'Arens a dessiné la valve.

— Okay. Alors il se dirige vers la salle de bains et...

— Marche-t-il à même le parquet glacial ?

1. Tous les noms mentionnés dans cette interview humoristique sont ceux des collègues de « R. Lœwy Associates ». *(N. d. T.)*

— Non, après tout il peut bien s'offrir un tapis, n'est-ce pas ?

— Je n'y vois pas d'inconvénients, mais alors dites que c'est Joseph Platt qui a dessiné le tapis.

— Bien. Alors il commence à se faire la barbe avec son rasoir électrique...

— Non, pas aujourd'hui.

— Pourquoi ?

— Aujourd'hui, il emploie le nouveau rasoir de sécurité qu'il a acheté hier... et que nous avons créé.

— Okay, alors quand il a fini de se raser...

— Excusez-moi, monsieur Clark, mais est-ce que Smith se rase sans crème à raser ?

— Je suppose que non.

— Alors, mentionnez le tube de crème que nous...

— Okay, okay. Il finit donc de se raser et...

— Désolé de vous interrompre, mais voyez-vous, il n'est pas encore habitué à son nouveau rasoir et il s'est écorché le menton. Alors il s'empare d'une bouteille antiseptique et d'un rouleau de taffetas gommé; nous avons dessiné la bouteille et le rouleau. Et, pour gagner du temps, pendant que nous sommes encore dans la salle de bains, laissez-moi vous dire que Dreyfuss a dessiné la baignoire, le lavabo et la douche, que c'est nous qui avons créé les appareils d'éclairage, le tube de pâte dentifrice, la brosse à dents, la savonnette, le linoléum, la cire pour l'entretenir, le balai, le peigne, la brosse, la lotion pour les cheveux, les serviettes, les...

— Okay, j'ai compris. Cela suffira pour la salle de bains. Il commence donc à s'habiller, met sa radio; au fait, l'avez-vous dessinée aussi ?

— Oui.

— Parfait. Maintenant il est habillé, il va prendre son petit déjeuner à la cuisine et ouvre le réfrigérateur dont je *sais* que vous avez fourni le modèle, il branche le grille-pain.

— C'est Van Doren qui a dessiné celui-là.

— Ah ! c'est lui ? Bon. Il prend la cafetière... Est-ce vous qui l'avez faite ?

— Oui, c'est nous.

— Le couteau à pain ?

— C'est nous.

— Il prend son petit déjeuner.

— C'est lui.

— Dit au revoir à sa femme, va l'embrasser...

— C'est nous, non, pardon, c'est lui.

Notre ami le journaliste commence à se rendre compte que ce récit finirait en effet par être fastidieux, et finalement abandonne son idée.

Un tableau exact de tous les types de produits que nous avons traités serait d'une lecture fort monotone. Toutefois, on peut dire qu'un homme moyen menant une vie normale à la campagne, dans un village, à la ville ou dans la métropole, entre forcément en contact tous les jours avec des choses, un service, des appareils, que « R.L.A. » a dessinés ou contribue à mettre sur pied. On peut raisonnablement affirmer que plus de 75 % de la population américaine est directement affectée par notre travail, au moins une fois par jour. En fait, s'il prend l'autobus, écrit une lettre, fume une cigarette, écoute une émission radiophonique, se rase, mange un sandwich ou un repas, ou encore boit un verre, prend une douche, roule en voiture, prend l'avion, ou donne un baiser, l'Américain nous a trouvés sur son passage.

Ainsi, en moins de vingt-cinq ans, l'« industrial design », tentative hésitante et incertaine, est devenue ce que *Times* appelle « un des phénomènes les plus remarquables de l'industrie aux U.S.A. ». Cette nouvelle profession va rapidement de l'avant. On reconnaît généralement aujourd'hui que l'« industrial design » est un facteur aussi important que la publicité dans la réussite commerciale d'un produit, d'un service ou d'un magasin.

Nombreux sont les nouveaux domaines dans lesquels l'« industrial design » n'a pas encore pénétré et qui auraient pourtant grand besoin de ses services : les vastes entreprises, organisations et manufactures, où dominent la laideur, l'incompétence ou les procédés archaïques. Le bruit sera notre prochain objectif, parce que le bruit indique une mauvaise conception de la machine, donc un gaspillage d'énergie; le bruit est coûteux; le bruit est un parasite.

Il est bien des choses encore que l'on pourrait améliorer pour le plus grand confort de notre vie quotidienne. Le dessinateur pourrait appliquer ses talents au pyjama américain, par exemple, et obliger le pantalon à se bien comporter. Tous les hommes savent que dans les magazines ils ressemblent à ceci :

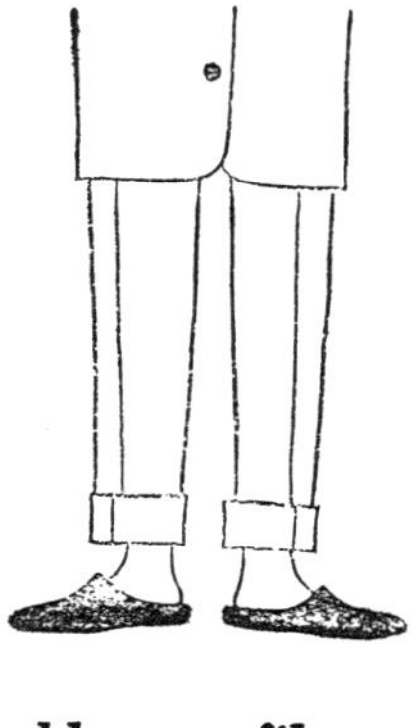

Voici à quoi ressemble ce qu'il en reste après un voyage chez le blanchisseur...

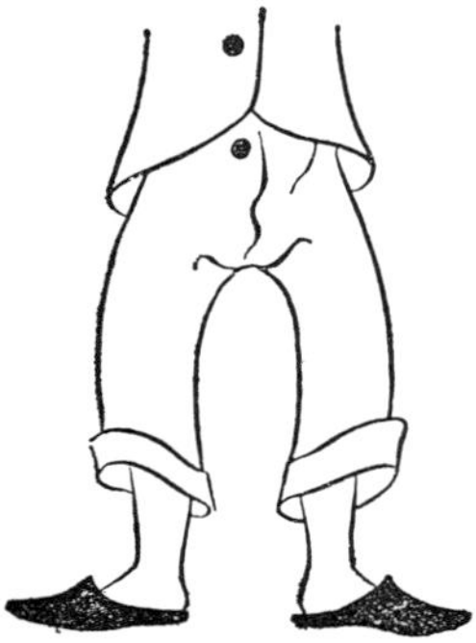

Et le lendemain matin...

Cela peut conduire au divorce et au suicide.

D'autres améliorations pourraient être réalisées immédiatement sans même la coopération de l'« industrial design ». Pour n'en nommer que quelques-uns, je propose :

La destruction immédiate à l'échelle mondiale des :

1° Briquets (sauf, bien entendu, notre création, le Zippo).
2° Fermetures-Eclair.
3° Stylos à bille.
4° Les petits moteurs hors-bord trop bruyants.

Egalement l'interdiction de certaines coutumes offensantes telles que :

1° Les garçons de restaurant qui présentent la note pliée (geste purement hypocrite) pour cacher le total.
2° Les taxis laids, sales et peu pratiques.
3° « L'uniforme » de leurs conducteurs.
4° La crasse, le bruit, les courants d'air et les mauvaises odeurs du métro.
5° Les firmes qui envoient leur publicité sous enveloppe « personnelle ».
6° Les femmes « à carrière » et sadiques qui écrasent et détruisent toute jeune femme douée et jolie qui se trouve sur leur chemin dans le travail.
7° Le manque de confort incompréhensible des fauteuils de dentiste.
8° Mettre du sucre dans la mayonnaise.
9° Les garçons d'ascenseur qui parlent de la pluie et du beau temps.
10° Les réparateurs de postes de T.S.F. ou de T.V. malhonnêtes.

J'aimerais donner une idée de la portée de nos activités sans me perdre dans tous les détails qui ont saboté le récit de M. Clark. Dans le domaine des transports, par exemple, nous avons travaillé pendant quinze ans pour le « Greyhound Bus System » comme conseillers pour le dessin de leurs prototypes, dont le dernier est le « Scenicruiser », avec sa tourelle d'observation. Ces autobus intercontinentaux extrêmement rapides et confortables, transportant quarante passagers, sont équipés de lavabos, d'un snack-bar, et sont entièrement climatisés. Dans le même domaine nous sommes en train de terminer nos projets pour les trois nouveaux bateaux de l'« American President Line » [1]. Et, naturellement, les prochains modèles de

1. Depuis, les super-transatlantiques de grand luxe, le *Rio de Janeiro* et le *Buenos Aires* de la Cie Moore McCormick. Tout récemment les projets du transatlantique atomique américain, en conjonction avec les chantiers maritimes Newport News.

voitures et de camions Studebaker. Ce ne sont là que quelques exemples au hasard.

Dans le domaine des produits industriels, nous préparons pour Frigidaire les nouveaux modèles de réfrigérateurs, des cuisinières électriques, des glacières, des appareils à conditionner l'air, et toute sorte d'appareils domestiques; ainsi que des centaines d'ustensiles de cuisine pour « Ekco » et une série de services en porcelaine moderne pour « Easterling », ainsi que toute la porcelaine Rosenthal faite en Bavière.

Pour d'autres maisons, nous créons un nouveau modèle de bicyclette, des distributeurs de crème fouettée, des briquets et des grils de camping. Nous nous attaquons à des problèmes d'un ordre tout différent, tels qu'un nouveau type de dictionnaire, des cartes de tests psychologiques pour l'Université de Californie, une salle d'exposition pour l'Etat de Californie à Los Angeles et les succursales pour l'une de nos plus grandes banques.

Plus de trente nouveaux magasins sont à l'étude sur nos planches à dessin, dont certains sont très grands et d'autres petits, comme celui qui sera situé sur le fameux « King's Ranch du Texas ». Egalement, des gares, des instruments chirurgicaux, une clinique expérimentale à Chicago, du matériel spécialisé pour les hôpitaux, pour les infirmes, pour les grands blessés de guerre. Encore dans le secteur des produits industriels, mentionnons des accumulateurs, des pompes à essence, des balances de précision, des appareils de photo, machines à affranchir les lettres, une machine qui échange les billets d'un dollar en pièces de monnaie, tout en rejetant les billets faux ou abîmés.

Dans le domaine de l'empaquetage, nous travaillons pour Armour and Company, Lever Brothers, National Dairy Products, National Distillers, American Tobacco Company, et quarante autres entreprises [1].

1. Célèbres fabricants américains de conserves, de produits détersifs, laiteries, distillateurs, fabricants de cigarettes.

Ce ne sont là que quelques-uns de nos 140 clients, tous actifs. Nous employons environ 150 personnes, qui ne chôment pas[1].

Il est facile d'imaginer que les contacts fréquents avec tous ces clients dispersés à travers les Etats-Unis, l'Angleterre, l'Allemagne, le Japon, l'Australie, le Congo, l'Indonésie, la Hollande, la Belgique, la France, le Brésil, le Mexique, etc., nécessitent quantité de déplacements. Du monde entier, littéralement, nous arrivent une masse de requêtes, de demandes d'informations sur notre travail ou sur certains produits que nous traitons. Plusieurs fois par mois nous avons l'occasion de parler en public et à la radio, de prendre part à des émissions de télévision et aux actualités filmées.

On nous demande en outre des études techniques ou des articles pour des publications variées dans pratiquement tous les domaines de l'industrie, du commerce, de gros et de détail, et le domaine de la psychologie de la vente. Nous faisons chaque mois des conférences dans les universités.

Nous employons un directeur des bureaux et du personnel, chargé de s'occuper, avec les différents chefs de service, des inventions qui nous sont présentées sans arrêt. Près de 98 % de ces inventions sont sans intérêt, mais nous les étudions toutes pour ne pas risquer d'en laisser passer une bonne.

Je réponds également aux lettres qui nous sont adressées du monde entier par des cinglés, qui se prennent en général pour des génies méconnus : « Si nous consentions seulement à payer leur passage d'Afghanistan aux Etats-Unis (y compris la femme et les six enfants), ils nous céderaient tous les droits de leur dernière invention. » Il s'agit peut-être d'une espèce de machine qui peut arracher les poils blancs des vieux chameaux, les repiquer automatiquement sur les jeunes lapins noirs de l'Himalaya, dont la

1. En 1963, le nombre de nos clients est monté à 250 et notre personnel a augmenté en proportion.

peau servira à la fabrication de chaussons de fourrure pour le marché de Patagonie. Nous répondons toujours, négativement ou affirmativement, surtout négativement, mais nous répondons.

Les maniaques de l'invention sont une véritable plaie, mais en règle générale nous les recevons; ils sont extrêmement tenaces et il est difficile de s'en débarrasser. En vingt ans de pratique d'« industrial design », je n'ai pas mis la main sur plus de deux ou trois brevets de quelque valeur portés à notre connaissance de cette façon. Encore ne valaient-ils pas grand-chose. La majorité des brevets importants proviennent de firmes établies, ou de bureaux de recherches de grandes sociétés. Nous prenons naturellement des brevets nous-mêmes, en moyenne cinquante par an; presque tous sont assignés à nos clients, qui en ont donc la propriété. Au cas où notre client permet à d'autres de se servir de l'invention, nous partageons les redevances reçues par notre client.

Le dessin d'emballage est en lui-même une spécialité bien définie. Fait habilement, il peut constituer un facteur de grande importance pour le succès d'un produit ou d'un appareil. Lorsque la grande fabrique de conserves de Chicago « Armour and C° » nous demanda de dessiner ses emballages, nous nous sommes livrés à une étude préliminaire du problème. Nous avons constaté que plus de huit cents produits devaient être pris en considération.

La réduction à un dénominateur commun visuel simple de plusieurs centaines d'étiquettes, papiers d'emballage, boîtes, bidons, pots, cartons, bouteilles et sacs, sans aucune relation entre eux, représentait un gros travail. L'étude de la question nécessitait une enquête approfondie et des recherches minutieuses, qui durèrent près de six mois. Interrogé par un rédacteur de magazine qui écrivait un article sur le sujet, le vice-président de la C° Armour, W. S. Shafer, répondit : « Nous ignorions ce que faisait Lœwy jusqu'au jour où il réapparut, nous apportant un rapport relié très détaillé analysant avec figures à l'appui la situation de tous nos concurrents américains et étrangers et indiquant la direction logique vers laquelle nous nous sommes depuis orientés avec le plus grand succès. » En fait, notre examen nous avait démontré clairement qu'il fallait renoncer aux étiquettes multicolores, compliquées et coûteuses, et créer une combinaison de deux couleurs, plus simple et plus frappante. Ce dessin, jugé très efficace, fut adopté pour tous les emballages de la compagnie. L'économie réalisée, rien que sur l'impression en deux couleurs seulement, permit de compenser nos honoraires, étant donné le grand succès remporté par notre création. Nous n'avons pas cessé depuis de travailler sur l'original, de l'améliorer et de l'adapter au fur et à mesure des besoins de la firme.

Les emballages de produits alimentaires me rappellent une de mes jeunes amies, charmante blonde... simplette... qui se plaignait de ne pas obtenir de résultats satisfaisants avec les pommes de terre frites vendues en paquets frigorifiés. Après enquête, on découvrit qu'elle mettait les pommes de terre dans un poêlon pour les faire cuire. Mais comme elle n'enlevait ni le papier paraffiné ni l'emballage de carton, il est aisé de comprendre pourquoi les résultats étaient assez peu délectables !

Nous aurions dû préciser sur l'étiquette qu'il était « préférable » de ne pas faire cuire l'emballage avec les pommes frites.

Nous veillons désormais à ce que les instructions soient plus clairement imprimées. En fait, la plupart des firmes rédigent les notices d'emploi comme si elles étaient destinées à un enfant tibétain de six ans accablé de retard cérébral héréditaire.

Il arrive, dans certains cas, que l'« industrial design » ne soit pas bénéfique. Il n'y a pas très longtemps, le grand cirque Ringling lança un S.O.S. à notre profession. Malgré tout le talent du dessinateur consulté, le résultat fut à mon avis un authentique fiasco. Une conception erronée du cirque au départ aboutit à une espèce de fatras pseudo-sophistiqué, à mi-chemin entre le théâtre et le music-hall. Rien que des tons pastel, un éclairage monochromatique. C'était très distingué et très triste. Grâce à Dieu, ils ne purent pas moderniser l'orchestre [1]. Il resta ce qu'il était : bruyant, claironnant et plein d'entrain, à grand renfort de cuivres, tambours, trombones et grosses caisses.

Ceci m'amène à un sujet de ressentiment : le « clown triste ». J'ai signalé plus haut la place importante que les clowns avaient occupée dans mon enfance. Pour un gosse normal, ils étaient l'évasion; grâce à eux, les grands petits problèmes qui pèsent si lourd dans la vie d'un enfant étaient vite oubliés. Les choses les plus terre à terre devenaient, grâce à l'art du clown, des aventures fantastiques. Ils avaient une forme d'humour délicieuse et imprévisible; ils étaient drôles. Leur maquillage était gai et leur numéro, désopilant. Je me rappelle avoir follement ri (et les adultes aussi d'ailleurs) devant leurs pantalonnades. La philosophie des clowns était toute simple : se faire des têtes comiques, avoir un comportement comique et *être* comique. Vint le jour où quelques clowns au goût perverti s'imaginèrent qu'il serait beaucoup plus raffiné de faire des choses drôles avec un maquillage triste. C'est certainement vrai dans le cas d'un génie comme Charles Chaplin. Pour les autres, je ne vois jusqu'à présent qu'une bande d'« artistes » ratés au masque désolé, qui exécutent des numéros sans fin d'une triste ineptie. Cela me préoccupe assez car je

1. Ils essayèrent tout de même, et Stravinsky écrivit une partition. Toutefois, on la donne souvent dans des salles de concert mais... pas au cirque.

suis persuadé que les vrais clowns sont des personnages indispensables et que nous devons essayer de ressusciter et de préserver leurs subtiles arlequinades, si on me permet l'expression. Des hommes comme l'illustre Emmet Kelly [1], chevalier de mélancolie et prince de l'ennui, sont en train de tuer l'art clownesque. Kelly est pour moi une énigme. Je me suis fait un devoir d'aller au cirque régulièrement, pour tâcher de découvrir les raisons — s'il y en a — de sa célébrité. Dieu sait pourtant que la nouvelle conception du cirque m'ennuie affreusement. Il m'a fallu subir des douzaines d'interminables jongleurs arméniens, des pyramides humaines, des dresseuses de caniches, avant de subir la « fascination » d'Emmet Kelly. Dans tout son numéro, ce qui s'approche le plus du comique est l'illumination intermittente du nez bulbeux du triste personnage par une petite ampoule électrique rouge. Quel humour !

J'ai du chagrin pour les petits enfants malades que le grand clown est censé égayer dans les hôpitaux. Si j'étais déjà malade, il me suffirait de le regarder pour sombrer dans un état comateux. Quel dommage que le talent du clown Kelly ne puisse se comparer, même de très loin, avec l'immense bonté de Kelly, l'être humain, qui est un homme extrêmement charitable.

Les bureaux de la compagnie « R.L.A. » ne sont pas exactement orthodoxes, étant donné ce que l'on entend d'ordinaire par bureau. Comme la plus grande partie du personnel est composée d'artistes et de gaillards doués d'imagination, l'ambiance générale est plutôt remarquable. Plusieurs de mes dessinateurs ont au moins une passion en dehors du dessin, que ce soit la musique, la sculpture, les filles, la cuisine, le camping ou les voitures de sport. Ils sont collectionneurs, ils écrivent, ils lisent des poèmes d'avant-garde et quelquefois (dans les cas aigus) ils en écrivent eux-mêmes, mais en infligent rarement la lecture

1. Le clown le plus célèbre aux U.S.A.

aux autres. Plusieurs d'entre eux sont d'excellents musiciens, mais leur génie créateur leur interdit les instruments banals sortant d'une fabrique, tels que violon, saxo, flûte ou piano. Ils fabriquent donc leurs propres instruments. Les résultats sont étranges. Une fois par an, ils se produisent tous ensemble, mais ils n'arrivent jamais à se mettre d'accord sur le ton. Ce concert de musique « très » libre ferait une excellente musique de fond pour nuit de sacrifice vaudou à Haïti (*witch-splitting night*).

Les plaisanteries sont fréquentes et pas toujours de mauvais goût. Le tableau d'affichage, destiné à l'origine à transmettre les informations à tous les bureaux, est devenu le tableau des derniers dessins humoristiques et plaisanteries. Comme la plupart des dessins sont de petites satires ou caricatures visant à ridiculiser légèrement la direction, chaque fois que je passe près du tableau, je me prépare à recevoir un choc. Je n'ai qu'une façon d'exercer des représailles : trouver un dessin humoristique auprès duquel le leur soit résolument dépassé.

Beaucoup de mes employés aiment travailler en musique. Ils installent à côté d'eux un petit poste de radio qui marche toute la journée en sourdine, par peur de déranger les autres.

La direction « R.L.A. » attache beaucoup d'importance à l'aspect extérieur de son personnel féminin (secrétaires, réceptionnistes, téléphonistes, etc.). Elles sont en général jolies et bien habillées. Nous encourageons le port de petites robes noires très simples avec col et manchettes en piqué blanc et pas de bijoux. Mes dessinateurs sont eux-mêmes des gars très présentables, ils ont du goût, de l'éducation et gagnent bien leur vie. Aussi le mélange est-il souvent explosif. Entre les employés, les idylles, suivies de mariages, sont nombreuses et parfois génératrices de bouleversements. Mais ces idylles créent un climat vivant et gai favorable à notre profession, à notre esprit.

Mes voyages annuels en Europe, pour les affaires et pour

les vacances de ma famille, sont un autre facteur important de notre activité. Notre bureau de Londres marche très bien, surtout grâce à l'attitude compréhensive de Sir Stafford Cripps, chargé des exportations britanniques. La liste de nos clients comprend les plus grandes sociétés de l'empire britannique, y compris leurs filiales au Canada, en Afrique, en Afrique du Sud, en Australie, en Birmanie, en Indonésie et en Allemagne.

Le grand intérêt de ces voyages réside dans le fait qu'ils me permettent de rester en contact avec les développements de l'« industrial design » en Europe. Je séjourne en France, en Angleterre, en Suisse, en Allemagne, en Italie. Il y a un énorme courant d'idées nouvelles dans ces pays qui sont parfois des années en avance sur l'Amérique. De ces voyages, délassants pour l'esprit, je rapporte souvent des idées neuves, surtout des pays scandinaves et de l'Italie du Nord [1].

En 1938-1939 je fis un long voyage à travers douze pays de l'Amérique latine. Hormis quelques idées d'architecture au Brésil et en Uruguay, de couleurs au Pérou, l'usage de blocs de lave naturelle au Mexique, d'articles de verre à Buenos Aires, il n'y a pas grand-chose à apprendre dans ces pays au sujet de ma profession. Cependant, la musique est si troublante, les danses et le rythme général de la vie sont tellement différents et inattendus, que les résultats sont tout de même très salutaires. Ce traitement par choc esthétique favorise la naissance de nouvelles idées, sinon dans le mécanisme des objets, du moins dans la couleur, la forme ou la texture. Surtout dans la texture.

Nous recevons, très souvent, dans nos bureaux des visiteurs venus de tous les points de l'Amérique et du monde. Vers 1935, je rencontrai George Gershwin, et nous sympa-

1. La France produit maintenant (1962) des choses remarquables.

thisâmes immédiatement. Il envisageait alors de se faire construire un studio dans le désert de l'Arizona. Sa conception était peu ordinaire, bien adaptée à sa fonction, qui était naturellement de créer une ambiance propre à composer sa musique. Il voulait une très grande pièce avec une bonne acoustique et entièrement circulaire, dont le plafond serait légèrement incurvé et sans la moindre colonne. Son idée de fenêtrage était très curieuse: une mince fente de vingt centimètres de hauteur, entourant toute la pièce et placée approximativement au niveau des yeux d'une personne assise. Correctement vitrée, cette bande horizontale virtuellement ininterrompue cacherait tous les premiers plans et la plus grande partie du ciel. Pendant le jour, la vue suivrait un arc continu de trois cent soixante degrés et s'étendrait sur une bande d'horizon très éloigné, où le désert se confond avec le ciel. Rien de mesquin dans cette conception qui était l'expression d'un homme remarquable. Gershwin et moi dessinâmes nombre de croquis; c'était passionnant. Très jeune, il mourut soudainement avant d'avoir eu le temps de commencer l'exécution de son projet.

A la même époque, Jean Cocteau, de passage à New York, vint me voir. Comme ma rencontre avec Gershwin, celle-ci me laissa un souvenir impérissable. Mon bureau s'ouvrait sur une grande terrasse décorée de fleurs, de verdure, de pêchers et recouverte de gravier blanc. Nous n'étions qu'à deux « blocs » de maisons du gratte-ciel de soixante-douze étages, alors tout récent, qui abritait le Centre Rockefeller. La vue, parfaitement libre de toute obstruction, était magnifique. Cocteau aimait venir au moment de la tombée du jour, où les immeubles s'illuminent dans le crépuscule doré de New York. Nous nous asseyions et nous restions là, tard dans la nuit, à contempler ce spectacle magnifique, et j'écoutais les propos délicieux d'un poète confronté avec New York.

Seize ans après mon arrivée en Amérique, c'est-à-dire en 1935, je décidai de devenir citoyen américain et je fis ma demande officielle. Ayant juré, devant un gentleman du Service de l'Immigration, que je n'avais jamais fait de prison, que je n'étais pas bigame, que je n'avais pas l'intention de renverser par la force le gouvernement des Etats-Unis, il me demanda finalement si je n'étais pas fou. Sur ma réponse négative, ma requête fut acceptée et en 1938 je devins citoyen américain. J'avais entendu bien des histoires amusantes sur la routine de la naturalisation. Personnellement, il ne m'arriva absolument rien de notable. Tout ce dont je me souviens, c'est que, par une journée embrasée, deux cents individus, nerveux et trempés de sueur, furent entassés dans une pièce étouffante où un juge en manches de chemise et couvert de transpiration lui aussi prononça quelques mots que personne ne comprit. Avant d'avoir eu le temps de nous remettre, nous étions devenus citoyens de la plus grande nation du monde. Le dénouement manquait de grandeur et je le déplorai. Je suis persuadé que la plupart des personnes présentes avaient les mêmes sentiments. Nous aurions apprécié un peu plus de solennité.

Une des obligations de l'« industrial designer » consiste à faire une quantité de conférences, illustrées si possible de projections, à toute sorte de collèges : universités, organisations professionnelles, groupements de jeunes, cercles d'affaires, etc. Voici une des questions qui me sont le plus souvent posées : « Monsieur Lœwy, pourriez-vous nous expliquer ce qu'est l'« industrial design » ? S'agit-il seulement de style ? Comporte-t-il un côté pratique ? Vous intéressez-vous à l'aspect pratique des problèmes ? » etc.

Je trouve qu'une exposition directe du problème est trop longue et trop technique. D'un autre côté, il est possible de s'expliquer, de se faire comprendre sur le mode léger et sans trop de peine. Il ne s'agit, naturellement pas, d'une explication complète, mais d'un gag, qui dit très bien ce qu'il veut dire. Le point de départ est en général une des célèbres inventions fantastiques de Rube Goldberg, le célèbre caricaturiste new-yorkais, qui publie de temps à autre, sous forme de dessin complètement désaxé, une de ses dernières inventions folles qui font rire tout le pays. Mon point de vue est que Rube est un grand dessinateur humoristique, mais un piètre dessinateur industriel, sans aucune connaissance du monde pratique. Voyons, par exemple, deux de ses désopilantes découvertes : le *Laveur de Vaisselle*, et la *Lame de Rasoir qui s'aiguise toute seule.*

1° LA LAME DE RASOIR QUI S'AIGUISE TOUTE SEULE
INVENTION DE RUBE GOLDBERG

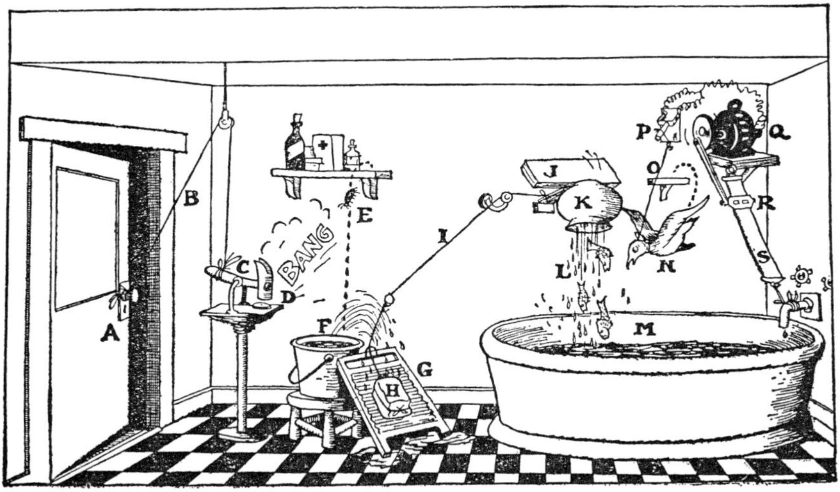

Le vent fait s'ouvrir la porte (A) *et tire la ficelle* (B) *reliée au marteau* (C) *qui fait sauter la capsule* (D). *Un paisible cafard* (E), *effrayé par l'explosion, perd l'équilibre et tombe dans un seau d'eau* (F). *L'eau jaillit et éclabousse la planche à laver* (G), *le savon* (H) *glisse sur la planche, tirant la ficelle* (I), *faisant sauter le support de l'étagère* (J) *et renversant le bocal* (K). *Les poissons rouges* (L) *tombent dans la baignoire* (M) *et la mouette affamée* (N) *fonce sur eux, tirant ainsi la ficelle* (O), *qui tourne le commutateur* (P), *mettant en marche le moteur* (Q) *et imprimant sur la lame de rasoir* (R) *un déplacement régulier sur la courroie* (S) *qui bientôt lui restitue un fil impeccable.*

LA LAME DE RASOIR QUI S'AIGUISE TOUTE SEULE
INVENTION PERFECTIONNÉE PAR L'AUTEUR

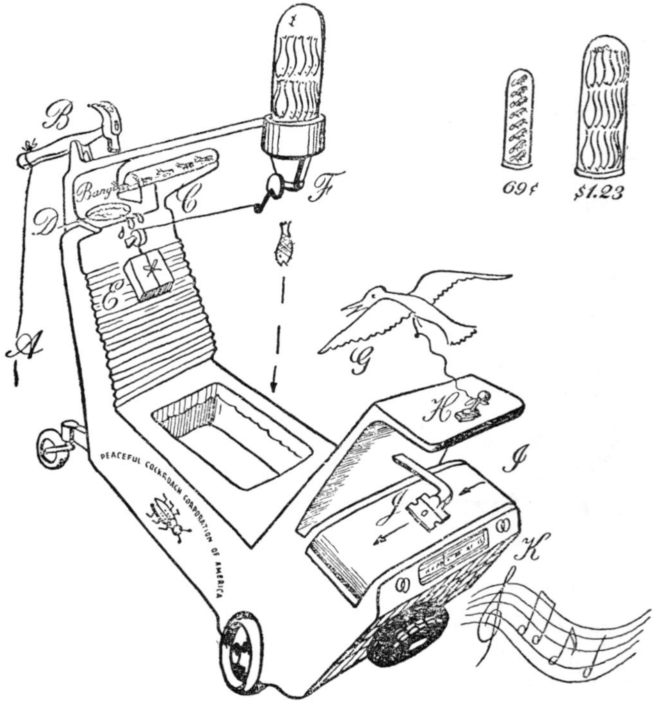

*L'invention plutôt éparpillée de M. Goldberg a été condensée par nous en un seul élément en matière plastique moulée. Les cafards et poissons rouges sont vendus pré-emballés en cartouches attrayantes transparentes. Un magnétophone joue automatiquement l'hymne national dès que la lame se met en mouvement *.*

L'appareil, monté sur roues caoutchoutées, est facilement transportable; le modèle de luxe comprend des pneus à flancs blancs et enjoliveurs chromés, plus un pneu de rechange. L'Aiguiseuse Automatique se fait en vert tilleul, bleu pastel, blanc et marron glacé.

Fabriqué en grande série par la Compagnie Américaine des Cafards Tranquilles (C.A.C.T.), cet appareil peut s'acheter payable en soixante-douze mensualités ou bien comptant avec 33 % de réduction.

Prix spéciaux par lots de 200 000 pour l'armée, la marine, ou les petites Républiques latines ou africaines.

* *Supplément pour* O Sole Mio, O Tannenbaum *et* O Mamma Mia.

2° APPAREIL A LAVER LA VAISSELLE
INVENTION DE RUBE GOLDBERG

Plus de vaisselle à laver.

Tandis que vous vous précipitez au cinéma après avoir fini de dîner, la ficelle (A) *tirée violemment détermine un mouvement rapide du pied* (B) *qui renverse le pot d'eau glacée* (C) *sur le chien* (D). *Celui-ci frissonne violemment, faisant mouvoir de haut en bas la main* (E) *qui actionne le cric soulevant l'évier* (F) *et jette la vaisselle sale par la fenêtre.*

NOTE DE L'AUTEUR

De même que dans le cas de la machine précédente, l'esprit sans aucun doute inventif de M. Goldberg n'a pas su exploiter au maximum les possibilités commerciales de son appareil. De plus, le générateur de frissons (D) qu'il a sélectionné n'est pas le plus efficace. Enfin il n'a pas prévu la vente de produits de remplacement qui contribuent à maintenir un chiffre d'affaires après la vente de l'appareil.

APPAREIL A LAVER LA VAISSELLE
PERFECTIONNÉ PAR L'AUTEUR

(version de la Raymond Lœwy Associés)

La Vaisselleuse Automatique ne forme plus qu'un seul élément compact, lui aussi en matière plastique moulée. La chaussure (B) *est du dernier modèle, avec semelle silencieuse en caoutchouc mousse. L'élément générateur de secousses* (E) *est un chihuahua mexicain à coefficient de frissonnement très élevé. Au lieu d'eau glacée, ce modèle projette sur le frissonneur un petit cube de glace* (D) *sous une cloche de plastique transparent parfaitement étanche. Un détail intéressant indiquant le souci des dessinateurs de réduire le prix d'entretien de la Vaisselleuse Automatique : après usage, la force motrice (le chihuahua) reçoit un cachet d'aspirine tombant d'un tube de réserve* (D) *pour prévenir un rhume possible. Fabriqué par l'Autofrissoneuse Corporation Manitowatok, Wisconsin, U.S.A.*

Les cubes de glace de rechange sont vendus pré-emballés chez tous les marchands de mets frigorifiés. Les tubes transparents d'A.C. (aspirine canine) sont vendus dans toutes les épiceries, bureaux de tabac, etc...

L'appareil est fait en onze couleurs à la mode. Modèle de luxe avec guêtre blanche et soulier verni pour dîners de soirées, mariages, etc...

Je pense que ces deux exemples simplifiés donneront au lecteur une idée, encore que d'un caractère un peu primitif, de la technique et de la philosophie commerciale de notre profession. Il va de soi que bien d'autres perfectionnements pourraient être apportés, avec un peu d'imagination, à ces ingénieuses machines.

En pratique, nous nous ferions un devoir de recommander à notre client de rechercher d'autres produits au cas où la concurrence pourrait rendre leurs machines désuètes et invendables, tels qu'une vague irrésistible pour le rasoir électrique ou bien l'usage généralisé de vaisselle en papier du type que l'on emploie pour les pique-niques.

Dans l'entre-temps, nous lui recommanderions aussi d'offrir une somme importante de dollars à une grande Université spécialisée dans la recherche Vétérinaire et Biologique afin qu'elle développe une race supérieure de Chihuahuas à caractéristique grelottante encore supérieure.

Nous demanderons également aux Services commerciaux d'exportation de faire une étude des couleurs préférées en Amérique latine, dans le Pacifique et autres régions importatrices.

CHAPITRE 18

CERTAINS OBJETS AUX LIGNES SÉVÈRES PEUVENT CRÉER UN EFFET RÉBARBATIF, SURTOUT S'ILS SONT DESTINÉS A L'USAGE DANS LE HOME. UNE ARMOIRE FRIGORIFIQUE STRICTEMENT CUBIQUE, UNE MACHINE A LAVER ENTIÈREMENT TUBULAIRE PEUVENT DEVENIR PLUS HARMONIEUX GRACE A DES ACCENTS AUX FORMES GRACIEUSES, TELS QU'UNE POIGNÉE AUX COURBES ÉLÉGANTES, UNE PLAQUE DE CONTROLE BIEN PROPORTIONNÉE, DES BOUTONS OU COMMUTATEURS AUX COULEURS VIVES. LE CONTRASTE RÉTABLIT L'ÉQUILIBRE ESTHÉTIQUE AINSI QU'IL EST DÉMONTRÉ ICI PAR LA JUXTAPOSITION D'UN GRAPHISME CURVILINÉAIRE AUPRÈS D'UN CARACTÈRE SÉVÈREMENT MÉCANIQUE.

18

Un cas type

Peut-être le lecteur trouverait-il instructif de passer une journée dans mon bureau. Choisissons de préférence un jour où nous mettons en chantier une création pour un nouveau client. Nous aurons ainsi l'occasion de voir un « industrial designer » en action, de suivre les étapes de la création et les phases de son développement jusqu'au moment de la production. Vous et moi serons assis ensemble à une table de travail. Pour justifier votre présence, vous serez présenté à mon nouveau client — la Compagnie Nadir de Boston, fabricant de sorbetières de ménage — comme étant M. Lecteur, mon nouveau secrétaire [1], chargé de prendre le compte rendu de notre entretien. Notre réunion est fixée à 11 heures du matin. A 10 h 45, Mlle Peters, ma secrétaire, entre.

— Les dessinateurs attendent, monsieur Lœwy, pour discuter des sorbetières Nadir.

— Faites-les entrer.

R. L. — Je vous présente mon ami, M. Lecteur, qui désire suivre le développement de ce nouveau projet à titre d'exemple concret. Monsieur Lecteur, je vous présente mes collaborateurs, MM. Bentley et Howell. Comme vous le savez, nous attendons M. Brown, président de la Compagnie Nadir, M. Wilson, ingénieur en chef, et M. Smith,

1. Ou bien Mlle ou Mme Lecteur, ma nouvelle secrétaire.

directeur des ventes, pour une discussion préliminaire de leur problème. Bentley, avez-vous des renseignements sur la concurrence ?

BENTLEY. — Oui. Nous avons la plupart des imprimés et prospectus, etc. Nous avons aussi les catalogues de « Sears » et de « Ward » [1]. D'autre part, nous avons interrogé les vendeurs de plusieurs grands magasins. Il semble que le « Nadir » soit une bonne machine, mais qu'elle se vende mal. La Compagnie des Sorbetières Gem, de Cincinnati, a mis un nouveau modèle sur le marché l'automne dernier, le « Gem », qui a accroché le public, aux dépens du « Nadir ». Il paraît que le « Gem » fait moins de bruit, est plus facile à nettoyer et moins encombrant.

HOWELL. — Nous les avons tous les deux, les autres appareils sont sans intérêt particulier.

R. L. — Faites monter le « Nadir » et le « Gem ». Quand pouvez-vous commencer à travailler sur cette commande ?

HOWELL. — Au milieu de la semaine prochaine. Entre-temps nous obtiendrons d'autres informations intéressantes, spécialement auprès des petits quincailliers et autres magasins.

LECTEUR. — Le client ne peut-il fournir ces informations?

R. L. — Oui, bien sûr. Et nous les lui demanderons. Nous aimons cependant nous renseigner aussi par nous-mêmes. Nous avons parfois des surprises. Même nos clients l'admettent. Naturellement notre enquête est des plus simples. Nous faisons seulement quelques recoupements permettant un double contrôle.

BENTLEY. — J'ai suggéré à la Direction que nous étudiions leurs emballages, leurs étiquettes et leur littérature publicitaire. Leurs prospectus ne valent rien et sont probablement coûteux. Et leurs présentoirs chez les dépositaires sont mal faits, assez démodés et encombrants.

1. Les plus grosses affaires de vente par catalogue.

R. L. — Bien. Mademoiselle Peters, donnez-moi notre contrat avec la Nadir.

PETERS. — Il est dans votre sous-main.

R. L. — Je vois que leur papier à lettres est ordinaire, et leur marque de fabrique ne vaut guère mieux.

BENTLEY. — Oui, ils ont rudement besoin d'une marque qui frappe davantage. De plus, a-t-on idée d'utiliser le violet et le jaune !

R. L. — On ne pourrait plus mal choisir pour le goût des femmes. Or, 90 p. 100 des sorbetières sont achetées par des femmes. On posera la question à Smith, pendant le meeting.

HOWELL. — Le « Nadir » se vend 12 dollars 95, le nouveau « Gem », 12,50.

R. L. — Faites monter une balance, que nous les pesions. Dites-moi, qui allez-vous mettre sur cette affaire ?

HOWELL. — Probablement Jansen et Mercer. Jansen vient d'en terminer avec les machines à laver « Unitex »; je crois qu'il est l'homme de la situation. De plus, bien entendu, notre groupe entier discutera le problème.

R. L. — O. K. Tenez-moi au courant.

Nos clients arrivent. Je présente Howell, qui dirige le Service des Dessins. Ils connaissent déjà Bentley, qui prendra la direction de la partie financière et administrative du projet.

Très rapidement, nous obtenons quelques données de fond. La Compagnie Nadir est une firme établie de longue date et de bonne réputation. Elle construit depuis vingt ans la même machine, avec de temps à autre quelques légères améliorations. La concurrence s'est manifestée, puis s'est évanouie, « Nadir » a résisté. Cependant, tout à coup l'année dernière, est sorti le « Gem » qui, dès le début, s'est merveilleusement vendu. Son succès se maintient et fait à « Nadir » un tort considérable. Il n'y a pas de temps à perdre, un nouveau plan d'action s'impose immédiatement.

R. L. — Je suggère que Howell, Jansen, un de nos dessinateurs et M. Lecteur visitent votre usine; ils sont d'accord, et vous allez donc maintenant faire partie de l'équipe.

Nous prenons toutes dispositions pour le déplacement. M. Smith, le directeur des Ventes, nous signale divers problèmes et essaie de décrire la machine sur un prospectus. Sur quoi nous faisons apporter son « Nadir ». Comme il s'efforce ensuite de nous expliquer, à l'aide de quelques coups de crayon sur un bloc, une caractéristique du « Gem », nous faisons également apporter l'appareil. Smith, satisfait de constater que nous avons pensé au problème, donne alors son point de vue et nous prenons des notes. M. Brown me demande ce que je pense du « Gem ». Je le lui dis et j'ajoute : « Il est, paraît-il, plus silencieux; autre facteur expliquant son succès. »

BROWN. — L'avez-vous essayé ?

R. L. — Non, pas encore.

BROWN. — Qu'est-ce qui vous fait penser cela, alors ?

R. L. — Des vendeurs de magasins importants, interviewés par nos dessinateurs, le leur ont dit.

GREY. — Aimez-vous son aspect ?

R. L. — Ce n'est pas mal, mais c'est loin d'être parfait. Ça paraît encore bien lourd. Pesons-le.

Nous pesons les deux appareils. Le « Nadir » pèse deux livres et quart de plus que le nouveau « Gem ».

R. L. — J'aimerais alléger votre modèle actuel de deux kilos. Je crois que c'est possible. Je voudrais aussi le rendre plus facile à nettoyer après usage.

La prochaine étape est la visite de l'usine par notre équipe de travail. A ce moment-là, monsieur Lecteur, vous connaissez bien mes garçons. Dans le bar-salon du train, vous avez échangé, en buvant quelques bons vieux bourbons (whisky), toutes les dernières plaisanteries qui courent la ville, et vous avez mutuellement admiré les photos de vos femmes, de vos enfants, etc. A Boston, vous avez fait la connaissance d'autres directeurs de la Compagnie Nadir. Ce sont tous des hommes charmants, qui vous ont offert à déjeuner au grill des directeurs. Pendant ce déjeuner (cocktails de crevettes, poulet à la crème, petits pois et carottes, glace et café), vous avez encore échangé quelques-uns des derniers, ou avant-derniers bons mots avec vos nouvelles connaissances, et vous vous êtes montré les photos de vos femmes et de vos enfants, etc. Vous avez discuté football ou baseball, suivant la saison, et déploré à l'unisson les impôts élevés et les problèmes posés par la main-d'œuvre. Pendant ce temps, à New York, Chicago, Los Angeles, nos hommes ont poursuivi leur enquête et fait de nouvelles découvertes dignes d'intérêt.

A votre retour de Boston, nos dessinateurs ont une idée claire de ce que sont l'équipement, l'usine elle-même et les possibilités de notre client. Nous savons ce qu'il peut fabriquer et ce qui est hors de sa portée, et nous ferons en sorte que nos projets ne dépassent pas les limites de ses possibilités de fabrication. Cependant que, parallèlement, nous ferons quelques études très avancées qui pourraient impliquer l'emploi de nouveaux procédés de fabrication. Il se peut qu'ils offrent des avantages tels que le nouvel équipement nécessaire soit considéré comme un investissement rentable.

Nous nous attaquons donc au travail à proprement parler. Nous avons maintenant rapporté les bleus et tous les plans de la nouvelle sorbetière, exécutés par le Service des Ingénieurs. Nous allons essayer de la rendre plus vendable et même supérieure à la sorbetière « Gem » du concurrent. Lorsque nous avons des douzaines d'esquisses, nous nous réunissons : Howell, Jansen, Bentley et moi-même. Notre impression se confirme : nos projets sont encore trop lourds à l'œil. Si nous pouvions seulement combiner certaines pièces, les estamper au lieu de les faire couler en fonderie, nous servir d'un matériau différent, nous pourrions rendre à la nouvelle « Nadir » un aspect svelte et harmonieux !

On prépare alors de nouvelles esquisses qui ont bien meilleure allure. Quelques-unes nécessitent encore des modifications de structure. Aussi consultons-nous le Service des Ingénieurs par téléphone, ou allons-nous les voir. Nous décidons entre nous lesquelles de ces études semblent les plus prometteuses et nous limitons notre choix à deux ou trois d'entre elles. Quand le terrain semble suffisamment déblayé du point de vue pratique, nous commençons à faire des modèles d'argile, de grandeur nature. Quand il s'agit de petits articles comme les sorbetières, ils sont exécutés dans nos ateliers (les très grands, tel un autobus, sont exécutés au-dehors).

Environ une semaine après, nous avons, disons, trois modèles d'argile finis, et prêts pour une première discussion avec les représentants de Nadir. Nous prenons rendez-vous et fixons la date de leur arrivée à New York. (D'habitude, ils s'inquiètent de savoir si nous pourrions leur avoir des places pour la dernière pièce à succès, problème souvent presque aussi difficile que le dessin du nouveau produit.)

C'est le jour du rendez-vous.

Cette fois-ci nos visiteurs sont M. Wilson, l'ingénieur en chef, et M. White, qui dirige la fabrication (ils ont demandé trois places de théâtre, Mme Wilson étant du voyage), et nous commençons la discussion dans notre salle de conférences.

Les quatre modèles d'argile sont exposés sur un stand, dans le champ d'une batterie de projecteurs qui accentue chaque détail. Des fauteuils confortables, mais pas trop, sont disposés en demi-cercle en face des modèles. Près de chaque fauteuil se trouve un cendrier; sur la grande table, une bouteille Thermos d'eau glacée, une autre de café chaud.

Les modèles sont discutés, un par un, critiqués à fond. On prend des notes. La discussion peut durer deux heures ou deux jours. Finalement, nous nous mettons d'accord sur un ou deux projets dont on fera le développement poussé, tenant compte des dernières suggestions.

Nos amis de Nadir retournent à Boston; ils ont beaucoup aimé la nouvelle pièce à succès.

Assez rapidement les projets sont corrigés et nous réunissons notre équipe de dessinateurs. Si, comme c'est en général le cas à ce stade, le projet nous semble satisfaisant, des modèles très soignés, en bois, plâtre ou métal sont exécutés; les parties métalliques sont chromées ou laquées, et le modèle est une reproduction exacte de ce que sera l'appareil fabriqué. La marque de fabrique est finalement dessinée.

Nous prenons alors des photos en noir et blanc, pour juger des qualités de reproduction pour la publicité (journaux, magazines), ainsi qu'une série de photos en couleur destinées aux catalogues et périodiques imprimés en couleurs. Nous faisons grande attention afin que le symbole ou marque de fabrique soit de premier ordre au point de vue de la mémoire visuelle. Ce sigle devra être facile à reproduire en noir et blanc aussi bien qu'en couleurs, sur le papier ordinaire des journaux quotidiens, et bien entendu à l'écran de la Télévision.

Si nous sommes contents des résultats obtenus, nous convoquons nos clients pour une présentation d'ensemble. La technique de cette présentation est identique à celle de la présentation des premiers modèles d'argile. Si l'on s'est mis d'accord sur de nouvelles modifications, nous en prenons note, mais c'est chose rare à ce stade. Arrivés là, Miss Peters réserve pour nos clients une bonne table à *Copacabana*[1]. Nous y accompagnons rarement nos clients, car je suis partisan de ne pas mêler les affaires et la partie divertissements.

Le jour suivant, nous préparons un jeu de dessins techniques précis, pour les ingénieurs, que Howell et Jansen emmènent à Boston avec les modèles. Si tout va bien, on les laisse au client, qui met alors en fabrication les premiers prototypes.

Quelques semaines plus tard, la Compagnie Nadir convoque une réunion pour le matin, à l'usine. Notre équipe de travail retourne à Boston pour assister à une démonstration des trois prototypes en opération. En général, l'un d'eux s'avère préférable aux autres pour une ou plusieurs raisons, le prix de revient étant un facteur important. Entrent aussi en ligne de compte : bruit, facilité de nettoyage, facilité d'emploi, etc. Si tout le monde, ou presque tout le monde, tombe d'accord, l'affaire est réglée. Il ne nous reste plus qu'à absorber le lunch traditionnel : crevettes, poulet et glace; sinon, un ou deux de nos hommes restent jusqu'à ce que les corrections aient été faites sur place, afin de gagner du temps.

La Compagnie Nadir fait ensuite exécuter les dessins et les modèles en bois dur ou en plastique qui seront finalement envoyés aux fabricants de machines-outils et de matrices. Pendant ce temps, un certain nombre de

1. Boîte de nuit chic où les filles sont fort jolies.

modèles, faits à la main, sont mis à l'épreuve. On ne leur épargne rien. On les fait tomber, on les cogne, les pousse, les tire, les bouscule, on les gèle en dessous de 20°, on les chauffe à une température tropicale. En d'autres termes, on en use et on en abuse à l'extrême. S'ils supportent ces épreuves, les dessins définitifs nous sont soumis pour double contrôle, après quoi on commence les matrices.

La fabrication des matrices peut prendre quelques semaines, comme dans le cas qui nous intéresse, ou jusqu'à un an s'il s'agit d'une carrosserie automobile.

Quand les premiers modèles sont fabriqués, on nous convoque à nouveau pour tout vérifier : le fini, la couleur, la marque de fabrique, etc. De notre côté, nous avons déjà prévu le matériel pour les étalages, suggéré une gamme de coloris pour la machine, préparé des idées pour les prospectus et imprimés, etc. Le client nous demande souvent d'examiner les illustrations destinées à la publicité, pour s'assurer que le produit sera présenté sous son meilleur jour. Je fais cependant remarquer que jamais nous ne nous chargeons de nous occuper pour nos clients de la publicité elle-même, car nous ne sommes pas agents de publicité.

La production bat son plein. Des milliers de « Nadir », nouveau modèle, s'avancent sur la chaîne d'emballage; ils sont empaquetés, mis en caisse et rangés dans les entrepôts jusqu'à ce qu'il y en ait suffisamment en stock pour en envoyer au moins quelques-uns à chaque dépositaire du pays. Ceux-ci sont priés de ne pas les dévoiler à qui que ce soit avant la date fixée pour tous les détaillants, dans le pays tout entier, ceci afin de ne favoriser aucun d'entre eux et aussi afin de « dramatiser » au plus haut degré la présentation du nouveau produit aux consommateurs.

Quelque temps avant la grande introduction, on organise

des réunions dans toutes les grandes villes : dans les salles de bal des hôtels, dans les salles de réunions publiques. Ces manifestations sont plus ou moins spectaculaires selon l'importance, et de la Compagnie, et du produit à lancer. Dans le cas du « Nadir », c'est une affaire de moyenne importance, et il faut compter sur cinq ou six cents distributeurs et dépositaires. On invite la presse et l'on sert des rafraîchissements, beaucoup de rafraîchissements, et les serveuses sont jolies.

Dans le cas d'un produit d'importance, présenté par une puissante firme, les invités se chiffrent par milliers et sont retenus pour le lunch. Le menu ?... Mais... cocktails de crevettes, poulet à la crème garni de pois et carottes, glace et café. La conversation roule sur les impôts élevés, la concurrence, etc. On se fait les uns aux autres une énorme quantité de bons tours ou de mauvaises blagues.

Après le lunch, un directeur de la Compagnie (ou deux, ou trois) prononce un discours exaltant, l'orchestre joue : *Hail, Hail, the Gang's all Here, The Sidewalks of New York* et *Oh ! What a Beautiful Morning* [1]. Le président lit un télégramme du gouverneur de l'Etat. Dans les cas exceptionnels, on joue l'hymne national.

A ce moment, les « rafraîchissements » ont fait leur effet, et la fumée a fortement abaissé le plafond de visibilité. Au son d'une dernière fanfare de trompettes, on éteint les lumières, les projecteurs illuminent la scène; roulement de tambour ! le rideau se lève lentement et le « Nadir » apparaît à l'assistance en délire, dans sa chaste innocence voilée de fumée. A sa droite, une magnifique blonde, en robe du soir de lamé or, à sa gauche, une petite rousse juteuse en bikini, jouant de ses cils très longs et synthétiques. D'habitude, un grand silence se fait, suivi d'un rugissement approbateur, mêlé de hurlements et de hoquets, à la vue d'un si beau spectacle. Beaucoup,

1. Salut, salut, tous les copains sont là ! — Les trottoirs du vieux New York — Quelle belle matinée !

dans l'auditoire, se sont perchés, pour mieux voir cette apothéose, sur les fauteuils, souvent pliants, et s'écrasent par terre en avalant leur chewing-gum.

Le rideau retombe, et tous se bousculent vers la sortie, à qui sera le premier à atteindre le vestiaire, les lavabos ou le bar le plus proche. Une longue queue se forme devant les cabines téléphoniques, pour lancer d'urgents appels d'affaires ou pour s'assurer la collaboration locale féminine nécessaire à célébrer, le soir, un événement si grandiose — et si loin du home.

Les garçons sont déjà occupés à ramasser les débris pour faire place à l'exposition canine qui doit commencer trois heures plus tard devant une nouvelle assemblée plus calme.

Le « Nadir », mon enfant, est né et le voici sur le chemin de la gloire commerciale, tout au moins nous l'espérons.

La création d'une automobile représente l'« industrial design » à son plus haut degré de perfectionnement technique. Elle réclame de l'imagination, du talent et des connaissances très spéciales. Nous y trouvons pratiquement inclus tous les types de dessin, depuis celui d'un produit typique (quincaillerie, tableau de bord, ornements du capot), le dessin d'un tissu (les étoffes intérieures, le tapis, etc.), jusqu'à l'éclairage, l'acoustique, etc.

Les bons dessinateurs de carrosserie font de bons « industrial designers ».

Beaucoup de mes meilleurs hommes ont fait leurs débuts dans le domaine de l'automobile. Ils forment une bande extraordinaire; ce sont, parmi tous, ceux avec qui je m'amuse le plus. Véritables fanatiques, ils sont incapables de penser à autre chose qu'à l'automobile. Ils y pensent matin, midi et soir. Ils y pensent au petit déjeuner, au lunch, au dîner et — je le crains — au lit. La vie conjugale de la femme d'un authentique piqué de l'automobile est loin d'être simple. Un de mes principaux collaborateurs a mis sa jeune femme dans un tel état d'exaspération en lui parlant vingt-quatre heures sur vingt-quatre d'automobiles, qu'elle l'a quitté cinq jours après leur mariage. Je dois dire qu'au lieu du pavillon — quatre pièces — qu'il lui avait promis d'acheter à leur mariage, il avait pris un pavillon d'une pièce avec un garage pour quatre voitures qui servait d'atelier dans lequel il transformait lui-même, le soir après le travail ou pendant les week-ends, la carrosserie de la seule voiture d'occasion qu'il avait pu se payer. Son épouse lui est revenue après un certain temps, mais la situation demeure précaire pour dire le moins. Les 7 000 dollars qu'il avait économisés filèrent dans la construction d'un roadster rouge terrifiant qui pouvait grimper facilement à 180 kilomètres à l'heure. Malheureusement, il ne comportait pas de capote, et sa femme n'appréciait que médiocrement les pluies d'orage, même à une vitesse aussi remarquable.

Quand, de temps en temps, je me trouve chez Studebaker à South Bend, j'emmène mon équipe dans un petit bistrot, spécialisé dans les steaks, qui s'appelle Alby, où les entrecôtes aux frites sont de premier ordre et les whiskies-maison abondants. Le pick-up automatique tourne sans arrêt, pendant que Phyllis, la fille du patron, s'occupe de nous. Le dîner est bruyant, et la conversation tourne strictement autour de l'auto. Les oignons frits sont inégalables.

Vers la fin du repas, la nappe est couverte de dessins de pare-chocs avant, calandres et pare-brise. Chacun est gonflé à bloc et il y a du super-carburant dans l'air.

Lorsque, à six heures du soir, notre studio à Studebaker ferme ses portes, le vrai sport commence. Chacun monte dans sa machine au moteur gonflé à bloc et la course a pris le départ. Comparée à la traversée de ces quarante blocs des faubourgs de South Bend, la course de Monte-Carlo ressemble à une promenade en chaise à roulettes dans un asile de vieillards. Cette douzaine d'engins à surcompresseur, roulant à toute vitesse et à pleins gaz, pare-brise baissés, me font dresser les cheveux sur la tête et j'adore ça. Et chaque soir, on recommence.

Dès la fin de la guerre, deux de mes assistants et moi avons pris l'avion pour Londres afin d'aller sur place examiner les dispositions à prendre pour la réouverture de notre succursale anglaise, fermée temporairement pendant les hostilités. Nous avons rendu visite à nos amis et à nos anciens clients à Londres, Birmingham, Coventry, etc. Ils étaient heureux de nous voir et appréciaient que nous ne les ayons pas oubliés, en dépit de la furieuse activité d'après-guerre, chez nous. Nous étions profondément émus par les conditions de vie et les incroyables souffrances supportées pendant si longtemps par nos amis anglais. A moitié morts d'inanition, ils hésitaient néanmoins à parler de tout ce qu'ils avaient traversé. Leur sens inné des bonnes manières pourtant leur fit sentir que c'eût été tomber dans l'affectation que de se refuser complètement à parler des épreuves qu'ils avaient subies. En gentlemen, ils trouvèrent le juste milieu, avec une dignité typiquement britannique et un humour remarquable.

Sir Stafford Cripps, ex-chancelier de l'Echiquier[1], fut un de ceux avec qui je discutai de nos buts en Angleterre. C'était en 1946. Je n'eus aucun mal à faire ressortir l'importance d'une présentation correcte pour les exportations britanniques. Il pensait déjà comme moi, et nous avons discuté de la plupart des domaines de la production. Sir Stafford était particulièrement intéressé par l'industrie automobile, et nous avons eu une franche discussion sur la philosophie automobile de l'Angleterre comparée à celle de l'Amérique. Il me promit son aide pendant la période de notre réinstallation, et il a tenu parole.

Quelques jours après mon retour à New York, je reçus une lettre très curieuse, adressée à la main, à l'encre rouge et marquée : H. M. S. Officiel[2]. L'enveloppe était très petite. Elle avait déjà servi, le nom et l'adresse du premier destinataire ayant été rayés pour qu'elle puisse être utilisée une seconde fois. Elle contenait un mot charmant, écrit de la même encre flamboyante, sur une toute petite feuille de papier, exprimant des remerciements pour ma visite, ainsi que le plaisir d'avoir fait ma connaissance. C'était signé Sir Stafford Cripps.

Cet homme d'Etat économisait les ressources de papier de l'Empire britannique.

L'ambassadeur des Etats-Unis ou Royaume-Uni était à l'époque John Winant. Il montra autant d'intérêt pour ce que nous essayions de faire que Sir Stafford. Je fus assez surpris de découvrir qu'il en savait long sur moi et sur les activités de Raymond Lœwy et ses associés en Angleterre avant la guerre. Il nous offrit son aide et nous

1. Sir Stafford est depuis décédé.
2. Officiel : Au Service de Sa Majesté.

discutâmes de la production d'après-guerre en général. Il connaissait certainement bien le sujet. On a souvent comparé physiquement John Winant à Abraham Lincoln. Il est juste de dire, je pense, que la ressemblance allait encore plus loin. C'était un grand Américain, un de ceux que je m'honore d'avoir rencontrés.

Ce n'était pas encore le moment, cependant, de reprendre nos activités. Les matériaux de base étaient trop rares pour parer à la fois à la reconstruction et à la fabrication des objets indispensables à la vie courante du temps de paix. Chaque produit fabriqué était réduit à sa plus simple expression. C'était l'ère de l'Austérité.

Nous avons donc décidé de retourner à New York et d'attendre un peu. Nous avons attendu « un peu » nos places sur l'avion... Neuf jours ! Neuf jours pendant lesquels nous avons eu l'occasion de nous documenter à fond sur la nourriture. Austérité, le cafard. Austérité et l'humour d'un grand peuple.

Voici deux ans, je me trouvais à l'usine d'un grand fabricant d'automobiles d'Angleterre avec le plus doué et le plus typiquement américain de nos dessinateurs. Ses manières étaient correctes, selon l'étiquette plutôt relaxée des courses de dirt-track du Middle West, mais un peu surprenantes pour le Royaume-Uni. Il était parfait sur la piste d'un autodrome de petite ville ou au volant d'un engin de course, s'exprimant dans le plus pur argot de Chicago, haut de six pieds, habillé de vieux tweeds.

Tuck fit sensation au lunch pris en compagnie de nos dignes clients, dans la Grande Salle à Manger, comme on dit en Angleterre. Tuck était obsédé par les deux maîtres d'hôtel en habit, qu'il regardait constamment avec gêne et suspicion. Nos hôtes étaient charmants, et nous régalèrent pendant le lunch de quelques plaisanteries très britanniques subtiles jusqu'à l'obscurité auxquelles nous répondions par des sourires polis mais perplexes. Tuck était complètement soufflé mais, sentant qu'il devait à ses gracieux hôtes de les divertir à son tour, il s'embarqua dans une histoire pimentée, et trop claire, celle-là, sur une jolie fille de sa connaissance qui avait perdu son cache-sexe au cinéma pendant la projection d'*Autant en emporte le vent.*

Après quelques instants de profond silence, nous revînmes à une conversation normale, un peu abasourdis, mais soulagés. Tuck, voyant la réaction plutôt figée, en déduisit que nos hôtes n'avaient pas compris et allait recommencer son histoire. J'eus du mal à le diriger vers un sujet plus automobile, et nos hôtes surveillaient mes efforts avec autant d'angoisse que d'espérance.

Stratford-sur-Avon est à mi-chemin entre l'usine de nos clients et Londres. L'administrateur-délégué nous demanda si nous avions jamais vu la ville et, sur notre réponse négative, il s'arrangea pour nous faire conduire dans une grande limousine à Stratford où il avait commandé par téléphone un dîner somptueux, étant donné la pénurie de vivres, à l'hôtel Shakespeare. Nous devions ensuite voir une pièce jouée dans le Vieux Théâtre de Shakespeare par la célèbre troupe du Répertoire.

A notre arrivée dans la charmante hôtellerie du XVe siècle, nous avons été reçus, comme invités distingués venant d'Amérique, par le directeur en jaquette, le chef du personnel en habit et son assistant. Ils s'exprimaient tous comme des personnages d'*Othello.* Nous étions fortement impressionnés. Tuck comprenait à peine ce qu'ils disaient, et l'absorption de trois *pink gin* n'arrangea pas les choses, pas plus que l'arrivée du splendide maître d'hôtel avec le menu du dîner préparé à notre intention.

S'adressant à Tuck, il s'enquit de ses préférences pour le steak.

— Bleu, répondit Tuck (incompréhensible pour un Anglais. On dit « peu cuit »).

— Pardon, Monsieur ?

— Bleu, j'ai dit.

— Je suis désolé, Monsieur, mais je ne vous...

— Sanglant, quoi. V'savez ce que je veux dire ? Embrassez mon steak sur chaque joue, ça suffira. (Ceci, en anglais, est à la fois obscur et choquant. « Sanglant » est un mot très grossier en Angleterre.)

Quand le dîner fut terminé, nos maîtres d'hôtel shakespeariens étaient effarés et soulagés. On alla au théâtre en voiture, tous prêts pour du Vrai théâtre. Mais, ce soir-là, on jouait : *La Vie avec mon Père !* (pièce américaine contemporaine en argot new-yorkais.)

Puis retour à Londres, où, après avoir crevé deux fois, notre limousine cahotante arriva à trois heures du matin sous une pluie torrentielle. Tuck avait insisté pour avoir le plaisir de changer le pneu lui-même, à la grande consternation de notre chauffeur, en gants à crispin et portant la cravate ascot en piqué blanc du parfait gentleman-chauffeur.

En 1947, sentant que le moment était enfin arrivé, nous reprenions nos activités dans Grosvenor Street, à peu de distance de l'ambassade des Etats-Unis. Le peuple britannique s'intéresse beaucoup à l'« industrial design ».

Tellement, que j'ai dernièrement reçu plusieurs lettres du Royaume-Uni, dont le cachet de la poste portait cette légende : « Bon dessin, bonnes affaires. » Mes conversations avec Sir Stafford avaient porté leurs fruits !

Le Conseil de l'« industrial design » est patronné par le gouvernement, et se montre très actif. Il me semble toutefois que le nombre considérable de discussions engendrées par le sujet n'est pas en rapport avec le volume de travail produit. Pour une raison ou pour une autre, l'« industrial design » est devenu un thème favori d'argumentation dans les milieux de Chelsea [1]. La discussion semble tourner principalement autour de ce point : « Est-il bien, oui ou non, pour un dessinateur, de donner au public ce qu'il demande, même si le goût du consommateur se trouve manquer de toutes les qualités souhaitables ? » ou : « Son intégrité professionnelle l'oblige-t-elle à ne faire que des dessins de la plus haute qualité esthétique, même s'il doit payer par un échec et la perte éventuelle de son client ? » Les avis sont partagés et cela conduit à de passionnantes discussions d'après-dîner qui me plongent (selon ce que j'ai mangé) dans un rage violente ou une somnolence totale.

J'ai fait remarquer à mes fougueux amis que, pendant qu'ils planent gracieusement dans les cieux azurés de la stratosphère du dessin industriel, nous autres, dessinateurs américains, faisons des efforts constants dans le but d'améliorer graduellement le niveau du goût de la masse des consommateurs. Le processus n'est pas aussi rapide que nous le voudrions, mais aller trop loin, trop tôt, vers un but esthétique trop exalté peut avoir pour le fabricant des répercussions catastrophiques. Nous allons aussi vite que possible mais nous estimons que ce but louable en soi ne justifie que rarement la mise en faillite d'un client. Nous sommes tous partisans de produits plus plaisants à l'œil s'ils vont de pair avec des courbes de ventes également plus

1. Saint-Germain-des-Prés de Londres.

plaisantes et plus d'emplois pour la main-d'œuvre. Cette philosophie affreusement américaine m'a fait atterrir dans pas mal de situations explosives, particulièrement avec une série d'articles publiés dans la page des éditoriaux du *Times*, où il me fut à l'occasion gracieusement accordé de défendre le point de vue américain. Une fois, pendant une de ces discussions académiques, les gars de Chelsea me demandèrent ce que je pensais de leur théorie : vente contre esthétique. « Si vous voulez me permettre de citer votre compatriote, Shakespeare, dis-je, je l'appellerai : « Fatiguée, rebattue, plate et " sans profit ". » Quand ils me rappelèrent que le dessinateur industriel devait être prêt à tout instant à sacrifier les intérêts de son client sur l'autel de la pure esthétique, je demandai qu'il me soit permis de citer la phrase de Winston Churchill : « Je ne suis pas devenu le Premier Ministre du Roi pour présider à la liquidation de l'Empire britannique. »

— Dans mon humble cas, dis-je, je ne suis pas devenu le conseil de mes clients pour présider à la liquidation de leurs affaires.

Toutes ces discussions enfantines sont appelées à disparaître progressivement, sous la pression d'une loi très terre à terre mais fort pertinente : Produire pour survivre.

La technique de l'« industrial design » en Angleterre n'a pas encore atteint le degré de perfection de la nôtre. Cette situation est due, parmi d'autres facteurs, à la jeunesse de la profession; également au fait que les crédits sont plus limités et que les fabricants, les exploitants ne sont pas encore conscients du parti qu'ils peuvent tirer de notre profession.

Mais cette situation est appelée à s'améliorer rapidement car les dessinateurs britanniques ont du talent [1]. Plusieurs de ceux que notre firme emploie à Londres sont excellents. Nous avons à surveiller leur tendance vers un

1. Cette prédiction, considérée aujourd'hui en 1962, était fort juste.

excès de style. Quand le projet sur lequel ils travaillent atteint un stade satisfaisant, ils semblent incapables de résister à l'envie d'ajouter une bordure de plus, un ornement, une moulure, une torsade, des arabesques et de tout gâcher. Ils ont à apprendre la sobriété auprès des Scandinaves, des Français (récemment) et, spécialement, des Italiens. Quelques dessinateurs de l'Ecole de Milan sont remarquables dans leur façon directe d'aborder les problèmes. Un autre point faible des dessinateurs britanniques, c'est leur lenteur. Et puis, ils parlent beaucoup trop de théorie.

Je sais que quelques-uns de mes amis d'outre-Atlantique éprouveront peut-être quelque ressentiment devant ces légères critiques. J'espère qu'ils comprendront qu'elles sont faites dans un but constructif et rien d'autre. C'est toujours un plaisir pour nous de travailler avec les Britanniques, qu'ils soient nos employés ou nos concurrents. Je sais qu'ils me comprendront et me pardonneront. En ce qui concerne « Raymond Lœwy Associates », nous sommes prêts à la plus entière coopération.

1960. Juke-box dans le bar de l'appartement de l'auteur à New York.

Ci-dessus. En bas : 1945. Carrosserie spéciale *Lincoln continental*, entièrement soudée sans aucun raccord visible. Le chromage a été pratiquement éliminé. L'auvent est en matière plastique transparente. *En haut :* 1951. Autobus duplex intercontinental rapide *Greyhound*. Vitesse : 130 km/h.

1953. La Studebaker type sport qui, d'après la revue « Sélection du Reader's Digest », a influencé l'apparence de toutes les autres voitures américaines construites depuis.

Ci-contre, à gauche : Le 26 février 1956 les nouveaux faisceaux lumineux rotatifs de l'Empire State Building furent mis en service. Ils sont visibles par temps clair à 250 km de distance et se meuvent verticalement et horizontalement.

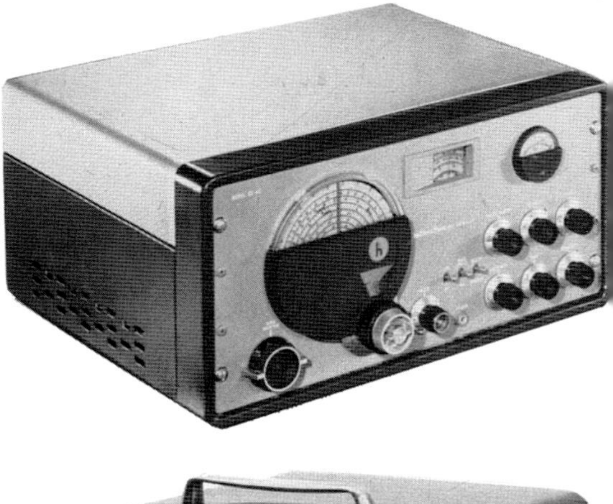

Ci-contre, à droite : 1946. Appareil de radio *Hallicrafter* à ondes courtes. *En dessous :* 1955. Poste de télévision portatif Westinghouse.

1954. Service en porcelaine
pour Rosenthal (Bavière),
Allemagne de l'Ouest.

1956. Robinetterie pour éviers *Elkay*.

1958. Ustensile de cuisine
en acier inoxydable avec
poignée fonctionnelle.

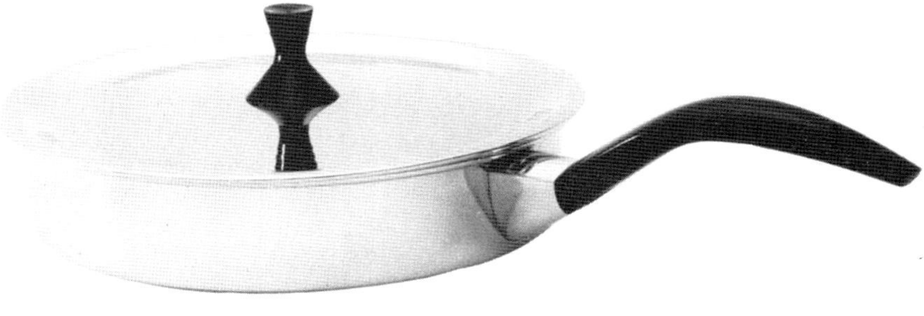

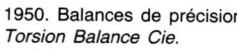

1950. Balances de précision *Torsion Balance Cie.*

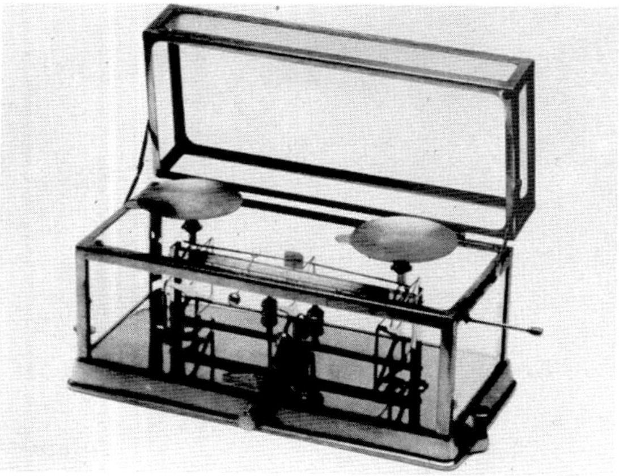

avant

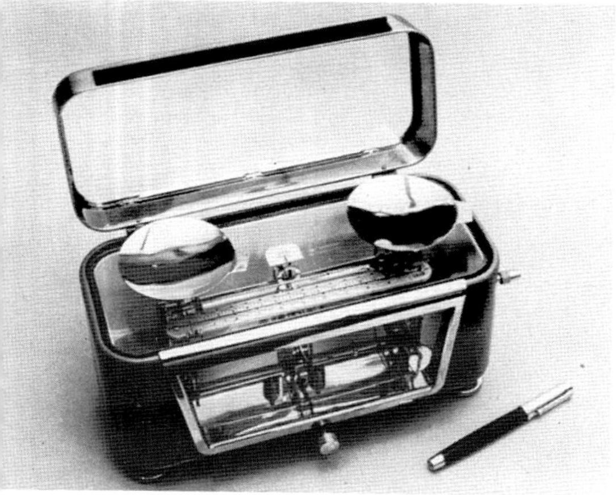

après

1956. Bascule de précision *Borg.*

1959. Appareil électronique de dictée *Soundscriber*.

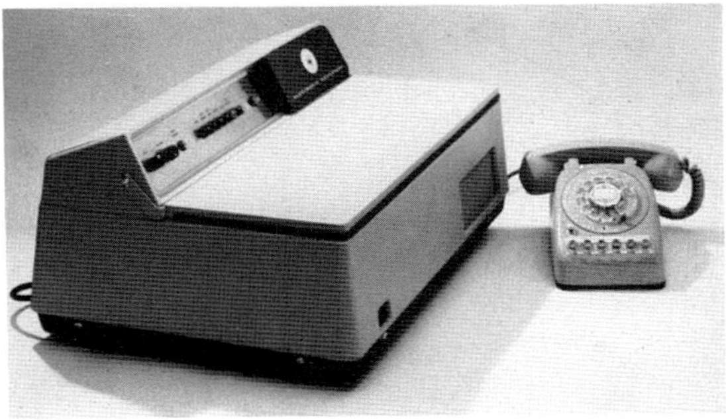

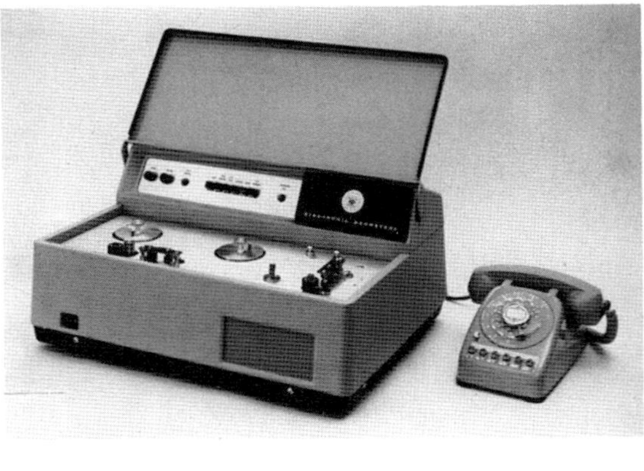

Secrétaire électronique pour la General Telephone System Cie.

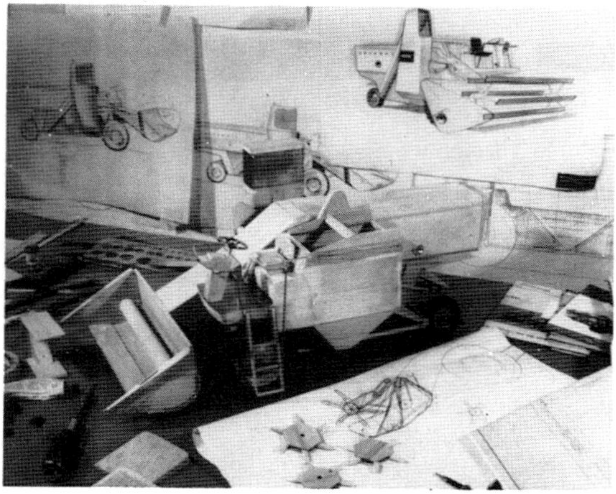

◀
1956. Moissonneuses *Cockshutt* (Canada), avant et après. Premier modèle et premières esquisses pour *Cockshutt*.

1956. Excavatrices *Dynahoe* et *Payloader*. ▶

avant

après

1956. Hélicoptère l'*Alouette* *S.N.C.A.S.E.*

Ci-dessus, en haut : 1957. Carrosserie spéciale construite par Pichon Parat à Sens sur un châssis BMW 507 (Mme Raymond Lœwy). *En bas :* 1959. Cadillac carrossée spécialement d'après les dessins de l'auteur par Pichon Parat à Sens.

Ci-dessus, en haut : 1955. Carrosserie spéciale en aluminium construite par Boano à Turin sur châssis *Jaguar XK-120*. *En bas :* 1959. Carrosserie spéciale en aluminium construite par Motto à Turin sur châssis *Lancia-Flaminia*.

1955.
Tracteur *Cockschutt*
(Canada).

avant

après

Ci-dessus, en haut : 1936. *S/S Princess Anne.* Ferry-boat rapide dont l'avant s'ouvre permettant l'accès à soixante-quinze automobiles désirant traverser la baie de Virginie. Le magazine publié par l'Institut Technologique du Massachusetts, la plus prestigieuse école d'ingénieurs en Amérique, prédit à l'époque que les lignes nouvelles de ce navire allaient sans doute affecter l'apparence de tous les nouveaux vaisseaux construits à l'avenir. Il serait intéressant de noter combien ses lignes différaient des bateaux en service à l'époque. *En bas :* 1948. *S/S Panama.* Transatlantique ayant servi de quartier général au général Eisenhower pendant l'invasion de la côte normande.

1958. *S/S Brasil*. Transatlantique identique au *S/S Argentina* construits simultanément et assurant le service entre les États-Unis et l'Amérique du Sud. Ces deux navires sont des plus luxueux et rapides, entièrement climatisés, équipés de larges piscines et comprenant beaucoup d'idées nouvelles depuis adoptées par d'autres lignes. Remarquer la passerelle d'observation sur la tour centrale, qui n'est pas une cheminée, l'échappement se faisant tout à fait à l'arrière par les cheminées latérales tubulaires.

1958. Tour électronique.

1958. *S/S Brasil*. Buffet au bord de la piscine.

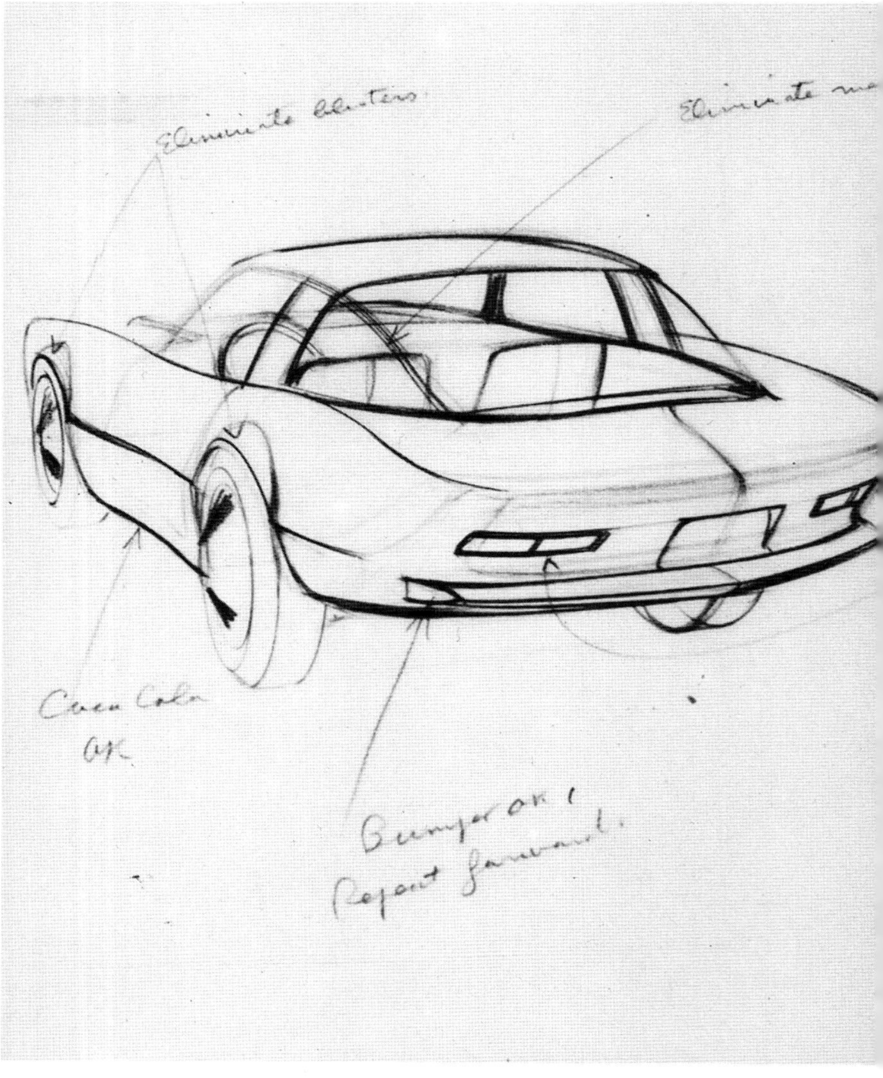
Eliminate blisters.
Coca Cola
OK.
Bumper OK!
Repeat forward.

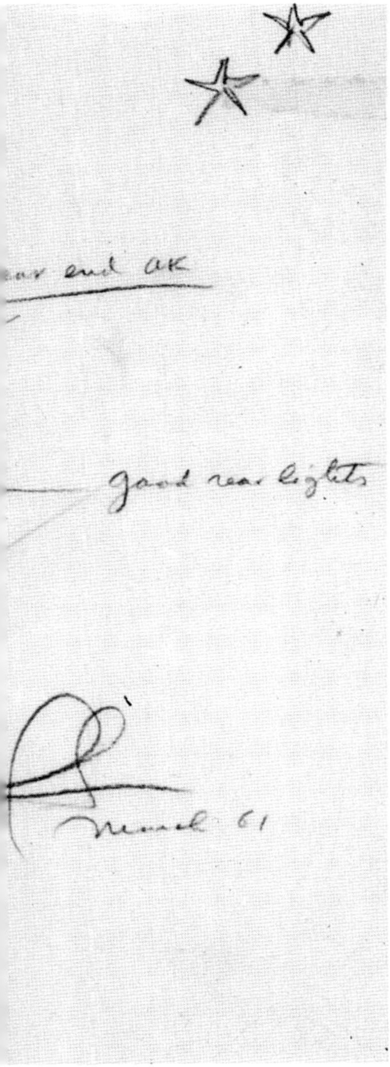

1962. « Avanti » par *Studebaker*. Cette voiture a établi en mai 1962 sur le circuit de courses de Riverside (Californie) plusieurs records officiels pour voitures américaines de série, dont le record de vitesse à 275 km/h et d'accélération, de 0 à 100 km/h en 6 secondes 7 dixièmes. Elle est équipée de freins à disque et d'un superchargeur.

1961. Croquis original de l'« Avanti » ayant servi de base au développement final.

La nouvelle voiture américaine de grand sport Avanti fut dessinée par l'auteur et une petite équipe de trois dessinateurs, en l'espace record de huit jours, dans son studio situé dans le désert de Californie. *Ci-dessus :* Viola Lœwy, Raymond Lœwy et l'équipe avec le modèle au huitième en cire à modeler d'Avanti.
L'auteur devant son « studio » à Palm Springs, dans le désert de Californie où beaucoup de ses conceptions trouvent leur origine.

Bureau de l'auteur à la Compagnie de l'Esthétique industrielle à Paris.

Toutes photos D. R.

CHAPITRE 19

NOUS AVONS CONSTATÉ AU CHAPITRE XIII QU'IL ÉTAIT POSSIBLE D'ATTIRER L'ATTENTION PAR UNE VARIATION SOUDAINE DANS LA TAILLE OU LA FORME D'UN ÉLÉMENT RÉPÉTITIF. IL EXISTE UN AUTRE MOYEN D'ATTEINDRE CE RÉSULTAT SANS CHANGER AUCUNEMENT LES ÉLÉMENTS EUX-MÊMES, EN VARIANT SIMPLEMENT

LES ESPACES ENTRE

CEUX-CI, IL EST POSSIBLE

DE CRÉER UNE CA-

DENCE NOUVELLE.

EN RESSERRANT LES ÉLÉMENTS, L'EFFET DEVIENT CONSTRICTIF ET DÉCÉLÉRATOIRE PERMETTANT DE DONNER A UN OBJET UNE APPARENCE COMPACTE SANS RIEN CHANGER AUX DIVERS ÉLÉMENTS QUI COMPOSENT CET OBJET MANUFACTURE.

19

Le stade Maya

Notre intime contact avec toutes les classes de consommateurs, de diverses races ou origines, dans tous les Etats de l'Union nous met à même de connaître et de comprendre les réactions de la masse. Nous avons développé, pourrait-on dire, un sixième sens : le sens de réceptivité du public; qu'il s'agisse de la forme d'une glacière, de l'agencement d'un magasin, de l'emballage d'un savon, du style d'une voiture ou de la couleur d'un remorqueur, cet aspect de notre profession ne cesse de me fasciner. Pourtant, quels que soient nos efforts pour offrir au public un produit aussi moderne dans sa conception et sa fonction que le permettent les ressources de la technique moderne, il arrive que nous soyons déçus et que le produit se vende mal. Il semble qu'il existe pour chaque produit (ou service, ou magasin, ou emballage, etc.) pris individuellement, une zone critique. Le désir de nouveauté du consommateur atteint ce que j'appellerai le seuil de choc. A ce point, le désir d'acheter atteint un palier, et parfois se transforme en une résistance absolue. C'est une sorte de combat entre l'attraction du nouveau et la crainte du non-familier. Le goût du public adulte n'est pas nécessairement suffisamment affiné pour accepter les solutions logiques à ses exigences, si ces solutions impliquent une trop grande innovation par rapport à ce que l'acheteur a l'habitude de considérer comme une norme. En d'autres termes, ils ne « marchent » que jusqu'à un certain point. C'est pourquoi, le dessinateur industriel astucieux est celui qui, avec lucidité, flaire « le seuil de choc » dans chaque problème particulier. A ce point, une création atteint ce que j'appelle le stade MAYA (majuscules de la phrase américaine : *Most Advanced Yet Acceptable*, qui peut se traduire par « Très Osé, Mais Acceptable »).

Jusqu'à quel point le dessinateur peut-il pousser la recherche de style avancé ? Question de première importance, clé du succès ou de l'échec d'un projet. Une parfaite compréhension des goûts du consommateur s'impose pour répondre à cette question de façon satisfaisante.

Nous autres, dessinateurs, sommes des réalistes, nous aimons traiter des problèmes précis. Cependant, il n'existe pas d'étalon, pas de moyen d'établir une courbe des réactions du public aux créations osées. Néanmoins, certains faits bien établis nous aideront à y voir clair. Etant ingénieur dans l'âme, j'ai essayé d'introduire un peu d'ordre dans ce marécage confus du comportement esthétique humain; en termes plus simples, la réceptivité du public aux formes inusitées.

Afin d'éviter des tâtonnements inutiles, j'aimerais indiquer pour commencer quelles sont les idées de Raymond Lœwy Associates à ce sujet. Il ne faut pas oublier que nos conclusions sont nécessairement empiriques, et qu'alors que nous parlons de produits manufacturés en général, elles s'appliquent plus particulièrement au domaine de l'automobile.

1° La production massive d'un même produit manufacturé en grande série par une puissante Compagnie, pendant une longue période, tend à conférer à l'apparence de cet article déterminé la valeur d'une norme dans son propre domaine. (Le public accepte cette forme comme le critère de silhouette et de « style ».)

2° Toute forme nouvelle qui s'écartera de façon abrupte

de cette norme fera courir un risque variable au fabricant (Nous analyserons plus loin le caractère de ce risque au double aspect positif et négatif.)

3° Le risque augmente dans le cas d'une vaste entreprise au carré de l'écart entre la norme acceptée et la forme avant-garde inédite. En termes plus simples, pour une grande entreprise : une petite innovation est un grand pas en avant fort risqué.

4° Le risque augmente encore dans le cas d'une plus petite entreprise ou d'un fabricant d'automobiles indépendant. Il est le cube de l'écart entre la norme et la forme inédite. (Il est en effet plus difficile pour ceux-ci d'établir une norme, parce qu'ils ne peuvent inonder le pays de produits ayant leur style avant-garde nouveau.)

5° Si le petit fabricant ou le constructeur indépendant d'automobiles réussit à établir sa propre norme, il peut amener la grande entreprise à élargir l'écart du style entre son modèle actuel et son modèle à venir, en vue de faire accepter, grâce à une campagne de publicité massive, une norme nouvelle et différente. Ou, au contraire, le gros fabricant peut user de représailles en ne changeant rien ou presque rien pour réaffirmer avec force la validité de sa propre norme et, par là, discréditer les tentatives de démarrage de la concurrence. (Leurs vendeurs mettront l'acheteur éventuel sur ses gardes : « Je n'aimerais pas acheter cela, c'est très osé, vous vous en fatiguerez ».) La grosse entreprise emporte en général le marché uniquement par le volume de sa production en masse appuyée par un colossal effort publicitaire.

6° Le consommateur est influencé dans son choix par deux facteurs opposés : *a*) attrait de la nouveauté et *b*) résistance au non-familier. Comme le dit Kettering, « les êtres ont l'esprit ouvert aux choses nouvelles, pour autant qu'elles ressemblent exactement aux anciennes ».

7° Quand la résistance au non-familier atteint la limite du seuil de choc et que commence la résistance à la vente, nous pouvons dire que le dessinateur est confronté avec le stade MAYA.

8° Un produit a atteint le stade MAYA quand 30 % (pour prendre un chiffre arbitraire), ou plus, des consommateurs réagissent négativement à la forme nouvelle.

9° Lorsqu'une création semble trop osée au consommateur, il y résiste, qu'il s'agisse d'un chef-d'œuvre ou non. En d'autres termes, l'exceptionnelle valeur intrinsèque du dessin ne peut surmonter la résistance à son côté « osé »; le stade MAYA est dépassé. Il existe des constantes dans ce problème :

a) Les adolescents sont les plus ouverts aux idées avancées;

b) Deux individus non mariés, ayant chacun un coefficient MAYA élevé, ont un coefficient commun moins élevé dès qu'ils se marient (en d'autres termes, leur goût collectif devient plus orthodoxe, plus pot-au-feu et conservateur) ;

c) Les gens plus âgés sont de plus en plus influencés par les opinions des adolescents en matière de style (ce processus est un facteur d'accélération) ;

d) L'épouse est souvent le facteur décisif au moment de l'achat. Son influence, qui semble décroître en proportion directe de la durée du mariage, atteint un palier et semble jouer ensuite en sens inverse;

e) Le stade MAYA varie selon la topographie, le climat, la saison, l'importance des revenus, etc. (Par exemple une création osée se vend mieux dans le Texas que dans le Dakota. La couleur noire est plus populaire en Pennsylvanie qu'en Floride ou en Californie. Une création audacieuse sera bien accueillie dans les grands centres, villes universitaires, de villégiatures; assez froidement dans les villes minières, les régions agricoles, etc.).

En résumé, disons que toute création qui sort de l'ordinaire comporte un risque pour le fabricant, qui doit soit prendre ce risque jusqu'à un certain point, soit assister à la désintégration lente, mais certaine, de sa firme.

Le fabricant astucieux semble être celui qui accepte de prendre ce que le général Eisenhower appelle « un risque calculé ». La théorie exprimée ci-dessus, bien qu'empirique, peut l'aider dans ses calculs.

Qu'entendons-nous par « le risque » ? Il y a autant de définitions que de gens qui définissent. Notre théorie est à peu près la suivante : Premièrement, une entreprise grande et prospère peut marcher pendant des années en ne prenant qu'un minimum de risques calculés. Sa propre norme agit comme un volant en matière de style. Cet équilibre peut être maintenu jusqu'à ce qu'une autre firme, d'importance égale, réussisse à établir une norme différente.

Deuxièmement, un fabricant de moindre importance ou indépendant [1] peut survivre longtemps sur la base du risque minimum, pourvu qu'il suive de près les normes établies par les affaires géantes qui dominent le marché. Mais son affaire ne pourra progresser. Un cas « d'anémie pernicieuse de vente » se déclarera, entraînant l'extermination éventuelle.

Troisièmement, supposant que la qualité et le prix soient adéquats, le risque calculé est, pour le fabricant de moindre importance, la porte ouverte à de meilleures affaires. C'est le point de départ d'heureuses opérations, de l'extension probable de ses activités et du rajeunissement de toute l'entreprise.

Quatrièmement, le risque calculé doit être tel qu'il n'entraîne jamais la création d'un modèle ayant dépassé son stade MAYA, sauf dans quelques cas, où l'état des affaires est désespéré. J'appelle ceci le « style commando », par analogie à l'expression médicale « opération commando », qui consiste à retirer à un cancéreux condamné d'énormes sections d'os ou de tissus, tentative chirurgicale ultime et

1. Indépendant signifie non affilié à une grande compagnie telle que la General Electric, la Ford, la Radio Corporation, etc.

désespérée mais qui parfois apporte des résultats miraculeux.

Cinquièmement, il existe des voies et des moyens d'une précision raisonnable pour s'assurer à l'avance du niveau de MAYA d'un produit donné, dans le « climat » d'un consommateur donné. Ce « climat » est fourni par l'Etat, la situation dans cet Etat, le revenu, les caractéristiques locales, etc. Le ministère du Commerce à Washington donne à tous ceux qui s'adressent à lui des statistiques et des renseignements de très grande valeur, et sans aucune complication bureaucratique.

La thèse exposée ci-dessus, bien que fort empirique, a néanmoins une certaine valeur. Nous en avons fait bon usage dans la création de milliers de produits, emballages, structures, etc., pour plus d'une centaine d'entreprises.

Inutile de dire que l'usage de symboles mathématiques — cube, carré, etc. — ne prétend pas être précis. Ces termes sont employés au figuré, pour exprimer une relativité qui ne peut être mesurée.

En tant que conseils, nous n'avons pas pour seule tâche de guider nos clients dans la forêt vierge de la création d'avant-garde. Par exemple, chaque fois qu'un nouveau produit est mis au point et prêt pour la fabrication, nous faisons travailler notre imagination dans tous les sens pour découvrir par avance tout trait qui pourrait être déformé, mal compris, ou prêter à des plaisanteries fâcheuses. Pour illustrer ce point, quelques exemples. Nous avons annulé, à la dernière minute, un modèle préparé pour un ustensile de ménage qui, dans certaines conditions d'éclairage, évoquait la ressemblance avec une tête de grenouille. Ou un certain type de réfrigérateur, dont la prise de courant et les deux boutons de contrôle latéraux le faisaient ressembler vaguement à un requin. Chacun se rappelle le cas d'une automobile bien connue, une excellente voiture qui, malheureusement, avait une carrosserie boursouflée et qui devint célèbre sous le nom de « la 6 enceinte », surnom peu favorable à la vente ! Ou prenons le cas de ce livre même, que j'avais d'abord intitulé *Enter I*[1]; un lecteur aurait pu dire : tout ce que j'ai tiré d'*Enter I* c'est une légère crise d'ENTER I TE, et cela n'aurait fait aucun bien à l'ouvrage.

En ce qui concerne les groupes d'âge, il est définitivement établi que le groupe des adolescents est beaucoup plus ouvert aux créations osées que le groupe qui les suit, disons de 20 à 40. Après 40 ans la résistance augmente vite. En d'autres termes le rêve de l'« industrial design » progressiste serait de créer pour les jeunes. Mais les fabricants savent que les adolescents ont rarement beaucoup d'argent à dépenser, ce qui est très regrettable.

J'irai jusqu'à dire que si la réceptivité des jeunes aux créations sortant de l'ordinaire pouvait être prolongée jusqu'à l'âge de 25 ans, les produits, dans de nombreux cas, pourraient être fabriqués selon des conceptions plus osées, avec l'assurance de se vendre bien. Ils se vendraient également, par contagion, aux couches plus âgées. Mais en dehors de cela, je dirai que le secteur des adolescents en Amérique constitue un gros appoint pour toute l'économie du pays et cela dans bien des domaines, car il stimule le progrès. Son influence est de beaucoup supérieure à son pouvoir d'achat limité, il agit comme un véritable stimulant pour le pays tout entier.

Personnellement, j'ai une profonde affection pour ces garçons et ces filles et je respecte leur goût. Qu'ils tombent ou non périodiquement dans quelque engouement stupide qui ne fait de mal à personne, leur goût demeure, à la base, fondamentalement correct. Alors, à vous les jeunes, centre nerveux de la nation, plus, toujours plus de pouvoir.

1. En français : « J'entre » (aux Etats-Unis).

CHAPITRE 20

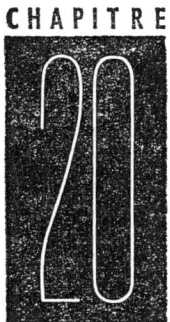

Nous avons vu au chapitre XVIII qu'il est possible d'adoucir l'apparence par trop sévère d'un objet.
EN CONTRASTE DIRECT AVEC CECI, IL EST CERTAINS CAS OU UN OBJET COMPREND TANT DE SURFACES COURBES QU'IL PERD TOUTE FORME ET TOUT CARACTERE DEFINIS.
Il est alors nécessaire d'introduire un motif sévère qui restituera à l'ensemble une tenue plus "organisée". Dans le cas de produits tels que machines à coudre, aspirateurs, le capot d'un camion, etc., une marque de fabrique nette et stricte fournira l'accent nécessaire. Le contraste entre ce texte et le panneau noir qui le domine illustre ce principe.

20

L'épidémie de « Borax »[1]

Vous aimez les meubles « modernes »? Ils vous plaisent? Vous vivez en bonne harmonie avec eux ? Bien. J'en suis ravi pour vous et cela m'enchante plus que je ne saurais le dire, étant, je l'espère, un homme de mon temps. En ce qui me concerne, la plupart me rendent malade, et je préférerais vivre dans une chaumière à Cape Cod. Rien n'est pire que le mauvais moderne. Le mauvais moderne pourtant représente environ 75 % de la production et c'est tragique et injuste aussi pour la multitude des jeunes Américains contemporains qui aspirent à être dans le train et à vivre avec leur époque; pour les jeunes couples mariés qui considèrent les styles du passé comme des styles morts et qui investissent courageusement une grande partie de leurs économies dans l'ameublement « moderne »; pauvres gosses, mal guidés, qui découvriront bientôt qu'il n'est pas un style plus mort que celui-là. Mais c'est trop tard : ils sont prisonniers de cette matière morne, qui sert de cadre à leur vie quotidienne. Ils ont échangé leurs précieuses économies contre ce faux art, contre les rossignols du style d'aujourd'hui. On l'appelle aussi « ameublement à module interchangeable ». Chaque meuble : commode, étagère à livres, table de chevet, buffet, bureau,

1. « Borax » est le nom d'un genre spécial très vulgaire de mobilier populaire aux U.S.A.

etc., est de dimensions standardisées ou ajustables. Ainsi, l'on peut permuter, arranger et combien ces unités de toutes les façons possibles. Les gens pourvus d'imagination ou d'un tempérament instable peuvent jongler avec les meubles dans tous les sens, avec toujours le même résultat : une piètre installation sera, en quelques minutes, transformée en une autre tout aussi piètre. J'ai vu d'innombrables versions du magistral ameublement interchangeable, et je dois avouer que je leur ai trouvé à toutes le même air de stérilité navrante.

Il est fort dommage qu'il y ait si peu de beaux meubles contemporains disponibles, car nous ne pouvons continuer à vivre éternellement avec de mauvaises copies de Chippendale, de Sheraton ou de rustique français. Nous avons grand besoin de quelques dessinateurs inspirés par bien plus qu'un système ou qu'une connaissance des matériaux et de la technologie modernes. Ce qu'il leur faut d'abord, c'est la compréhension de ce qu'est le charme, de ce que l'on appelle le plaisir de vivre, un flair sûr qui donnera un aspect humain et non pas sèchement logique à l'ameublement d'une demeure. Quelques dessinateurs américains ont fait preuve de talent dans ce sens et plusieurs artistes italiens et scandinaves en ont saisi l'idée. Malheureusement, les dernières créations nordiques ne semblent pas bien s'intégrer dans le mode de vie américain. Elles paraissent mieux à leur place à Oslo, Jönköping ou Malmö. A Philadelphie ça n'est déjà plus ça; à Little Rock, elles ne sont plus supportables du tout.

Un autre gouffre où quelques-uns de nos décorateurs modernes se sont précipités, à la vitesse accélérée de g^3, c'est le vilain éclairage. En hommes rationnels, ils ont décrété que l'éclairage, pour être logique, devait être distribué également, sans points lumineux, ni ombres; en d'autres termes, qu'il devait être diffus. Nous avons ainsi été inondés par cette invention accablante, l'éclairage fluorescent du type appelé « jour artificiel ». Cette effroyable découverte produit un lugubre halo bleuâtre qui fait paraître livide n'importe qui en bonne santé [1]. Si on l'utilise dans une cuisine blanche, avec meubles et accessoires blancs, on s'attend à voir papa étendu sur la table d'émail blanc, tout prêt pour l'autopsie; son fils, lui, semble atteint de peste bubonique, et quant à maman, elle paraît n'attendre que l'embaumeur. Quand on le sert, le bifteck a l'air d'être gangreneux, le café est violet et la purée de pommes de terre forme une boue gris-bleuâtre. Tout est efficace, lugubre et moderne.

Le living-room est inondé du même genre de halo cosmique et l'ameublement Ajustable enrégimenté se tient au garde-à-vous, avec toutes ses poignées chromées briquées comme des boutons. Les sièges sont raidement fonctionnels et recouverts — à titre d'hommage à la couleur — d'une espèce de tissu orange ou vert poison. Une table à cocktails, basse, aux pieds grêles et au plateau en forme d'amibe, introduit dans l'ensemble l'élément de « forme libre ». Sur cette table, des cendriers orange et quelque œuvre d'art — probablement une panthère noire luisante qui s'étire; à moins que ce ne soit un esclave nubien en turban d'or tendant avec extase un autre cendrier citron. Des serre-livres de style cubiste empêchent *Forever Amber* et *The Manatee* [2] de tomber l'un sur l'autre, sous l'œil fixe et standardisé d'un Van Gogh en litho. (Il y a un autre Van Gogh dans la pièce, les inévitables Tournesols jaunes dans un cadre blanc.)

Du point de vue théorique, l'éclairage est parfait, pas d'ombre, pas de fatigue pour les yeux, pas de zone sombre. Le mobilier est utilitaire; rien que des tiroirs, des éta-

1. D'autres dispositifs d'éclairage fluorescent donnent une lumière plus chaude et fort agréable.
2. Célèbres romans américains d'une tenue littéraire douteuse.

gères, des placards; pas d'espace perdu, rien qui dépasse. Le chauffage est également parfait, pas de cheminée encombrante, mais une température diffuse, également distribuée. Aucun rayonnement de chaleur, pas de coin frais. Tout a été ramené à son niveau logique, réduit à sa plus simple expression technique. C'est une merveilleuse « machine » à habiter.

C'est mortel.

Avant la guerre j'avais un dessinateur suédois de tout premier ordre qui se nommait Torben Müller. Torben était doué d'un goût exquis et il dessinait pour nous d'adorables choses. Cependant, de temps à autre, il piquait un accès de « fonctionnel » qui donnait des résultats extraordinaires. Il décida d'avoir dans son appartement de New York une chambre à coucher véritablement utilitaire. Réduite aux choses essentielles, une chambre n'a pas besoin d'être grande, puisqu'il y suffit d'un lit, une chaise, une porte et une fenêtre. Torben aimait lire au lit. Aussi, ayant choisi une pièce de la taille d'un grand placard, il la peignit tout en blanc à la peinture émail. Le plancher fut laqué en gris et la fenêtre garnie de verre dépoli. Dans un coin se trouvait un lit l'hôpital laqué blanc (manivelle et tout le reste). Un projecteur de dentiste pointait un cône de lumière bleuâtre au point exact où Torben avait à tenir livre, brochure, etc. Le seul autre meuble était un tabouret tubulaire de salle d'opération également émaillé blanc.

Je vis cette pièce une fois et elle me déprima beaucoup. Ayant été mobilisé, le pauvre cher Torben, ce charmant jeune gars, disparut pendant la guerre, alors qu'il traversait le Pacifique sur un vaisseau transporteur. Un jour, brusquement, il demeura introuvable. Le plus étrange, dans l'histoire, c'est que tout ce qu'il possédait comme vêtements, effets personnels, équipement et armes, s'était également évanoui; on n'eut jamais la moindre idée de ce qui était arrivé. Une disparition des plus « fonctionnelles » par calme plat et tout à fait dans la note.

Pour résumer cette histoire d'ameublement moderne, je pense qu'il est presque toujours affreux, et cette déclaration risque de m'attirer pas mal d'ennuis. Tout ce que je demande de mes bourreaux en puissance, c'est la faveur de ne pas être cité hors de mon contexte : je suis tout à fait partisan de l'ameublement moderne. J'en possède quelques exemplaires ravissants, et mon seul regret est qu'il y en ait si peu de beaux. Le vilain moderne est tout aussi laid que ce type révoltant d'ameublement appelé Borax dans le commerce. Pour le lecteur qui ne le connaît pas, disons que Borax est vendu en énormes quantités dans tout le pays par les magasins d'ameublement à bon marché. D'un dessin lourd, mastoc, criard, d'un style surchargé, il est la quintessence de la vulgarité en ameublement. Recouvert d'ordinaire de maigres tissus aux couleurs criardes, il est surchargé d'arabesques dorées, de dessins en relief polychromes; on le vend en quantité ahurissante aux acheteurs à très faibles revenus. Pour le mineur polonais, récemment arrivé, ou pour le fondeur croate encore obsédé par la misère de ses Balkans, il représente la splendeur matérielle. Ils achètent cela avec voracité, prennent des photos de la famille, vautrée dans le luxe de la tapisserie américaine, et les envoient à Gdynia.

Pour moi, le mauvais moderne est aussi horrible que le Borax. Une seule différence : dans le premier cas le nom de la victime est John Smith, au lieu de Borevitch Krzyck dans le second.

Espérons qu'un jour le créateur de style moderne, reconsidérant la question dans un esprit différent, en termes de grâce et de charme, dessinera des meubles destinés à faire de la maison un endroit agréable à vivre, peut-être un peu moins « fonctionnel » qu'un labo de dissection ou une chambre froide d'abattoir moderne, mais plus accueillant.

Quant à la lumière, ne pourrions-nous l'avoir techniquement moins parfaite ? Ne pourrions-nous garder des enclos de pénombre, des royaumes de foyers éclatants et de halos dorés ? Des contrastes, par pitié, de l'intimité et de la vie !

Pour comprendre dans toute sa plénitude l'étendue de la catastrophe provoquée par la lumière fluorescente mal utilisée, il suffit de voyager en Amérique latine. Je pense à un petit village de Cuba, que j'ai revu après dix ans. Il était autrefois ravissant, particulièrement à la nuit, quand ses petits bars colorés, ses marchands de poteries, et ses magasins de fruits rayonnaient d'une lumière blonde. C'était gai, charmant et, même la nuit, ensoleillé. Chaque couleur gardait son éclat, c'était une orgie de safran, d'abricot, de mandarine et de rouge magenta. Cela pétillait de joie. Maintenant, le village tout entier est devenu uniformément livide, comme d'autres villages du Pérou, du Nicaragua, du Chili et du Venezuela.

CHAPITRE 21

L'emplacement assymétrique des contrôles, interrupteurs, leviers, etc., sur le tableau de bord d'une automobile, d'un tracteur ou d'un canot automobile présente des avantages fonctionnels évidents car ceux-ci sont plus visibles. Dans d'autres cas, tels qu'une laveuse électrique, un poste de radio ou de télévision, l'avantage est d'un ordre plutôt esthétique car il donne à l'ensemble de l'intérêt sans nuire en aucune façon à leur fonctionnement. Souvent, ce principe permet de grouper tous les fils en un seul endroit facilement accessible et par conséquent désirable.

21

L'esthétique et la psychologie

Et maintenant, cher lecteur, voulez-vous avoir l'amabilité de regarder immédiatement une certaine page de ce livre et de retenir rapidement par la pensée un, *un seul*, des chiffres qui y sont imprimés. Cette page est la suivante. Faites cette expérience maintenant, s'il vous plaît, avant que nous allions plus loin.

Je répète :

Choisissez *rapidement* l'un des chiffres, *un seulement.*

Allez-y, tournez la page et regardez.

1

2

3

4

Si vous avez agi exactement comme il vous a été indiqué ci-dessus, il y a toutes les chances pour que vous ayez choisi le nombre trois. L'explication du mécanisme de cette réaction instantanée est curieuse, mais elle sort du cadre de notre ouvrage. Cet exemple est seulement un, parmi tant d'autres, qui semble indiquer une surprenante faculté, la faculté de prévoir, avec précision, les réactions d'un individu normal à une séquence de symboles donnés. Cette théorie peut être utilisée avec succès par un « industrial designer » et incorporée dans son travail, principalement dans le domaine de l'emballage. Notre firme fait constamment des recherches à ce sujet sous la direction d'un professeur de Psychologie dans une grande Université américaine, maintenant vice-président de notre société.

On a écrit peu ou pas du tout sur la psychologie appliquée à l'esthétique. C'est là un des plus fascinants aspects de notre nouvelle profession et l'un de ceux sur lesquels j'attire souvent l'attention de nos dessinateurs. Les aspects sensoriels de l'être humain normal doivent entrer en ligne de compte dans toute forme de dessin. Prenons, par exemple, la bouteille parfaite de Coca-Cola; même si elle est froide et humide, les deux hémisphères jumeaux de son corps élancé offrent une vallée délicieuse au contact de la main. Il est intéressant d'observer la façon affectueuse, presque caressante, dont l'adolescent moyen flatte sa bouteille de Coca-Cola.

Observez également son père tenant avec douceur dans le creux de sa main le joli globe d'un verre à dégustation de cognac, il le tiédit avec amour, pressant fermement le fond du verre et sa tige verticale contre la partie sensitive de ses doigts écartés.

Mâcher du chewing-gum, voilà un autre exemple : après quelques minutes, la mixture souple a pratiquement perdu toute saveur; cependant le « fervent » continue à la mâcher pendant des heures. Ceci peut agir comme la soupape libératrice d'une forme de frustration. Sous la volonté dominatrice de celui qui mastique, la résistance de la chique cède graduellement et finalement s'aplatit dans une complète soumission; cette sorte de victoire plaisante se reproduit à la cadence de trente écrasements par minute. Défaite rendue cruelle pour la chique, par la pression inéluctable des molaires impitoyables du Maître. Chaque mastication est une affirmation victorieuse sur une matière animée, on pourrait presque dire vivante, car la chique possède malléabilité, tiédeur, humidité, élasticité et intimité de contact.

Ou bien prenez le fameux Popcorn ou maïs grillé et salé sans lequel tout vrai Américain ne saurait regarder la projection d'un film sur l'écran cinématographique. Il commence par mâcher subconsciemment pendant une heure ce produit qui ressemble à de petites boules de coton frites au beurre salé. Ensuite, il s'amusera à déloger du bout de sa langue chercheuse les petits fragments genre celluloïd qui se sont cachés entre ses dents. Cette chasse à courre silencieuse est très en faveur dans tout le pays.

Ce sont des exemples, entre beaucoup d'autres, des créations en quelque sorte sensorielles. Il se trouve que tous ces produits connaissent la faveur du public.

Une des caractéristiques des créations de « R.L.A. » et qui en est devenue la marque de fabrique, c'est « Tumblehome ». La ligne « convergente », qui a remplacé les lignes rigides et disgracieuses d'antan, est d'origine nautique. Autrefois, les constructeurs de navires utilisaient ce terme pour décrire les flancs d'un bateau qui, au lieu d'être parallèles, s'incurvaient : ils tombaient *(tumble)* comme vers un point commun. Les lignes convergentes, si elles étaient prolongées, se rencontreraient en un point imaginaire, comme dans le cas des flancs d'un navire. Quand vous levez les yeux vers le sommet d'une construction élevée, et que toutes les lignes semblent s'élancer en pointe vers le ciel, c'est « Tumble-home ». Dans nos projets d'études, nous appelons quelquefois ce mouvement « perspective accélérée ». Utilisé avec discrétion, par exemple dans le cas d'une carrosserie automobile, d'un grille-toast ou des parois intérieures d'un wagon, il accentue les effets gracieux et élancés. Nous nous en inspirons souvent et avec succès.

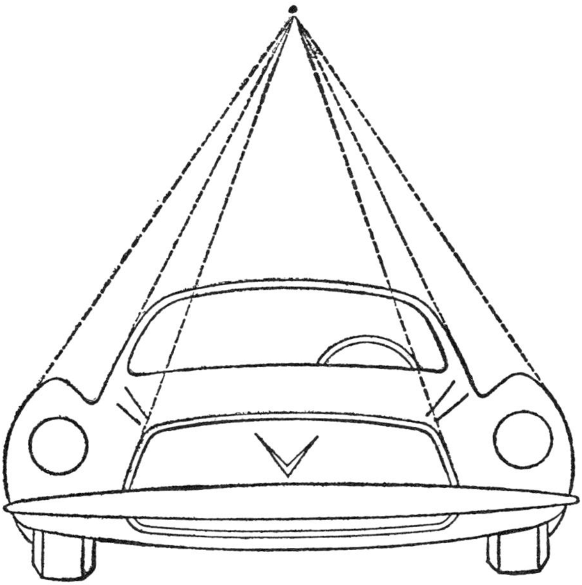

On a écrit très peu de livres sur l'esthétique industrielle, probablement parce que c'est un domaine neuf. On trouve, cependant, de remarquables traités sur le sujet connexe de « la technologie et le monde moderne ». Tout d'abord, le brillant ouvrage *Technique et Civilisation* de Lewis Mumford. M. Mumford épuise le sujet avec une conscience qui ne laisse plus grand-chose à dire aux autres auteurs dans ce domaine. Pour illustrer la vaste étendue de ses connaissances sur le sujet des techniques, qu'on me permette de mentionner quelques-unes de ses expressions les plus originales : le travail de se distraire, p. 315; hache d'exécution, p. 62; ballon (dirigeable), p. 86; bals et flûtes de Pan, p. 232; soif de sang, p. 304; canons, p. 84; contraception, p. 260; dégonflement, p. 400; érotique (vie), p. 299; fantômes, p. 195; gnomes, p. 73; imagination (abjecte), p. 300; Grundtwig (évêque), p. 293; Qâsim (Aboul), p. 22; viol à froid, p. 180; sexe (tabou sur le), p. 260; Troie (Hélène de), p. 245; Vénus, p. 97, etc. Je recommande d'habitude ce livre à l'aspirant dessinateur industriel à la recherche de données de base; l'ouvrage est aussi savant que fascinant et lui sera d'un grand secours. Il est regrettable qu'un traité si remarquable tombe parfois dans la tirade politique sur les « intérêts capitalistes », les « vampires de Wall Street », etc. L'étudiant intelligent saura éliminer ces à-côtés et ne retenir que ce que le livre contient d'exceptionnellement brillant.

Certaines formes transmettent une impression de grande densité, de viscosité, de lourdeur; d'autres expriment la fluidité, la légèreté. Prenez une bouteille, par exemple; une bouteille mince et gracieuse, faite d'un verre blanc transparent, suggérera la légèreté de son contenu, quel qu'il soit. Une bouteille trapue, faite d'un verre brun opaque, indiquera la lourdeur de son contenu. Pour illustrer ce point, voici un fait pris sur le vif.

La Brasserie X..., l'une des plus grandes de l'Est, a fait un test sur cinq cents personnes au cours d'une réception à Baltimore. Il y avait toute sorte de gens, hommes et femmes de tous âges et de toutes professions. On leur offrit gratuitement une quantité égale de bouteilles de bière, les unes élancées et faites de verre blanc transparent et d'autres trapues en verre brun opaque. Aucune ne portait d'étiquette. On demanda aux invités de dire quelle bouteille contenait la bière la plus légère. 98 % déclarèrent que la bière la plus légère était contenue dans la bouteille svelte et claire, mais en fait les deux types de bouteilles contenaient la même bière.

Les couleurs jouent un grand rôle dans la création d'un modèle et peuvent être utilisées avec profit. Quelques-unes ont un effet répulsif, comme, par exemple, les pourpres, les violets, certains verts acides et les jaunes sulfureux; d'autres agissent sur la digestion. Un savant a mesuré le taux d'assimilation de milliers de cobayes tenus dans des cages de couleurs différentes et alimentés de la même façon. Il découvrit ainsi que certains pigments, spécialement dans la gamme des pourpres, arrêtaient pratiquement la digestion, cependant que d'autres en accéléraient le processus.

La couleur peut aussi exalter ou diminuer la taille apparente d'un objet donné. Si deux cubes identiques sont peints, l'un en blanc et l'autre en noir, le blanc paraîtra de beaucoup le plus grand. Les couleurs peuvent suggérer la sécurité ou le danger. Les chiffres indiquant la vitesse en kilomètres-heure, sur les compteurs des automobiles, brillent dans des teintes allant du blanc au rouge vif, en passant par le rose, à mesure que la vitesse approche de la limite dangereuse.

Les couleurs suggèrent des degrés de température. Il y a des couleurs froides ou chaudes. Les fabricants d'appareils sanitaires et de plomberie qui exportent leurs produits dans les coins les plus éloignés du globe, marquent le robinet d'eau chaude d'un point rouge vif et le robinet d'eau froide d'un point bleu glacier. Nous utilisons ce principe pour les boutons de contrôle des réfrigérateurs, des cuisinières électriques et des fers à repasser.

Les couleurs violentes, ou brillantes, attirent plus vite l'attention que les couleurs ternes. Cependant le contraste joue un rôle important. Par exemple, si, sur une étagère, se trouvent des douzaines de boîtes de conserve aux étiquettes orange et rouges, une boîte à étiquette blanche se distinguera tout de suite.

Dans certaines régions, on constate des préférences marquées. Au risque d'être banal, citons en exemple le fait que les automobiles de couleur crème se vendent plus vite à Miami, Los Angeles et Dallas qu'à Pittsburgh, Milwaukee et Kansas City.

Dans le commerce avec des pays étrangers lointains, on peut commettre des erreurs graves. Quelques industriels l'ont appris à leurs dépens, tel le cas bien connu d'une compagnie qui avait expédié en Chine des centaines de milliers de brosses à cheveux à monture blanche. Le blanc est la couleur de la mort. Les brosses durent être soldées avec perte.

Pour les transports, dans la plupart des problèmes qui se présentent au dessinateur, il doit prendre en considération des facteurs non seulement physiologiques comme la fatigue, la tension, la fatigue oculaire, mais aussi psychologiques comme la confiance, la stimulation ou l'ennui.

Prenons par exemple le cas d'un avion. Il n'est pas suffisant de prévoir des sièges confortables, de bonnes lumières pour la lecture et de commodes repose-pieds; il est tout aussi important de choisir des couleurs qui seront apaisantes; une décoration discrète, ou des accents d'un caractère terrestre et familier, qui impressionneront favorablement le voyageur peu habitué aux transports aériens, le mettront à l'aise et amélioreront son moral.

Une grande Compagnie européenne a choisi pour l'intérieur de ses appareils le violet, le noir et le blanc. Les insignes extérieurs sont sévèrement noir et blanc. L'effet est funèbre, et le bilan financier, à la fin de chaque année, est lui aussi lugubre.

L'on pourrait dire que le confort repose sur un décor physiologiquement et psychologiquement correct.

Plus que d'un art, il s'agit là d'une science psycho-physiologique. D'intéressantes recherches ont été faites sur les frontières entre l'inconfort physiologique et l'inconfort psychologique, pour les transports aériens. La conscience de ces points limites est de première importance dans le dessin de la plupart des engins de transport, qu'ils soient aériens, sur rails, sur eau ou sur pneumatiques.

Pour illustrer ceci, prenons le cas hypothétique de deux avions, de même modèle, dont l'agencement intérieur comporte le même type de sièges réglables, le même degré d'éclairage, le même nombre de places, des porte-bagages semblables, des cloisons identiques, et un nombre équivalent de hublots.

Dans l'avion n° 1, les sièges sont recouverts d'un tissu vert glauque, les rideaux des fenêtres (juste au niveau des yeux) sont en tissu à rayures vertes et rouges; les côtés et le plafond tapissés en tissu bariolé à chevrons; par terre, un tapis à carreaux blancs et noirs; au-dessus, le porte-bagages est un filet métallique avec, tous les quarante centimètres, des supports angulaires et des écrous; la lampe individuelle n'est que partiellement protégée et éblouit dans certaines directions. La cloison du fond est laissée nue, exposant toutes ses membrures, ses centaines de rivets, d'écrous et de charnières.

L'effet général est entièrement satisfaisant en ce qui concerne le confort physiologique; toutefois, après quatre ou cinq heures dans un tel appareil, le passager se sentira inquiet, ennuyé et mal à l'aise. L'effet psychologique n'est pas heureux.

Dans l'avion n° 2, les sièges, les parois, le plafond sont recouverts d'une étoffe beige clair et les rideaux sont de couleur assortie. Le porte-bagages est une longue surface métallique, plane, beige; les doubles rideaux, comme le tapis uni, sont bleu cendré; la lumière individuelle est bien protégée et pratiquement invisible sous un certain angle; la paroi du fond est un panneau uni d'un ton bleu cendré également; il est décoré de deux reproductions de bons tableaux, simplement encadrés : l'un représentant des prairies ondulantes sous un joli ciel, l'autre une rivière serpentant parmi les arbres en fleur; au sol un tapis vert amande.

Il est évident qu'une décoration de ce genre, aussi confortable physiologiquement que celle de l'avion n° 1, est de plus psychologiquement correcte. Elle inspirera confiance, son atmosphère familière sera propice à la détente et au bien-être; elle aura le meilleur effet sur le moral. Même à terre, il est désirable de placer le passager dans un état d'esprit confiant et relaxé au moment de l'achat de son billet. Les bureaux d'Air France à Paris, aux Champs-Elysées, donnent, nous disent les passagers, cette favorable impression. Cette agence fut conçue et dessinée par nous et elle servit ensuite de prototype pour de nombreuses autres agences de la Compagnie. Nous n'avons pas, cependant, donné les couleurs pour l'intérieur des appareils actuellement en service.

Chapitre 22.

NOUS AVONS VU AU CHAPITRE XVII COMMENT UN ASSEMBLAGE DÉSORDONNÉ D'ÉLÉMENTS VULGAIRES CRÉE LA CONFUSION ET LA LAIDEUR. CE MÊME RÉSULTAT PEUT DÉCOULER DU GROUPEMENT

au hasard d'éléments ayant chacun une excellente valeur intrinsèque comme le démontre

CETTE TÊTE DE CHAPITRE. EN D'AUTRES TERMES, LA LAIDEUR DÉNOTE OU BIEN UN MANQUE DE GOUT INHÉRENT CHEZ LE DESSINATEUR OU BIEN UN MANQUE DE DISCIPLINE INTELLECTUELLE.

22

La création de carrosseries

Si vous voulez converser avec moi, définissez vos termes.

Voltaire.

Il n'y a pas de phase de l'esthétique industrielle qui soit plus satisfaisante et mieux intégrée que le développement d'une automobile de tourisme. La Société des Ingénieurs de l'Industrie Automobile [1], qui compte quinze mille techniciens, est l'organisation de tête de cette industrie. Sa position et son prestige sont connus et respectés dans le monde entier. Une fois par an, la « S.I.A. » tient son assemblée nationale à Detroit. Et la Société m'a, pour la deuxième fois, fait l'honneur de m'inviter à prendre la parole. Comme il y a deux ans, le sujet de mon allocution fut : « Du style automobile d'aujourd'hui. » A l'intention du lecteur que cela peut intéresser, je reproduis ici, avec la permission de la « S.I.A. », le texte de mon discours.

1 En anglais, « The Society of Automotive Engineers S.A.E. ».

Messieurs,

La plupart d'entre vous ont lu grand nombre d'articles de magazines sur les « industrial designers », aussi n'ai-je pas besoin de vous décrire en détail cette espèce particulière de professionnels. Cependant, pour les malheureux qui n'ont pas eu cette joie, passons brièvement en revue, si vous le voulez bien, les caractéristiques propres à ces messieurs, tels qu'on nous les décrit.

Il est généralement admis qu'un créateur industriel travaille au mieux, languissamment étendu au bord d'une piscine turquoise, pendant que des esclaves nubiens, en sarong d'or, servent des nectars glacés dans des coupes d'argent; une douce musique détend ses nerfs, cependant qu'une blonde masseuse bien profilée travaille le poignet droit du maître. Son poignet est quelque peu raidi d'avoir, à coups de stylo à bille, endossé de trop nombreux chèques. Après une friction à l'huile de santal, le créateur industriel est prêt à s'attaquer aux besognes matinales, lesquelles consistent en une série d'interviews avec les plus célèbres rédacteurs de magazines du pays, avides de nouveauté. Puis il s'apprêtera pour la session de l'après-midi, qui sera consacrée aux photographes de presse.

Etc., etc.

Occupons-nous plutôt de la réalité et voyons comment sa vie est réglée. Pour d'étranges raisons, mes amis, rédacteurs de magazines, ne manifestent aucune espèce d'intérêt pour cet aspect terre à terre de la vie du dessinateur. Ce qu'ils veulent, c'est le compte rendu de la piscine ! Mais, si vous le voulez bien, prenons le dessinateur au travail. D'une façon peu romantique, il se lève à 7 heures, mange un petit déjeuner rapide en lisant les nouvelles et se met à bûcher comme un vulgaire homme d'affaires. Et sur quoi s'acharne-t-il ? Le dessin. Or, il y a d'une part le dessin et, d'autre part, le produit de l'imagination, la reproduction de rêves, appelé « ciel bleu » [1]. Ces projets (généralement exécutés au pinceau ou au pastel) sont les fantaisies, généralement irréalisables sur le plan pratique, d'un artiste exubérant. Ils ont été sévèrement critiqués par les ingénieurs pratiques et autres. Les dessins extravagants déroutent le public et portent par conséquent préjudice à la profession de l'« industrial design ». Ceci est vrai si le dessinateur est sans talent.

Je pense, cependant, que le préjudice causé par ces projets est moins grave que ne l'imaginent certains. S'il y a quelques cinglés parmi les dessinateurs, leur proportion n'est

1. L'expression anglaise « blue sky » signifie en plein vol imaginatif, sans restrictions d'ordre technique.

pas plus élevée chez nous que dans les autres professions : droit, architecture, médecine, etc.

En outre, une critique sans discrimination risquerait fort de paralyser l'exploration créatrice; l'élimination complète du dessin d'imagination serait une perte. Je doute, d'ailleurs, qu'il puisse disparaître. Une imagination sans limite est un trait caractéristique humain. On peut la canaliser (avec grand profit, comme nous l'avons vu) vers des réalisations pratiques.

En ce qui concerne le dessin des carrosseries, nous autres, créateurs pratiques, déplorons autant que les ingénieurs l'aspect massif et le poids de l'automobile de tourisme moderne. Mais au lieu de blâmer le spécialiste, pourquoi ne pas s'en prendre à nos amis des services de vente ? Combien de fois n'avons-nous pas entendu ces braves garçons nous dire : « Ce que le public veut, c'est du costaud, du grand, du cossu. » Et nous savons que du costaud, cela équivaut à pas mal de poids pour la carrosserie et beaucoup de dépenses inutiles pour l'acheteur; quant au cossu, il est cher.

Le poids, voilà l'ennemi. Une automobile moyenne pèse 1 750 kilos. Mille sept cent cinquante kilos de matériaux pour transporter une ou deux personnes, cela n'a aucun sens. Les statistiques nous montrent que, dans 92 % des cas, les places arrière des voitures circulant sur les grandes routes sont inoccupées. La tendance à augmenter le poids ces dernières années a été en s'accentuant : il faut que cela change.

En ce qui concerne l'aspect de la voiture, certains dessinateurs sont en faveur du moteur à l'arrière, qui permet de réduire le capot et de ramener les passagers vers l'avant. Je ne suis pas tout à fait d'accord avec eux sur ce point. Le capot constitue une protection pour les passagers de l'avant, pour des raisons à la fois pratiques et psychologiques. Toutefois, il faut le rendre moins encombrant et obtenir la meilleure visibilité possible. Le facteur visibilité apparaît d'une importance vitale, si l'on considère que, pour les Etats-Unis seulement, on compte, chaque année, 50 000 tués dans les accidents et 200 000 blessés ou infirmes [1].

Un mot sur l'aspect extérieur. L'emploi hystérique de calandres chromées est sur son déclin. Elles sont coûteuses, lourdes et laides. Elles seront remplacées par des prises d'air surbaissées. Je ne vois pas avant quelque temps de carrosseries d'aluminium, ceci principalement en raison du coût.

Pour ce qui est de l'aspect général du véhicule, je pense qu'il sera amélioré automatiquement, en partant de lignes de base correctes. Des accents, simples, nets et précis, rem-

1. Depuis, ce chiffre a augmenté.

placeront les fantaisies et accessoires chromés et les moulures. La tendance est à une voiture nerveuse, élancée, racée, au lieu d'un massif monstre chromé, une voiture d'une ligne renouvelée, nette et jeune.

L'extrait de cette conférence prononcée à la « S.I.A. » en 1941, au début de la guerre, et que vous venez de lire, fut écrit à un moment où nous n'avions absolument aucune indication sérieuse de ce que seraient les modèles de carrosseries dans l'avenir. J'ai pensé qu'il n'était pas sans intérêt de noter, en passant, que certains « industrial designers » ont assez de suite dans les idées.

Examinons, maintenant, l'organisation d'un service de créateurs de carrosseries dans l'industrie automobile, de nos jours.

La fonction première du Service de créateurs de carrosseries est le développement d'un nouveau modèle, en étroite collaboration avec les ingénieurs. Le résultat doit être aussi séduisant que possible, dans le cadre d'un prix donné et d'autres considérations d'ordre pratique. Sur cette base, une création doit être réaliste et offrir des garanties de résultats définitifs, dans un temps défini. La fonction secondaire du dessinateur est de créer sans cesse d'autres modèles plus osés et cela sans contraintes, sans se laisser influencer par les critiques, d'où qu'elles viennent; ce qui nous ramène, en d'autres termes, à l'inspiration « ciel bleu » susmentionnée. Personne, et moins qu'un autre le dessinateur sérieux, ne considère ces expériences comme nécessairement pratiques; cependant, elles renouvellent l'inspiration et l'empêchent de s'encroûter dans la routine. Elles ont pour but de stimuler les ingénieurs et les dessinateurs, de les éveiller, si nécessaire, à une nouvelle conscience de la ligne. Des travaux qui en découleront, il sortira souvent de très intéressantes conceptions. Dans plusieurs cas ces conceptions aboutiront à la production. Même si la forme finale est considérablement différente, on peut encore remonter aux éléments essentiels du projet « ciel bleu » si calomnié. Il n'est pas besoin de rappeler que beaucoup de conceptions, hier ridicules, sont aujourd'hui généralement acceptées.

Pour que cette double fonction (travail pratique et libre création) soit remplie chez Studebaker, on y maintient en permanence une organisation que je dirige. Mes responsabilités envers la Direction, en tant que chef du Service des créateurs de carrosseries, sont les suivantes : 1° établir pour la Compagnie une « philosophie » de l'étude à longue portée, 2° élaborer un projet pratique pour usage immédiat dans le cadre de cette « philosophie », 3° entretenir chez les employés un état d'esprit vif et créateur. Un de mes assistants dirige le bureau de South Bend, chez Studebaker, et me tient au courant.

Le service comprend les dessinateurs, les modeleurs et les exécutants de modèles types. Afin de faciliter leur travail, nous nous efforçons de maintenir une atmosphère adéquate, ou « climat créateur ». Par exemple, nous aimons que nos dessinateurs travaillent sur plusieurs problèmes simultanément. En plus du problème immédiat, — qui est toujours la création du prochain modèle — nous encourageons nos hommes à continuer leur travail sur des projets moins réalistes. En les encourageant ainsi à poursuivre un double programme, nous les aidons à conserver un état d'esprit toujours en éveil, qui se reflète inconsciemment dans le projet de la production courante. Un autre facteur important du « climat créateur » adéquat est la liberté relative des heures de travail. Si le dessinateur est tenu strictement par les heures de travail ordinaires, son travail ressemblera bientôt à une création en série. Il peut être inspiré au moment de partir et travailler toute la nuit, s'il en a l'envie. Il serait naturellement injuste de lui demander d'arriver le lendemain matin à huit heures.

En troisième lieu, nous encourageons nos dessinateurs à sortir de l'usine, à voyager à l'occasion. Les dessinateurs de South Bend viennent à tour de rôle dans les bureaux de New York, où règne une activité créatrice considérable dans des domaines très différents. En donnant ainsi à nos hommes une chance d'échapper à leur cadre habituel et de travailler à un rythme différent, avec des associés différents, ils acquièrent des perspectives différentes. Ils puisent leur talent créateur à son plus haut niveau.

Les installations du Service de création de carrosseries doivent être soigneusement combinées. Les nôtres comprennent actuellement quatre sections : bureaux, ateliers de dessin, atelier de modelage, atelier de construction de modèles. Il est préférable que l'atelier de modelage de plâtre soit isolé, car on y fait obligatoirement un drôle de gâchis. De plus, nous veillons à ce que l'atelier de modelage de l'argile soit toujours propre et net (ce qui constitue un sérieux effort). Nous aimons disposer d'espaces suffisants pour nous organiser comme nous l'entendons : nous pouvons ainsi augmenter ou réduire n'importe quelle équipe selon les besoins. Quand le modèle ou les modèles grandeur nature sont terminés, ils sont habituellement présentés à la direction, dans une salle d'exposition spéciale équipée d'un plateau tournant avec abondance de lumière diffuse et de projecteurs.

En règle générale, la présentation se passe comme au théâtre. Les spectateurs sont assis en rangs devant la scène tournante. Quand les conditions le permettent, je préfère une méthode que j'appelle « l'exposition éclair ». Le nouveau modèle, grandeur nature, est caché, puis dévoilé soudainement aux spectateurs, à la lumière du jour, à une distance d'environ cinquante mètres. Dans le domaine de l'automobile, je pense qu'on peut compter tirer grand parti de la première impression. Le modèle accroche immédiatement ou n'accroche pas. Si les lignes fondamentales de l'auto sont statiques, si elle a l'air « arrêtée », cela ne signifie pour moi qu'une chose : le modèle n'est pas réussi. Rien ne pourra lui donner la vie, ni accessoires de chrome, ni ornements, ni festons, ni guirlandes. C'est un

« flop ». Au contraire, la carrosserie qui frappe du premier coup est celle qui donne l'impression d'un lévrier vivant et bondissant, toute chargée de vitesse et de mouvements même au repos; cette voiture-là est une réussite.

Dès que la première impression est produite — et il est indispensable que la réaction soit spontanément enthousiaste — l'équipe a amplement le temps de fixer les détails décoratifs pendant la présentation ordinaire dans la salle spéciale. Je me servis de cette méthode d'« exposition éclair » lorsque ma firme créa plusieurs modèles de carrosserie pour les voitures anglaises. Je me souviens de la présentation d'un de nos modèles à Coventry, sur un terrain de sports, par une pluie légère. Malgré ces handicaps, l'effet sur la direction fut des plus convaincants, de par son intégrité réaliste. Il me semble qu'on fait trop de présentations sans recul visuel suffisant et dans des salles fermées. L'attention se concentre alors sur les détails et se trouve ainsi détournée du principal, c'est-à-dire la ligne générale.

Il est possible, à mon avis, qu'une des raisons pour lesquelles tant d'autos des années passées semblent lourdes, massives et lentes, soit qu'elles furent tout d'abord présentées de cette manière. Cela me choque toujours, pendant une présentation, de voir certains intéressés marcher droit à la voiture pour examiner les poignées, le bouchon de radiateur ou le feu arrière, négligeant l'effet général. Heureusement, les deux ou trois directeurs généraux avec qui je collabore s'abstiennent. Ils restent à bonne distance et évaluent l'apparence générale de la machine, non pas ses détails, du moins à la première présentation.

Maintenant, retournons pour un instant à un problème caractéristique du dessin de carrosserie, qui aidera le lecteur à comprendre comment nous exécutons le modèle de présentation. Les étapes sont méthodiques et toujours les mêmes.

En premier lieu, je fais un exposé à l'équipe de créateurs

en m'efforçant de poser le problème clairement et complètement. Comme l'a dit Hope : « A moins d'être un génie, il est bon d'être intelligible. » Nous étudions alors les bleus (fournis par le Service des Ingénieurs) du châssis sur lequel nous devons travailler. Ces bleus spécifient les dimensions internes et les encombrements. Cet exposé est fort important. Il permet de définir avec clarté le but que nous voulons atteindre. Il doit être fait avec une entière lucidité pour s'assurer que notre projet ne va pas dégénérer en tâtonnements aventureux, en gaspillage de temps et d'efforts. Car le résultat trahira cette indécision et le projet final ne sera pas convaincant; il manquera de spontanéité et de cette indéfinissable qualité qui fait le succès. Disons donc que la première condition requise est que j'aie moi-même, en tant que responsable du service, une idée claire de ce que je veux faire. Comme l'a dit un grand écrivain français il y a deux siècles : « Ce qui se conçoit bien s'énonce clairement — Et les mots pour le dire arrivent aisément. »

Quelle est donc cette philosophie de l'esthétique qui est à la base de tout le projet ? En d'autres termes, quelle sera la stratégie que je mettrai sur pied pour mon équipe de tacticiens ?

Elle est simple. Je suis persuadé, depuis des années, que, dans le cas d'un fabricant indépendant comme mon client Studebaker, il ne suffit pas de faire confiance aux ingénieurs à la fabrication ou à l'intégrité commerciale pour réussir. En matière de style, je ne crois pas qu'il suffise de rester au niveau des concurrents. Je crois qu'un producteur indépendant doit être courageux et aller de l'avant, s'il veut réussir. Les résultats peuvent, dans une certaine mesure, choquer, mais tout est préférable à la neutralité. Un modèle insipide signifie, pour un producteur indépendant, des ventes atteintes d'anémie pernicieuse.

Nous inculquons à l'équipe de dessinateurs quelques principes fixes, l'accent est toujours mis sur les mêmes points : 1° le poids doit être réduit au minimum; 2° la visibilité doit être excellente; 3° l'automobile doit avoir l'air « rapide » et, même à l'arrêt, suggérer par ses lignes le mouvement en avant; 4° elle doit protéger les passagers en cas de collision.

Nous ajoutons à ces critères éternels toutes les idées qui peuvent nous venir d'autres sources : la direction, les autres producteurs, le goût du public et les tendances qui varient d'année en année. Il semble qu'il existe un certain cycle du goût en matière de carrosserie et nous aimons à en discuter. Ces différentes tendances, qui ne nous affectent guère, peuvent néanmoins être prises en considération et conciliées avec nos propres standards, si nous y voyons des avantages. Puis-je mentionner en passant que je discute souvent de toutes ces questions avec les hommes du service qui ne sont pas dessinateurs, avec les ouvriers de l'usine, les employés des bureaux, avec les techniciens de l'atelier de modèles.

C'est à ce moment que j'assemble tout l'atelier afin de décrire ma « philosophie », ma conception des lignes de la nouvelle voiture. Je la dépeins en détail, souvent à l'aide d'un pastel noir et d'un énorme bloc à dessin placé sur un chevalet.

Ensuite, on distribue le travail. Un groupe de dessinateurs établira des avant-projets pour l'auto tout entière, un autre groupe travaillera sur l'avant ou l'arrière seulement, etc. Nous faisons un emploi du temps et fixons une date limite; le travail commence. Au bout d'un laps de temps raisonnable, nous avons des piles d'avant-projets... assez d'idées pour une demi-douzaine de compagnies... et, avec ces esquisses, plusieurs maquettes d'argile, au huitième de la grandeur normale. Quelques dessinateurs préfèrent travailler avec de l'argile, d'autres avec un crayon. Nous n'imposons aucune restriction.

Alors commence l'important processus d'élimination. Parmi les avant-projets, je choisis les dessins et maquettes qui me paraissent les plus prometteurs. Ils sont étudiés en détail, puis combinés ou arrangés les uns avec les autres. On peut, par exemple, essayer de combiner un bon projet d'avant avec un projet de profil, exécuté dans la même veine... Un nouveau jeu d'esquisses en sort. On les dessine alors en détail. Après une analyse soigneuse, on n'en retient que quatre ou cinq. D'après ces esquisses, on commence les modèles d'argile au quart de la grandeur normale. Je tiens à rappeler que ces mêmes dessinateurs continuent de travailler sur toutes les idées les plus osées qui peuvent les intéresser, et ils exécutent leur projet « ciel bleu » soit en argile, à l'échelle d'un huitième, soit sous forme d'esquisse.

Quand nos modèles sont satisfaisants, nous les moulons en plâtre, nous les peignons et les équipons de pare-chocs, de poignées, de phares miniatures, tout en matière plastique ou en métal. Ces maquettes ressemblent à de petites automobiles complètes et séduisantes. Elles sont toutes pratiques et susceptibles d'être fabriquées dans les limites des possibilités de la firme car nous y avons veillé à chaque pas.

Nous sommes maintenant prêts à choisir les meilleurs projets, pour en faire des modèles grandeur nature. Lorsqu'on a choisi le type à construire, on exécute une automobile grandeur nature en terre glaise, méthode qui permet de corriger les déformations qui se produisent invariablement, au cours du processus de mise à l'échelle d'un modèle réduit. Ces corrections terminées, on fait un modèle grandeur nature en plâtre ou en bois. Il est peint, fini, équipé et verni. Le modèle terminé est une exacte reproduction de la machine que l'on fabriquera éventuellement. Nous trouvons qu'un modèle de plâtre grandeur nature présente plus d'avantages que celui en bois, car on peut le retoucher plus rapidement et plus économiquement. En revanche, il est vrai qu'on ne peut donner au modèle de plâtre le même fini intérieur et qu'on ne peut en ouvrir les portes, comme dans un modèle en bois [1].

J'ai découvert que, lorsqu'on a plusieurs modèles à présenter, il est bon de les peindre tous de la même couleur, afin que les préférences pour telle ou telle couleur n'influencent pas indûment la Direction.

Il est bon, en général, d'avoir quelques voitures concurrentes dans le voisinage de la salle de présentation, ou dans la salle même, pour pouvoir s'y référer. On les aura peintes de la même couleur que les modèles présentés et elles seront montrées sous la même lumière et à la même distance.

C'est le moment pour la Direction de prendre une décision. Inévitablement, des modifications sont suggérées qui nécessitent une nouvelle présentation complète pour voir comment ces modifications se sont incorporées dans le projet. Quand le « bon pour la production » final est donné, le cycle de création est terminé. Il appartient alors aux ingénieurs et à la production d'organiser la fabrication en série.

Voyons un peu les différentes tendances des modèles américains d'automobiles; ce qu'elles sont, ce qu'elles semblent indiquer pour l'avenir. Voyons, par exemple, comment on traite l'avant :

Nous avons d'abord l'Ecole des « Grandes Grilles de Radiateur Chromées ». Cela a débuté avec une petite grille grande comme une gaufre, qui s'est étendue en haut, en

1. Depuis que ceci fut écrit, il est maintenant courant de fabriquer, au départ du modèle en plâtre, des voitures entièrement faites de plastique imprégné de fibres de verre.

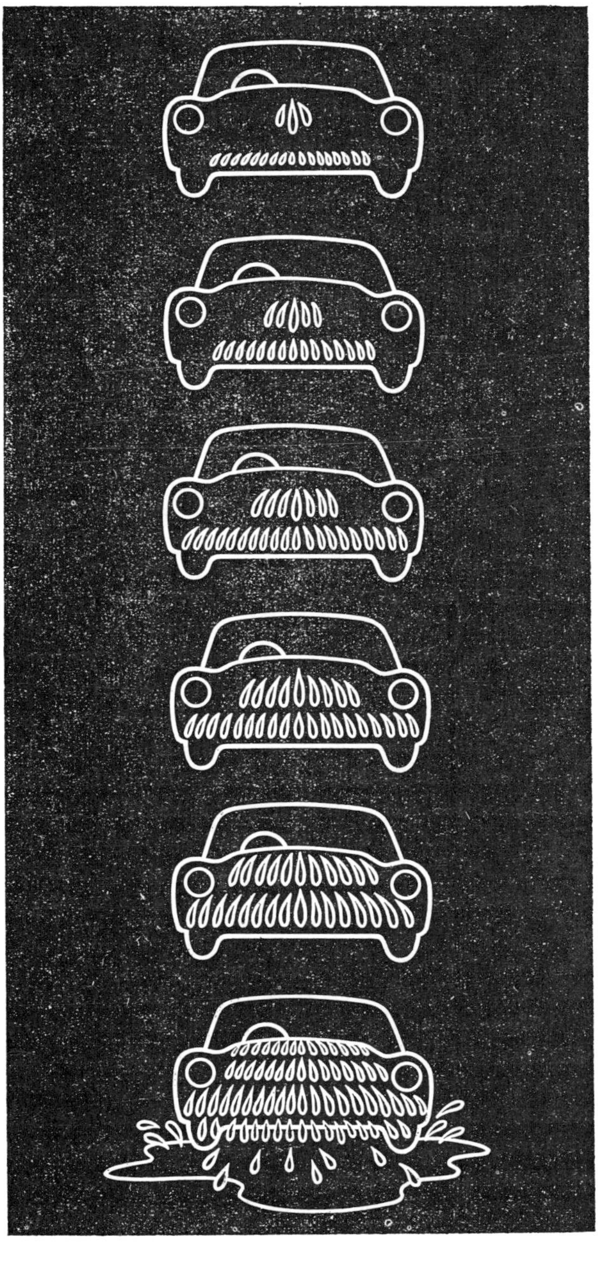

bas et de tous les côtés, jusqu'à devenir la « Monumentale Barrière Chromée ». A ce stade, la grille est une bonne protection, non seulement pour le capot et les ailes, mais pour une bonne partie du voisinage. Le travail sur les grilles ayant atteint le point culminant, nous pouvons espérer que la tendance fera marche arrière et qu'elle finira là où elle a commencé, au stade de la gaufre, et même sans rien.

Ensuite, il y a l'Ecole de la « Grande Cataracte de Chrome ». Il semble que cela ait commencé avec une toute petite fuite de chrome en haut du capot. Incontrôlée, elle a coulé de plus en plus, s'étendant à droite et à gauche et provoquant des cascades secondaires. Elle a fini en apothéose : « le Grand Niagara Chromé ». Il semble que là aussi nous ayons atteint l'apogée. Comme au cinéma du bon vieux temps, projeté à l'envers, montrant le nageur sautant hors de la piscine et atterrissant sur le plongeoir, nous assisterons peut-être à la résorption de la cataracte de chrome, aspirée par le sol et redevenue une simple fuite.

Et maintenant, la grande question classique :

Si la Laideur se vend mal, m'a-t-on souvent demandé, comment expliquez-vous le succès phénoménal de la Volkswagen et de la 2 CV Citroën ?

Le lecteur me permettra d'avancer une théorie, que je n'essaie d'ailleurs d'imposer à personne. Reconnaissons tout d'abord que ces monstruosités esthétiques ont un succès de vente inouï et continu basé en grande partie sur le prix raisonnable, la qualité remarquable, le confort, l'économie et le service impeccable. Cela cependant n'explique pas tout, car beaucoup d'ingénieurs de l'automobile pourraient vous citer plusieurs voitures concurrentes étrangères qui sont tout aussi bonnes, beaucoup moins laides, mais qui se vendent mal. Non, il doit y avoir autre chose.

Cherchons plutôt du côté psychologie. Les psychanalystes nous disent que le complexe dit du masochisme est extrêmement répandu dans le monde. Ceci consiste, comme on le sait, à trouver du plaisir dans la souffrance que l'on s'inflige *soi-même*. Un autre complexe tout aussi en vogue est celui appelé complexe de culpabilité. Enfin, il y a le complexe d'acquisition, bien connu.

Pourrait-on par conséquent penser que l'acheteur d'une 2 CV Citroën est affecté par ces trois aberrations fort courantes ?

M. Dupont, un très brave homme aux moyens financiers modestes, a une envie féroce d'acheter une automobile (complexe d'acquisition) ; il pense que cela serait au-dessus de ses moyens (culpabilité), mais il ne peut résister à la tentation. Il va donc abdiquer, mais, ce faisant, il désire se punir (masochisme) et il s'inflige ouvertement, en pleine vue du public, une 2 CV Citroën gris sale. De plus il sait qu'il se couvrira de ridicule chaque fois qu'il arrêtera sa voiture et tournera la direction à fond, soit à droite soit à gauche, car elle s'inclinera immédiatement et fortement, mettant un genou à terre tel un chameau s'offrant servilement au fardeau.

Mais, dans le fond, M. Dupont est humain, donc un peu lâche, et il sait très bien que s'il souffre mentalement devant tout le monde, il ne souffrira nullement dans sa personne physique car la machine est fort confortable. Au cas où il serait en état de nouvelle crise de masochisme, il pourra immédiatement se punir; il lui suffira de regarder sa voiture. Il sait même qu'il pourra souffrir très longtemps, car le chameau a la vie dure et il est bien bâti.

Connaissant la grande qualité, l'intelligence brillante des ingénieurs de chez Citroën, on me permettra de suspecter la préméditation. Il est parmi eux, j'en suis certain, des psychologues distingués qui ont pensé à tout cela, car nul ne croira qu'ils eussent réussi, autrement, à créer spontanément un tel monstre. Non, cette tâche, j'en suis persuadé, a demandé tous leurs efforts et toute leur concentration. Il eût été si facile, autrement, de créer un véhicule tout aussi bon et moins laid.

Quant à la Volkswagen, c'est probablement la même histoire, avec une différence : si la Citroën est laide, la Volkswagen l'est également mais, de plus, elle a l'air bête. C'est donc une automobile réservée pour les cas de masochisme avancé.

L'Homme et le Cric.

23

Le lecteur voyage à nouveau

En ce qui me concerne, l'esthétique industrielle est faite de 25 % d'inspiration et de 75 % de déplacements; et cela complique bien la vie de mon épouse Viola. Elle peut difficilement organiser une réception, ou un dîner, sachant qu'au dernier moment il y a toutes chances pour que je parte pour la Californie, le Wisconsin ou Londres. J'ai fait trois fois l'aller-retour New York-Californie en moins de deux semaines et survolé l'Atlantique quatre fois en quatre semaines. Ces plaisanteries volantes deviennent, en certaines occasions, de véritables épreuves. Pas forcément à cause du mauvais temps, de la qualité de la nourriture, de l'ennui ou des atterrissages forcés. Non. Il arrive plus souvent que la menace insignifiante en soi s'avère parfaitement odieuse. Je veux parler du bébé pleurnicheur. Tous ceux qui ont volé pendant 3 000 kilomètres, assis à côté d'un petit chérubin hurlant, parfumé au lait tourné et au pipi tiède, comprendront ce que je veux dire.

L'année dernière, volant vers l'Europe, j'eus la « chance » d'être séparé seulement par le couloir d'un de ces petits poisons volants. Il a probablement établi le record mondial du hurlement continu pendant sept heures à la vitesse moyenne de 550 kilomètres à l'heure. Un passager, à l'allure fort distinguée, qui semblait au bord de la crise de nerfs, n'arrêtait pas d'échanger avec moi des coups d'œil désespérés. Arrivée à Gander, dans l'île de Terre-Neuve (escale morne entre toutes), mon compagnon et moi, vidés et étourdis, décidions d'examiner la tactique à employer, tout en descendant quelques martinis-dry, histoire de nous remettre alors que l'avion reprenait de l'essence.

Je remarquai alors l'infirmière de l'aéroport qui, dans le poste de secours, remplissait de lait chaud le biberon du bébé. Notre petit compagnon de voyage allait donc lui aussi faire le plein afin d'être ravitaillé et fin prêt pour la dernière étape beuglante vers Paris. L'examen des divers flacons de médicaments sur l'étagère me donna une idée que je soumis à mon compagnon. Il la trouva splendide et se prononça en faveur de sa réalisation immédiate. Il y a donc, au moment où j'écris ces lignes, quelque part, sur un aéroport, une infirmière qui songe de temps à autre à deux passagers cinglés lui proposant de l'acheter pour qu'elle mêle quelques gouttes de chloroforme au lait d'un bébé hurleur...

Je devins vite l'ami du passager qui se trouvait être Henry Bernstein, l'auteur dramatique français, avec lequel je suis demeuré en relation jusqu'à sa mort récente.

Tous les gens qui voyagent sont appelés à acheter un jour ou l'autre une barre de chocolat, du chewing-gum ou quelques bonbons. Ce sont là mes friandises préférées. Pas tellement pour leur saveur que pour leur emballage et son mystère. Ceux qui, par hasard, ont lu les imprimés d'un empaquetage de bonbons sont bien obligés d'admettre que les Américains sont, dans certains cas, candides et courageux à l'extrême. Ils aiment à regarder la vérité en face, aussi dure qu'elle puisse être; un bon exemple nous est fourni par la loi sur la pureté des aliments, qui oblige un fabricant à révéler sur l'emballage la liste des ingrédients qui composent le produit. Prenez par exemple un paquet imaginaire, mais représentatif, de « Jerklets » ou de « Karamollo ». Il faut beaucoup de courage pour acheter et manger un produit que le gouvernement des Etats-Unis certifie être composé de :

glutamate de sodium, albumine déshydratée, glycérine, dérivés d'hydrates de carbone, glucose, charbon de bois, lécithine, benzoate de soude, acides citrique et oxalique, additionnés d'arôme artificiel et de colorant anilinique garanti par les Etats-Unis.

De telles douceurs chimiques, dont les formules sont souvent proches de celle du T.N.T. ou d'un décapant, sont avalées par centaines de millions chaque année. Je pense souvent aux courageux chercheurs qui vouent leur vie au développement d'un nouveau type de bonbon qui n'ait pas encore été breveté. On est plein d'admiration pour ces laboratoires qui font des expériences chimiques si intrinsèquement dangereuses, dans l'anonymat le plus obscur, courant le risque d'exploser à chaque instant avec un nouveau modèle de pâtes de guimauve ou de boules de gomme. Tous ceux qui s'y connaissent en chimie frissonnent à l'idée du désastre que l'explosion d'une fabrique de caramels américains pourrait provoquer ! Tout comme les réacteurs thermonucléaires, ces manufactures devraient être reléguées dans le désert; ou bien alors les fabricants devraient en revenir aux sucreries du bon vieux temps, faites de sirop d'érable, de sucre, de crème, d'œufs, de beurre, d'amandes, etc. Rien d'explosif.

Mais les voyageurs courent eux-mêmes certains risques. Un des plus courants est l'habituel « Soda-Fountain »[1] à microbes. J'ai dû, à titre professionnel, passer quelque temps de l'autre côté d'un comptoir pour étudier sur place

1. Sorte de bars où l'on consomme tout : sandwiches, cafés, soupes, glaces, etc.

un distributeur d'ice-cream sodas que nous devions redessiner. Il faudrait pour le décrire le talent de Kafka ou bien d'Edgar Poe, dans leurs moments les plus déliquescents, et Ivan Albright (peintre de la pourriture) pour illustrer l'histoire.

Ceux qui ont senti la puanteur d'une nuit d'été dans un « Soda-Fountain » graillonneux ne l'oublient jamais. Ce n'est pas une puanteur violente, mais un subtil mélange de semi-putréfactions, tout en nuances. Les odeurs dominantes sont en général celles du lait aigre, du hamburger[1] tourné, du chocolat, de la moutarde, de la framboise, de l'oignon et de la vanille. Je recommande à ceux qui en auront le courage de regarder le bocal où trempent les pelles avec lesquelles on fait les boules de glace.

Le comptoir, côté consommateur, a aussi ses délicatesses : les tasses à café sont tachées de rouge à lèvres et les soucoupes maculées d'empreintes de pouce. Il y a du café dans le sucrier, de la graisse sur votre gobelet et la fameuse pellicule de graisse froide irisée flotte sur l'eau glacée du gobelet. Le serveur, trempé de sueur, est si occupé, qu'il ne peut consacrer plus d'une seconde à s'essuyer le front d'un coin de son tablier taché de tomate et de chocolat, avant de plonger de nouveau son pouce écorché, agrémenté d'un pansement, dans un bol de soupe. Bon appétit, cher lecteur.

On connaît l'histoire du Parisien arrivant à New York pour la première fois, qui pénètre dans un drugstore de Madison Avenue afin d'y prendre rapidement un snack léger. Il aperçoit au-dessus du comptoir pharmacie un écriteau :

ANALYSES D'URINES : 2 DOLLARS

1. Steak haché.

A ce moment, le barman lui dit : « Que désirez-vous ? » Le Parisien répond : « Voulez-vous avoir l'amabilité de vous laver les mains et de me faire un sandwich au jambon. »

En plus des emballages de paquets de bonbons, je peux recommander une autre sorte de littérature intéressante, qui se lit sans fatigue : les prospectus que l'on trouve dans l'emballage des spécialités pharmaceutiques. Cette prose grandiloquente débute en général comme suit .

Les propriétés fameuses et mondialement célèbres du « Zazapar », reconnu depuis plus de cinquante ans comme le traitement classique de l'hépatose, sont en réalité trop familières à tous pour que nous les énumérions. Au nombre de ses propriétés bien connues, citons en passant son action comme anti-toxi-désintérocolique, pour l'arto-amibenzo-stéral qui, dans la synthèse cortino-structurale, etc.

Suit une énumération, en deux mille mots bien choisis, des propriétés bien connues et donc inutiles à décrire du « Zazapar ». Charmant passe-temps, dans les endroits où la lecture est rare. On peut, en général, trouver cette littérature dans l'armoire à médicaments des foyers moyens, dans les salles de bains, etc.

Votre téléphone vient de sonner, ami M., Mme ou Mlle Lecteur.

— Ici la maison de Lecteur.

— C'est un appel à longue distance : Raymond Lœwy appelle M. Lecteur de Los Angeles. Est-il chez lui ?

— Qui appelle M. Lecteur ?

— M. Raymond Lœwy, l'« industrial designer ».

— Un instant, s'il vous plaît.

Vous venez à l'appareil.

— Oui, Lœwy, comment allez-vous ? Où êtes-vous ?

— Très bien. Je suis à Los Angeles, et je prends l'avion cette nuit pour New York, où je resterai deux ou trois jours. Dites-moi, la dernière fois que vous avez fait un voyage avec mes gars, vous avez exprimé le désir de renouveler l'expérience. Vous aviez mentionné en particulier un voyage relatif à la carrosserie automobile. J'ai l'intention de faire un tel voyage maintenant avec Johnny, un de nos « as ». Nous partons pour South Bend lundi, pour passer mardi et mercredi à l'usine Studebaker. Mercredi après-midi nous partirons pour Chicago, où nous dînerons avec le directeur de notre succursale. Vers minuit nous prendrons l'avion pour Los Angeles, pour y discuter des nouveaux intérieurs d'avion avec les ingénieurs de la T.W.A. Cela prendra un jour ou deux. Après quoi, j'ai l'intention de revenir passer quelques jours dans notre maison de Palm Springs dans le désert de Californie où ma femme est actuellement. Vous pourriez passer le week-end avec nous, nous serions heureux de vous avoir.

— Tout cela me semble parfait. J'en suis. J'aimerais en savoir plus long sur votre travail.

— O. K. Prenez du linge synthétique que vous lavez vous-même le soir et qui est sec au matin, car il n'y aura aucune possibilité de blanchissage avant cinq jours, nous serons toujours en voyage. Si possible, prenez en tout un petit sac genre lignes aériennes, ainsi nous n'aurons pas à attendre les bagages en descendant d'avion, et un petit nécessaire de toilette. Johnny et moi vous attendrons lundi sur le « XXe Siècle » [1], dans le wagon-salon central, une heure après le départ. Miss Bowman, notre spécialiste des transports, vous enverra demain vos billets de chemin de fer et d'avion. A lundi. Dites-moi, pendant que j'y pense, amenez vos lunettes de soleil, des pastilles contre le rhume et un imperméable. Au revoir. Ravi que vous soyez des nôtres, mon cher Lecteur.

1. Nom d'un train américain de grand luxe allant de New York à Chicago.

Sept heures du soir, nous venons de quitter New York. Je me lave la figure à l'eau froide, j'attrape le *N. Y Telegram*, le journal du soir, et je me dirige vers le wagon-salon central où vous êtes déjà assis devant un verre.

— Je suis content de vous avoir avec nous, cher ami Lecteur. Les gars m'ont dit que vous vous étiez bien amusés ensemble la dernière fois, quand vous êtes allé à Boston. J'espère que vous ne serez pas déçu cette fois-ci. Voilà Johnny qui arrive. Johnny, je vous présente mon ami Lecteur, qui va nous accompagner pendant ce voyage. Prenons un verre et racontons-lui nos plans.

Je vous donne une version abrégée de notre visite à South Bend. La voilà en gros : j'y étais il y a dix jours, et nous y avons commencé trois maquettes grandeur nature d'un projet pour les nouveaux modèles. La carrosserie et la calandre seront les mêmes cette année, les pare-chocs avant aussi. Le capot, les ornements du capot, les phares à brouillard, etc., seront différents. Nous essayons de trouver une allure nouvelle, plus neuve, sans perdre le cachet général de la machine actuelle qui a accroché le public. Nous verrons demain ce qu'ont fait nos gars de South Bend depuis ma dernière visite, et si tout va bien, nous montrerons les maquettes à la direction.

Johnny a bu son second dry, il ne semble pas écouter. Son attention a l'air d'être ailleurs. Elle y est effectivement. Il regarde fixement une élégante blonde en tailleur gris, assise deux fauteuils plus loin, de l'autre côté du passage. Elle lit *Esquire* d'un air distrait, tout en surveillant notre groupe du coin de l'œil. Johnny semble un peu énervé, particulièrement chaque fois qu'elle croise ou décroise ses jolies jambes avec une technique fascinante. Jeune femme pudique, elle s'assure que sa jupe est chastement tirée. L'opération, savamment rythmée, est à peu près ceci : la main gantée lève rapidement et très haut la jupe grise, révélant un flash de cuisse rose et de dentelle, avant qu'elle ne l'abaisse pudiquement en la tirant soigneusement vers le bas. Quelques minutes plus tard l'opération recommence. Johnny est subjugué. Il attend le prochain mouvement, l'anticipe. Il est en pleine agitation.

— Johnny, dis-je, j'étais en train d'expliquer nos trois maquettes de South Bend. Laquelle préférez-vous ?

— Laquelle de quoi ?

— Je dis, laquelle préférez-vous ?

— Non, merci, j'en prendrai un en dînant.

— Je ne parle pas de martinis, je parle de calandres.

— Oh !

— Venez et allons dîner, dis-je, en me levant.

Johnny nous suit à regret, après un dernier échange de coups d'œil avec la jolie fille au tailleur gris

Walsh, le sympathique steward du « Siècle », nous souhaite la bienvenue dans le wagon-restaurant, et nous commandons. Johnny n'a pas faim et surveille l'entrée. Vous choisissez le dîner spécial du « Siècle » (cocktail de crevettes, poulet béchamelle, tarte aux cerises et café) et nous commençons à manger en discutant du problème de demain.

Notre blonde amie en tailleur gris entre, et le steward la dirige vers un siège libre à une table pour deux. Un monsieur y est déjà assis partageant calmement son attention entre *Look* (magazine) et une côtelette de porc grillée, style « XXe Siècle ». Dans les trente secondes, le gentleman passager a déjà offert poliment du feu à la jeune femme. Quinze minutes plus tard, ils finissent leur deuxième double martini. Johnny est bien déprimé.

En arrivant à Poughkeepsie, notre couple est fort gai en quittant le restaurant. Le train est rapide et les courbes de la voie sont brusques. En gentleman, le passager aide la dame à conserver son équilibre le long du passage entre les tables, en lui tenant doucement mais fermement sa taille fine des deux mains.

Johnny est de plus en plus dégoûté de la vie.

Maintenant que l'obstacle est écarté, nous pouvons revenir au dessin. Johnny et moi discutons sur quelques points des maquettes de demain, tout en faisant des ébauches d'esquisses sur le dos du menu (que nous déchirons soigneusement par la suite et que nous jetterons par un trou de la paroi accordéon entre deux wagons). Les dessinateurs ne doivent jamais laisser traîner d'esquisses.

Cette façon de noter quelques idées sous forme d'esquisses ébauchées sur n'importe quel bout de papier qui tombe sous la main peut surprendre le profane et paraître une façon cavalière d'aborder de nouvelles créations. Tout ce que je puis dire est que je crois assez en cette technique. Le travail le plus inventif débute rarement à une table de dessin. Quelques-unes des découvertes importantes du monde ont été faites en se rasant, en auto ou dans un ascenseur ou en préparant des œufs brouillés. Beaucoup de remarquables succès commerciaux débutèrent de cette manière.

Quand une idée paraît intéressante, une fois rendue en esquisse, nous la marquons de nos initiales, la datons et, en arrivant, la remettons aux techniciens de notre bureau. Ils l'étudient et la critiquent, la développent, la dessinent et elle est prête alors à être discutée plus avant. De plus, au cas où nous ferions une demande de brevet, ce document daté serait utile à établir notre priorité.

— Pourquoi, direz-vous, n'avez-vous pas sur vous quelque bloc ou cahier de dessin au lieu de vous servir du papier qui enveloppe les morceaux de sucre ?

Nous avons bien essayé, mais ça n'a pas l'air de marcher aussi bien. Pourquoi ? Je n'en sais rien. Laissons à nos amis les psychologues le soin d'isoler le mécanisme de pensée qui engendre ce travers (à moins que ce ne soit du domaine des psychiatres ?). En attendant, nous continuerons à dessiner, chemin faisant, sur tout ce qui nous tombe sous la main.

Il y a quelques années, un institut des beaux-arts du Middle West voulait faire une exposition des toutes premières esquisses que nous avions faites dans le passé, esquisses qui avaient été le point de départ de beaucoup de produits et de structures à succès. Quand ils virent la triste collection de sachets d'allumettes, de menus de bars et d'enveloppes déchirées que nous avions à leur offrir, ils abandonnèrent l'idée.

Nous voici arrivés dans l'Indiana, à Elkhart, station desservant South Bend. Un vent mordant me cingle le visage et m'éveille pour de bon. Le conducteur de l'auto envoyée par la Compagnie Studebaker nous attend. J'achète les journaux du matin, et nous voilà en route pour South Bend. Je lis le *Tribune*. Johnny, lui, ne lit pas les journaux. Encore les Russes ! Ils ont arrêté le trafic de Berlin pendant douze heures; nouvelles financières; la page des dessins humoristiques; Li'l Abner, Dick Tracy, prévisions météorologiques (pluie tournant à la gelée cette nuit). Une randonnée de quarante minutes à travers les plaines de l'Indiana, dans le brouillard glacé. Johnny bâille sans arrêt et nous fait tous bâiller jusqu'aux larmes. J'aperçois la nuque du chauffeur. De temps en temps, ses pommettes ont l'air de s'élargir et sa casquette penche un peu en arrière, il bâille lui aussi. Un de ces jours, Johnny le fera s'assoupir au volant, et nous serons tous tués en dormant.

South Bend. Nous allons prendre le breakfast à l'hôtel Oliver où les gaufres croustillantes au sirop d'érable sont délicieuses. Il n'est que sept heures trente du matin, mais le breakfast-room de l'*Oliver* est déjà plein. Les gens commencent tôt dans les petites villes du Middle West. Mabel, la charmante jeune serveuse, nous accueille avec un sourire qui nous réchauffe le cœur. Elle nous connaît bien, car nous sommes des habitués de l'hôtel Oliver. Si les serveuses portaient des sweaters, à côté de Mabel, la Vénus de Milo aurait l'air d'un chat écorché.

— Bonjour, Johnny, bonjour, monsieur Lœwy !

Elle fait un signe de tête interrogatif, les yeux fixés sur vous, cher ami.

— Oh, Mabel, voilà M. Lecteur, un de nos amis de New York.

— Hello, monsieur Lecteur, ravie de faire votre connaissance. Prendrez-vous des gaufres ?

L'endroit est confortable, chaud et tout parfumé de café et de bacon grillé. Dehors, le vent de février torture les arbres noirs, devant le Palais de Justice. Mabel est appétissante, nous nous sentons bien, rassasiés de bon café au lait chaud. En attendant d'autres gaufres, nous discutons du problème qui nous attend. Je fais quelques esquisses sur le dos de l'enveloppe de nos billets. Ça y est, j'ai trouvé la solution pour le tableau de bord. Johnny, pour ne pas être en reste, a une riche idée pour le joint entre la calandre et les pare-chocs. Il esquisse brièvement son idée sur le journal du matin, dans la marge blanche entre Gumps et Little Orphan Annie (rubriques populaires). Et nous voilà avec deux idées déjà, et nous sentons que la journée commence bien. La vie est passionnante. Johnny sourit à Mabel. Mabel sourit à Johnny.

Nous laissons un gros pourboire à notre amie et nous partons. Johnny s'arrête au comptoir des cigarettes et bonbons, et achète deux Baby Ruth, deux Walnettos, une barre d'Hershey et deux Bit-O'Honey [1], qu'il commence à dévorer. Les emballages en seront commodes si nous avons quelques esquisses à faire.

Le directeur, à South Bend, du Service « R.L.A. » de Studebaker nous accueille à notre arrivée dans nos ateliers de dessins, dans le groupe de bâtiment n° 3. Ces services sont un modèle d'organisation et de technologie moderne

1. Confiseries populaires à bon marché.

du dessin. On a porté à leur crédit le développement de nouvelles tendances dans la technique des dessins de carrosserie, et leur prestige est grand dans l'industrie automobile. Ils sont bien installés, dans un building moderne, climatisé, avec près d'un million de dollars d'équipement dernier cri, d'éclairage spécial et de machines. Nos quarante hommes, là-dedans, sont heureux et efficients. Gracie, employée à la réception, est une petite beauté, et c'est un plaisir de la revoir. Vous êtes présenté à Gracie, qui prend votre pardessus et va le pendre dans mon bureau. Un bureau au tapis bleu-gris, aux fauteuils confortables recouverts de cuir verni noir, aux murs vert amande, le tout inondé de lumière dorée. Une longue étagère placée devant des draperies grises s'étend sur toute la longueur de la pièce; et dessus il y a des maquettes colorées, ornements de capot, accessoires de métal, tableaux de bord, etc., prêts pour la discussion. Bob et son assistant (qui s'appelle également Bob, ce qui complique beaucoup la situation [1]) s'assoient avec nous ainsi qu'un troisième Bob, chef de la section modelage, afin de commencer à passer en revue le programme du matin. Ils ne cessent de vous regarder et me lancent des coups d'œil embarrassés. Ah, oui, j'ai oublié !

— Je vous présente mon ami, M. Lecteur, de New York; ça va, Bob, vous pouvez parler librement devant lui et lui montrer tous nos dessins. C'est d'accord avec la direction, et on peut lui faire entière confiance. Allons-y, au travail.

Les trois Bob se sentent soulagés, et nous reprenons notre conversation. Ensuite nous visitons les services; nous regardons tout, faisons des suggestions, des critiques et vous vous formez une idée de la situation en général. A

1. L'Amérique, le pays de l'efficience, perd chaque année des millions de dollars, un temps considérable dû au fait que tout le monde, dans les cinq premières minutes, s'appelle par son prénom. Je connais des bureaux où travaillent ensemble quinze Bob, dix Bill et vingt Mike, d'où extrême confusion et source d'erreurs.

midi pile, vous, Johnny, les Bob et moi allons au grill des directeurs, dans le bâtiment de l'administration, où la nourriture est excellente. Mon ami, H. V., le président du Conseil d'Administration, est là avec la plupart des directeurs généraux. C'est une bande plaisante et joyeuse et je vous présente : Dick H., le chef du service d'exportations, et Paul C., l'avocat de la Compagnie, viennent s'asseoir avec nous. Il ne se passe pas longtemps avant que Johnny et moi nous mettions à dessiner des esquisses de feu arrière, grandes comme l'ongle, sur le menu. Cet intermède vous donne l'occasion d'exhiber pour la première fois au monde dans l'Etat de l'Indiana les photos de votre femme et des enfants. Elles ont beaucoup de succès. Nos amis sortent les leurs et, au bout d'une demi-heure, vous savez tout sur vos familles respectives, vos scores au golf et le nouveau demi-centre de l'équipe de football de Notre-Dame [1]. Ensuite on parle des impôts élevés.

Après un bon déjeuner (cocktail de..., etc., etc.), nous retournons à nos modèles et reprenons le travail.

Quand arrive le soir, les maquettes ont bon air et je téléphone à la direction pour fixer l'heure de la présentation de demain. Nous rentrons alors à l'hôtel Oliver pour un bain et un petit somme avant le dîner.

Nous retrouvons au bar les trois Bob qui ont amené avec eux une amie qui s'appelle Bobie, nous prenons quelques verres, cependant que Johnny est de plus en plus fasciné par la jolie brune que joue *Stardust* sur un petit orgue. Il aime regarder ses jolis pieds jouer avec les pédales et on le voit bientôt se draper autour de l'orgue, verre en main, et contempler la girl brune tandis qu'elle sourit et joue *You go to My Head.* Bob, Bob, Bob et moi avons

1. Célèbre Université catholique américaine.

quelques idées sur l'aménagement intérieur du cabriolet. Bob attrape sur la table un petit carton en forme de chevalet, qui indique « qu'on ne sert pas de boissons alcooliques aux mineurs ». Excellent pour exécuter une paire de bonnes esquisses pour les accoudoirs pliants de l'arrière.

Il est temps, à présent, d'aller chez Alby pour l'entrecôte à l'os. Johnny, près de l'orgue, dit qu'il n'a pas faim, mais nous arrivons finalement à le soustraire au charme de la petite organiste, qui joue *Good Night, Sweetheart* quand nous partons.

— Avec vous, dit Johnny, c'est toujours manger, manger et encore manger !

Pendant le dîner la conversation roule principalement sur les dessins, la course des pistons et les tendances probables en carrosserie. On se couche tôt, vers dix heures. Johnny s'excuse, il doit aller au drugstore du coin, pour un comprimé d'aspirine; il est fatigué et pressé de rentrer se coucher. Bonne nuit à tous.

Une heure plus tard, je suis au lit, lisant *Time,* quand je pense tout d'un coup à une idée de pare-chocs arrière qui me semble intéressante. Il vaudrait mieux en parler tout de suite à Johnny, afin de ne pas l'oublier. J'attrape le téléphone et je demande que l'on me relie avec Johnny qui est en ce moment au bar en train de parler à la jeune fille que joue de l'orgue. En quelques secondes, Johnny est au téléphone et je lui décris le pare-chocs.

— Bonne nuit, Johnny, et allez-y doucement.

— Vous en faites pas, dit-il.

En toile de fond j'entends l'orgue jouer *Some Enchanted Evening.* Il semble que son mal de tête soit guéri.

Rendez-vous, ami Lecteur, demain matin à 7 h 15 au breakfast-room.

Le jour suivant a lieu la réunion. C'est un succès. Après

le départ des directeurs, nous prenons quelques notes, quelques décisions, établissons un plan et fixons notre prochain voyage à une semaine ou dix jours de là. Cependant, le chauffeur de la compagnie, qui doit nous conduire à Chicago, a de mauvaises nouvelles pour nous. La pluie a cessé, mais il gèle et les routes sont couvertes de glace. Il ne peut être question de rouler pendant 180 kilomètres sur ce verglas. Nous risquerions même de ne pas atteindre Chicago au matin.

— Y a-t-il un train ?

— Non, le prochain est à 10 h 50 du soir, trop tard pour votre correspondance avec l'avion.

— Et le South Shore ? (Un tramway qui met trois heures.)

— Le prochain est dans quinze minutes. Vous pouvez l'attraper en faisant vite.

— O. K., merci.

Nous ramassons tout rapidement, nous précipitons dehors et Bob nous conduit au terminus du tramway, aussi vite que le permet la route dérapante. Nous savons maintenant que rouler vers Chicago en auto équivaudrait au suicide. Notre tramway jaune est prêt à partir, nous nous précipitons à l'intérieur tandis que le conducteur crie :

— Allons, allons, pressons.

Les deux voitures sont bondées à cause du mauvais temps sur les routes et nous piétinons un bon moment dans la boue de neige fondue qui recouvre le sol, avant que, quelqu'un s'étant levé, nous trouvions enfin un siège — étroit et peu confortable d'ailleurs. Quel triste voyage ! Trois heures interminables et ponctuées par tant d'arrêts dans la brousse de l'Indiana.

Nous arrivons à Chicago vers huit heures, plutôt fatigués, et nous allons dîner au *Beachcomber*. Frank, notre directeur de Chicago, est déjà là car la Studebaker l'a prévenu par téléphone et nous discutons de problèmes de dessin pendant le dîner, entre le Moo Goo Gai Pan et les

Œufs Foo Young [1], arrosés de nombreux punchs au rhum de Demerara. On fait encore quelques esquisses sur la liste des cocktails. Nous avons tout notre temps, la limousine de l'aéroport ne quittant pas l'hôtel avant une heure du matin. Vers onze heures, Frank rentre chez lui et nous nous demandons ce que nous pourrions faire pour tuer le temps.

Johnny dit qu'il connaît vaguement une petite boîte de nuit, l'*Oasis,* dans Clark Street. Il y a un spectacle, croit-il. Il ne sait pas très bien ce que ça vaut, mais on peut courir la chance. Pas de taxis en vue. Eh bien, ce n'est pas loin, allons-y à pied. Nous partons donc sur les trottoirs verglacés, avec nos valises, luttant contre le vent nocturne de Chicago qui cingle dur, cherchant quelques endroits sûrs recouverts de cendre ou de sable, pour garder l'équilibre. Vous, Lecteur, mon ami, vous glissez à un tournant et tombez sur le côté. Vous ramassez votre valise et nous reprenons notre battue à la recherche de l'*Oasis.* Votre pardessus aura besoin d'un bon coup de brosse. Vous aviez l'air d'être un peu déprimé... sans doute n'était-ce qu'une impression... Un peu de fatigue, peut-être ? Après tout, vous avez dû vous lever à 6 heures.

Johnny regarde de l'autre côté de la rue un palmier de néon rouge, hésite un moment, dit : « Je crois que c'est ici »; il n'a pas l'air très sûr.

Nous entrons dans la boîte chaude et enfumée, tandis que l'orchestre joue un slow vaguement lascif. L'hésitation apparente de Johnny sur l'identité du lieu ne prend pas, car il est immédiatement happé par une demoiselle qui lui jette les bras autour du cou, l'appelle « Poopsie chéri » et l'embrasse sur la bouche. Johnny semble un peu confus. Mercredi est un mauvais jour pour l'*Oasis,* avec le sale temps et pas de congrès en ville. Quelques types blindés, ici et là, sont assis à de petites tables autour de la plate-forme sur laquelle Mlle Peuh-Ri [2] fait son numéro

1. Mets chinois très appréciés aux U.S.A.
2. Prononciation anglaise de Paris.

de strip patriotique, avec un soupçon de cache-sexe bleu-blanc-rouge étoilé. La copine de « Poopsie chéri » s'assied à notre table en attendant son tour. Elle porte un peignoir de rayonne et ressemble à une jeune bourgeoise bien calme.

— *Gee !* C'est chic d'être venu, Poopsie chéri ! J'ai eu tant d'ennuis depuis que tu étais ici le mois dernier. Junie a fini sa rougeole, mais Frankie s'est fait griffer le bras par un chat et ça s'est infecté. J'ai eu de quoi faire, je te le dis, avec les gosses malades, le lavage de la vaisselle et mon boulot ici toutes les nuits. *Gee !* ce que tu as été chic, Johnny, de m'aider pour mon versement sur le fourneau à gaz. On allait juste me le reprendre quand j'ai reçu ton chèque. Je te rembourserai un de ces jours, Johnny, tu verras. *Gee !* j'ai un affreux mal de tête; je crois que je vais attraper un rhume. Est-ce que je peux prendre un coca-cola ? Comment s'appellent tes amis ?

Tout cela est popote et familial. Il semble après tout que notre « Poopsie chérie » connaissait assez bien l'*Oasis*. Mais la petite nous quitte, son numéro est le suivant. Un moment plus tard, elle apparaît sur la plate-forme et commence son strip, tandis que l'orchestre joue *Once in Awhile*. Sa silhouette n'est pas mal, mais je n'arrive pas à la dissocier de Junie, de Frankie, ni du petit appartement, avec le fourneau à gaz et la rougeole. Johnny lui-même a l'air pensif.

— Dites donc, les gars, il est minuit et quart, nous ferions mieux de partir. *Goodbye, Poopsie !*

Et nous voilà de nouveau en chemin, valises et tout, dans la nuit. Heureusement nous trouvons un taxi. Nous arrivons à l'hôtel Palmer House. Pas de voiture de l'aéroport en vue. Des ennuis ?

— Qu'est-ce qui se passe ? demandons-nous au portier.

— Le vol est annulé.

Nous téléphonons à l'aéroport : « C'est vrai. Le vol a été annulé à cause du temps. Il y a cependant à trois heures un vol de l'United Airlines qui passera peut-être.

Nous pouvons essayer de vous avoir une place, si vous voulez.

— Mais nous sommes trois.

— J'essaierai. Est-ce que je peux vous appeler quelque part ?

— Oui, nous sommes dans le hall du *Palmer House.* Inscrivez-moi, mon nom est Raymond Lœwy.

Nous traînons un moment, abattus et silencieux, puis on nous demande au téléphone. C'est d'accord pour les places. Nous devons prendre la voiture de l'aéroport à deux heures. Il est maintenant une heure. Qu'allons-nous faire ? Il est trop tard pour prendre une chambre. Trop tôt pour l'aéroport. Nous attendons dans le salon, presque sans lumière à cette heure. Nous sommes éreintés et nous nous embêtons à mourir. Johnny bâille. Je ne fais rien, incapable de dormir. Vers deux heures du matin, la limousine arrive. Il n'y a que cinq clients, dont un tout à fait ivre.

Le trajet à travers Cicero vers l'aérodrome de Chicago, le long de l'avenue Archer et par une brumeuse nuit d'hiver, offre un des spectacles les plus mornes du monde. Pendant près d'une heure on ne voit rien qu'un lugubre assemblage de taudis noircis, de boutiques délabrées, de bars décrépis, et de gargotes à hamburger (steak haché) ; il y en a littéralement une centaine, tous pareils, tous avec une enseigne au néon bleu ou orange plaquée sur des vitrines sales ou au-dessus d'une porte triste. Les enseignes sont presque toutes des réclames de bière. Je suis hanté par le caractère implacable de cette parade de réclames de bière tout au long du chemin. La limousine de l'aéroport est maintenant sombre, le passager ivre s'est endormi. Johnny aussi. Je suis à peine assoupi, regardant défiler les réclames...

Schlitz

Pabst

BERGHOFF

Blatz

Fatigué, sans ressort, plein d'ennui, je commence à être hypnotisé par l'obsession rythmique du sonnet de Cicero :

SCHLITZ

PABST

BERGHOFF

et

BLATZ

mais l'éclat d'un flot de lumière livide rompt la cadence :

ESSENCE 22 cents
Taxe comprise

Nous nous arrêtons à un feu rouge, tout près d'un tramway plein de femmes de ménage, leurs écharpes serrées autour de la tête, sommeillant ou lisant le *Warshawsky*

News[1] ou tout simplement fixant le vide, d'un regard sans expression. Et les hommes, vieux pour la plupart et misérables, tous ceux qui sont obligés de travailler à cette heure-là, à cet âge-là. Cela ressemble plus à un camion de déportés, en route pour les mines de sel de Sibérie, qu'à un tramway plein de citoyens américains. Pauvres épaves. Nous continuons à avancer dans notre étroit canyon, entre des rangées de « Blatz » et de « Schlitz ». Il y a, de temps à autre, quelques variantes :

CLUB MONDAIN POLONAIS PULATSKY

Belles Funérailles 40 Dollars

BIÈRE ZICHLER A LA PRESSION

CHEESEBURGER

Matzlerbrau

SCHLITZ

PABST

BERGHOFF

et

BLATZ

1. Journal polonais.

SCHLITZ

PABST

BERGHOFF

et

BLATZ

SCHLITZ

PABST

. . . . . .

. . . . . .

Nous avons dépassé maintenant la zone

Schlitz *Blatz*

pendant que notre chauffeur siffle *Shine on Harvest Moon.* Le passager, derrière moi, doit avoir mangé de la langouste ou du céleri, car j'entends depuis dix minutes l'affolant clic-clic d'un cure-dent très occupé. Johnny dort à poings fermés. Vous n'arrêtez pas de regarder le carton en noir et blanc au-dessus du pare-brise :

PRÉPAREZ VOTRE MONNAIE

Prix des places.	1.09
Taxe	16
Total	$ 1.25

Merci !

Rangées à droite et à gauche, le long des trottoirs, de vieilles automobiles lamentables sont couvertes d'une neige immaculée, qui donne à leurs formes angulaires une ligne aérodynamique de voitures de sport. Enfin, un halo bleu dans le ciel en face de nous. L'aéroport, cette superbe apparition, de grands hangars illuminés, des fuselages étincelants, des balises rotatives d'éclats de couleurs. Maintenant, bien éveillés, nous courons vers le signe:

DIRECTION OUEST

CONTROLE

Il y a là déjà deux ou trois passagers, à l'air abattu. Mon sixième sens, celui des voyages, perçoit quelques ennuis à l'horizon. C'est juste. Notre vol est retardé.

— Pour combien de temps ?

— Environ trois heures.

Nous nous regardons, complètement dégoûtés. Nous jetons un coup d'œil aux alentours. Qu'allons-nous faire ? Annuler nos places, prendre une chambre et rester à Chicago ? Impossible. La réunion de demain à Los Angeles est organisée depuis un mois. Les ingénieurs, les directeurs des compagnies d'aviation nous attendent pour prendre une décision définitive au sujet des maquettes. Il nous faut être beaux joueurs et attendre l'heure du départ. Johnny dit qu'il connaît un petit bar, de l'autre côté de l'autoroute, le Bar-Grill de l'Aéroport, où l'on pourrait passer une heure. Après avoir enregistré nos bagages, nous nous dirigeons vers le bistrot au néon. Un petit coin assez confortable, qui sent l'oignon frit et le parfum à un dollar la bouteille.

Nous nous asseyons au bar, près d'une paire d'hôtesses de l'air qui boivent un coca-cola. Elles vont prendre leur service et elles n'ont pas l'air fatiguées du tout. Toutes fraîches et pimpantes, elles parlent d'un garçon, Joe, qui, apparemment, est météorologiste à l'aéroport de Kansas City. Il n'a pas écrit à la blonde depuis deux semaines et le moral est bas. Johnny, que cette situation intéresse, écoute avidement et ne paraît pas trop fatigué pour renifler une possibilité qui s'éveille petit à petit à son esprit.

Il met une pièce dans la boîte à musique, qui nous renvoie *Perry Como.* Je sens, mon ami Lecteur, que vous commencez à vous demander ce que vous allez bien pouvoir apprendre sur l'« industrial design » pendant ce fameux voyage. Croyez-moi, vous en apprenez les éléments fondamentaux. Johnny voudrait bien participer à la conversation des deux jeunes filles, mais ça ne marche pas. Il est, quand même, très fatigué et n'insiste pas. Alors nous commençons à parler du programme de demain, mais nos cerveaux fonctionnent mal. Nous abandonnons.

Nous nous traînons jusqu'à l'aéroport. Là, nous nous

asseyons et nous restons assis pendant deux heures et demie. Tout est morne là-dedans; c'est tout du « moderne bon marché », meubles en mûrier jaune recouverts d'affreux tissu violacé, lumières fluorescentes, décoration chrome et orange[1]. Aucune trace de vie, si ce n'est la réclame qui bouge sur la machine automatique d'assurance contre les accidents pendant le vol. Je n'ai jamais pris ce genre d'assurance, mais je le fais maintenant, par pur ennui. Je découvre bientôt qu'à titre de distraction, rien que la rédaction vaut l'investissement. On lit, en effet, sur la police, imprimé en caractères gras :

POUR LA PERTE DE LA VIE, DES DEUX MAINS, DES DEUX PIEDS, OU LA CÉCITÉ ABSOLUE	LA PLUS FORTE SOMME
POUR LA PERTE D'UNE MAIN ET D'UN PIED, OU D'UNE MAIN OU D'UN PIED ET D'UN ŒIL	LA PLUS FORTE SOMME
POUR LA PERTE D'UNE MAIN OU D'UN PIED OU D'UN ŒIL	LA PLUS FORTE SOMME

Le texte spécifie que la perte, en ce qui concerne les mains et les pieds, signifie la section à hauteur du poignet ou de la cheville ou au-dessus et, en ce qui concerne les yeux, la perte totale et sans retour de la vue (en Caroline du Sud, la perte des mains signifie la perte de quatre doigts entiers).

Voilà un joli problème pour « tuer » le temps : supposons, essayant de me singulariser jusqu'au bout, que je perde deux pieds, pas de mains et un seul œil. Est-ce qu'on me donne la Plus Forte Somme ? Ou bien, si je

1. Tout ceci a beaucoup changé depuis et les nouveaux aéroports sont excellents et bien décorés.

perds une main seulement, mais deux pieds et un œil ? Ou un œil, un pied et deux mains ? Que devient la Plus Forte Somme ?

Et il y a une autre complication :

Exceptions : CETTE ASSURANCE NE COUVRIRA PAS LA MORT, LE DÉMEMBREMENT OU LA PERTE DE LA VUE CAUSÉS ENTIÈREMENT OU EN PARTIE PAR LE SUICIDE, OU PAR LA TENTATIVE DE SUICIDE (QU'ON SOIT SAIN D'ESPRIT OU NON). (EN MISSOURI, QUAND ON EST SAIN D'ESPRIT, SEULEMENT.)

Dieu Tout-Puissant !

De plus :

LA COMPAGNIE SE RÉSERVE LE DROIT DE FAIRE UNE AUTOPSIE EN CAS DE DÉCÈS.

D'accord, cette requête semble raisonnable; je ne suis pas homme à faire rater une occasion à un gars.

Ma rêverie « démembrée » est abruptement interrompue par le haut-parleur :

On annonce le départ du vol n° 625 de la Compagnie United Airlines directe Los Angeles, porte n° 5. Tout le monde à bord, s'il vous plaît ! Merci mon Dieu ! Nous nous levons, les membres raides, passons au contrôle, montons à bord, trouvons un siège, bouclons nos ceintures et nous installons pour la dernière étape. Depuis six heures du matin, nous sommes en route, — vingt-quatre heures sans repos ! Je suis si fatigué que je ne peux dormir et demain, pourtant, il nous faudra être frais et dispos. Je *dois* dormir. Il *faut* que je dorme. Je demande un verre d'eau à l'hôtesse de l'air, j'avale un comprimé somnifère. Enfin, le calme... la pa·–...

— Quoi ? Qu'est-ce qui arrive ?

— Monsieur, monsieur, dit la stewardesse.

— Quoi ? Qu'est-ce qu'il y a ?

On me tape doucement sur l'épaule.

— Monsieur, mettez votre ceinture, s'il vous plaît.

Je ne comprends pas très bien. J'ai dormi si peu de temps, mais si profondément, comme anesthésié. Que se passe-t-il ?

— Sommes-nous déjà à Los Angeles ?

— Non, nous devons atterrir à Tulsa à cause du mauvais temps.

— Où ?

— A Tulsa, Oklahoma.

— Oh, non ! Oh, non ! Dites que ce n'est pas vrai !

La triste réalité pénètre lentement dans mon esprit engourdi par le somnifère. Les choses commencent à se matérialiser dans toute leur horreur. Tout ce qui peut nous rester d'optimisme se désagrège en un seul instant. « Tulsa ! Nous sommes complètement en dehors de notre route. C'est trop ! C'est beaucoup trop ! Tulsa ! » Nous atterrissons, notre avion roule, un dernier petit soubresaut, il s'arrête et tout est silencieux.

— Prière aux passagers de prendre toutes leurs affaires et d'attendre dans l'aéroport que les conditions atmosphériques soient meilleures. Nous vous tiendrons au courant.

Nous sortons dans le froid de l'aurore en Oklahoma. La gare est bondée; tant de vols ont été annulés cette nuit ! Nous finissons par découvrir trois sièges vides. L'inévitable « bébé hurlant » crie comme un coyote scalpé et énerve tout le monde. De plus, il a eu le mal de l'air et ça se sent. Je suis malade, moi aussi. Malade de l'avion. Malade d'« industrial design », malade des affaires, et je rêve d'un petit coin chaud et tranquille à Nice ou à Bécon-les-Bruyères...

Je vais au guichet de la Compagnie United Airlines.

— Je n'ai aucune intention de poser des questions déplacées, mais combien pensez-vous qu'il nous faudra « patienter » dans ce palais de l'Air ?

— Nous ne savons pas encore. Nous attendons un bulletin météorologique à l'instant.

— Quelle heure est-il maintenant ?

— Sept heures quarante-cinq.

Nous nous asseyons. C'est tout ce que nous pouvons faire. Mes pilules soporifiques font leur effet et je suis si fatigué ! Je souhaiterais m'étendre quelque part. Le haut-parleur entre en compétition avec le « bébé hurlant ».

— Attention, s'il vous plaît. Le vol n° 625 vers l'Ouest, Compagnie United Airlines, pour Los Angeles, est au tableau de départ pour midi quarante-cinq.

Nous devrons donc attendre encore cinq heures ! Nous comprenons alors ce que signifie l'abattement total.

Vous, ami Lecteur, semblez réfléchir puis vous nous demandez trois dollars en pièces de monnaie, pour téléphoner à New York. Nous vous voyons alors disparaître dans la cabine téléphonique.

— Je suis désolé, monsieur Lecteur, dis-je, de tous ces contretemps. Mais, en hiver, ce sont des choses auxquelles il faut s'attendre. On ne peut pas encore trop compter sur les transports aériens. Oh, mais naturellement, monsieur Lecteur, je comprends très bien, et je suis désolé d'apprendre que votre femme est malade, et que vous devez retourner auprès d'elle immédiatement. Je suis heureux que nous ayons pu vous obtenir un compartiment dans le train de New York. Nous regretterons beaucoup de ne pas vous avoir avec nous à Palm Springs pour le week-end. Eh bien, bon voyage. J'espère que Mme Lecteur sera rapidement remise. Nous nous reverrons à New York. Au revoir, cher ami, et bon voyage !

Vous vous précipitez dehors et Johnny court après vous,
— Monsieur Lecteur, monsieur Lecteur, hé là ! n'oubliez pas votre valise.
— Dieu, que je suis bête ! Eh bien, au revoir, et encore merci.
— Au revoir, il n'y a pas de quoi.
Johnny et moi, nous nous regardons.
— Quel veinard ! dit-il. Si seulement j'avais moi aussi une femme à New York et qu'elle soit très malade !

Les compagnies de transports aériens ont de la chance de s'en tirer sans dommages. J'ai voyagé constamment en avions depuis le temps où les vieux trimoteurs Ford furent mis en service, en 1927. J'ai bien parcouru plus de deux millions de kilomètres [1]. J'apprécie, comme doit le faire tout passager compréhensif, les difficultés d'opérations des lignes aériennes en hiver quand les conditions atmosphériques sont contraires. Cela est dur et mérite toute ma sympathie. Mais rien n'excuse la stupidité et le manque d'égards pour la sensibilité et le confort du passager. Dans beaucoup de cas, l'attitude des employés à terre frise l'insolence. On m'a menti, mal dirigé, mal informé, dupé, égaré, à toute heure du jour et de la nuit, sur toute l'étendue de la carte des lignes aériennes des Etats-Unis et du reste du monde. On m'a envoyé au mauvais aéroport, mais au bon moment, et au bon aéroport, mais au mauvais moment. On m'a dit que des vols étaient annulés quand ils avaient lieu et vice versa. On m'a envoyé faire une randonnée de trois heures eu bus au milieu de la nuit, pour découvrir en arrivant que l'avion venait de décoller de l'aéroport que j'avais quitté. On m'a fait refaire le trajet pendant trois autres heures pour une

1. Auxquels il faut ajouter 650 000 kilomètres depuis que cet ouvrage a été écrit.

dire de retourner d'où je venais et pour découvrir enfin qu'il n'y aurait pas de vol jusqu'au lendemain matin. Après avoir enfin réussi à partir, on nous a déposés à terre à mi-chemin, par un temps magnifique. Mauvais temps plus loin ? Pas du tout. On avait besoin de l'avion ailleurs afin d'en tirer plus de revenus. Les voyageurs expérimentés soupçonnent que beaucoup de ces décisions qui transforment les voyages par avion en épreuve ne sont pas toujours dictés par les nécessités météorologiques. Pour le malheureux passager, cela signifie des empoisonnements, des difficultés sans nombre, qui peuvent l'amener à un quasi total épuisement, faire de lui une loque. Quant à l'insolence des employés, il est possible qu'elle soit due au fait qu'ils changent fort souvent d'emploi.

Il se peut que les employés au sol des lignes d'aviation ne soient pas assez payés. S'il en est ainsi, augmentez-les. La plupart des clients aimeraient mieux payer un peu plus et qu'on leur évite les dérangements, l'irritation, la fatigue et, particulièrement, ce genre de traitement cavalier qui est une insulte à leur intelligence[1].

1. J'ai constaté, très récemment, une détérioration marquée dans le service et la nourriture à bord des grands avions à réaction des lignes aériennes transtlantiques les plus importantes. Le personnel est souvent plutôt insolent et le service ne répond point à la publicité grandiloquente.

24

Conférencier (?)

Il se passe rarement une semaine sans que je ne reçoive une invitation à parler à un groupe, que ce soit une Université, une Chambre de Commerce ou une Société Professionnelle. Il m'est naturellement impossible de les accepter toutes, cependant je le fais environ une quinzaine de fois par an.

Les Américains adorent écouter un « speech »; ils forment un public merveilleusement réceptif à condition que l'on entrelarde le sujet avec un peu d'humour. Ils attendent celui-ci avec patience et même si la qualité en est plutôt anémique, ils s'arrangent quand même pour sourire un peu, ce qui est très réconfortant.

Comme tous ceux qui ont à parler en public, j'ai dû me soumettre à la règle et, si l'on veut bien me le permettre, je mentionnerai quelques-unes des histoires brèves qui en général sont bien reçues, car elles représentent l'humour vraiment américain.

Plus un individu vous parlera de son intégrité et de son honnêteté, mieux il vaudra que vous alliez compter les couverts et l'argenterie.

★

La femme d'un homme d'affaires atteint d'une grave maladie de cœur découvre par hasard que le billet de loterie qu'il a acheté récemment vient de gagner un million de dollars. Elle en fait part au docteur et celui-ci lui recommande de lui annoncer la bonne nouvelle avec infiniment de ménagements, ce qu'elle fait avec beaucoup de doigté et de succès.

Quand le docteur revient visiter son client, celui-ci lui annonce lui-même la nouvelle et ajoute :

— Docteur, savez-vous ce que j'ai fait ?

— Non, dites-le-moi.

— Je vous ai envoyé un chèque pour cinq cent mille dollars !

Le docteur tombe raide mort.

★

Une dame entre dans le bureau du psychanaliste, tirant un canard par une ficelle.

— Docteur, je vous amène mon mari, il croit qu'il est devenu un canard.

★

Un voyageur de commerce vendant des cartes publicitaires se présente dans le bureau du Chef du personnel d'une usine.

— Je désirerais une place comme comptable.

— Il n'y en a pas de disponible.

— Alors dans votre bureau de publicité ?

— Rien non plus.

— J'ai l'expérience des expéditions...

— Nous sommes au complet.

— Peut-être comme démarcheur ?

— Je vous répète une fois pour toutes que nous n'avons besoin de personne.

— Alors, si, vous avez besoin de ceci :

Et il tire de sa serviette un carton sur lequel est imprimé : ON N'EMBAUCHE PAS.

★

Rastus (nom en vogue parmi les Noirs) arrive tard à son travail et son patron lui demande pourquoi.

— Hier soir, dans le petit hôtel où j'habite, c'était le concours de poker et j'ai gagné le deuxième prix.

— Qu'est-ce que tu as gagné ?

— Le droit de coucher avec la patronne.

— Qu'était le premier prix ?

— Un dollar.

★

Le père du jeune William reçoit le rapport trimestriel envoyé par le directeur de l'école où celui-ci est en pension, et en voici le texte :

Monsieur,

Votre fils ne se lave pas, il ment et triche à tous les jeux. Le mois dernier il a volé la bicyclette de ma femme et essayé de violer Miss Geneviève, son professeur de français.

Il y a huit jours il a volé un saucisson à la cantine et battu la femme du cuisinier.

Monsieur,

Je suis heureux de pouvoir vous envoyer ce rapport encourageant qui dénote une amélioration sensible sur le trimestre précédent.

Votre tout dévoué...

★

Il y a une manière sûre de faire un bon speech :

Rappelez-vous la première et la dernière phrase et gardez-les très proches l'une de l'autre.

★

Il est très déprimant, lorsque l'on fait un speech, de voir un membre de l'audience regarder sa montre.

Ce qui est encore pis, c'est s'il la porte à son oreille, la secoue et la regarde de nouveau, l'air sceptique.

★

Une huître tombe amoureuse d'un petit poisson qui un jour disparaît avec la perle qu'elle contenait; le petit poisson était un maquereau.

★

Un homme, dans un bar, donne un dollar à son chien pour aller lui acheter un paquet de cigarettes. Le chien revient une demi-heure plus tard et l'homme est furieux :

— Sale bête ! Qu'as-tu fait ?

— J'ai rencontré une jolie petite chienne et nous avons fait l'amour.

— T'as déjà rencontré des jolies chiennes avant...

— Oui, mais je n'avais jamais un dollar sur moi.

★

La scène se passe sur une plage et tout le monde est en costume de bain. Un monsieur contemple une jeune fille à l'air trop masculin. Il s'adresse à un homme qui se trouve près de lui :

— Regardez cette fille, on dirait un garçon !

— Mais évidemment, c'est MON garçon.

— Oh, excusez-moi, je ne savais pas que vous étiez son père....

— Je ne suis pas son père, je suis sa mère !

★

Définition de l'Homme Moderne :

Accompagné de la blonde qu'il a chipée à un ami, il conduit la voiture qu'il n'a pas fini de payer avec de l'essence achetée grâce à sa carte de crédit sur une autoroute financée par un emprunt non remboursé.

★

Une jeune femme, qui est allée voir son docteur, lui télégraphie dans la soirée :

— Docteur, lorsque je suis venue ce matin, j'ai oublié mon slip. Veuillez le mettre dans une enveloppe que vous remettrez à mon chauffeur.

— Une minute, madame, je vais voir si je le trouve.

Il revient un instant plus tard.

— Je regrette, madame, j'ai bien regardé, mais je ne le trouve pas.

— Vraiment ? Oh, c'est vrai, je me souviens, je l'ai laissé cet après-midi chez mon dentiste.

★

Un grand magasin de Californie, très avant-garde, établit sur les toits de l'immeuble une merveilleuse garderie d'enfants qui permet aux mamans de dépenser leur argent plus facilement sans être encombrées d'un marmot. Cette garderie, équipée de jeux de toutes sortes, comprend un petit manège de chevaux de bois, et elle est placée sous la direction d'un docteur spécialiste de la psychologie infantile.

Une maman se présente avec son gosse de huit ans et le confie au docteur-gérant.

— Je vous préviens qu'il est fort désagréable, qu'il a mauvais caractère et qu'il veut toujours passer avant son tour. Sur le manège, il va sans doute refuser de descendre, il va vous faire des ennuis et je m'en excuse.

— Mais non, mais non, madame, nous avons l'habitude.

La mère s'en va, le gosse se précipite sur le manège, poussant tout le monde, dégage un autre gosse, prend son cheval et, lorsque le tour est fini, refuse de descendre. Le docteur essaye de lui faire quitter son cheval; hurlements, coups de pied, etc. Le manège repart avec lui mais cette fois le docteur est auprès du gosse. Au moment de descendre, le petit monstre recommence à hurler, et le docteur lui chuchote quelque chose à l'oreille. Le gosse immédiatement se tait et descend bien gentiment.

La maman revient plus tard et demande ce qui s'est passé.

— Oh, en effet, il a été difficile au début mais maintenant, voyez comme il est sage, tournant bien tranquille sur son cheval. Maintenant, voyez-le descendre et donner son cheval à une petite fille.

— Docteur, c'est miraculeux ! Qu'avez-vous fait ?

— Oh, pas grand-chose, je lui ai tout simplement parlé.

— Que lui avez-vous dit, docteur ?

— Je lui ai dit : « Petite pourriture, si tu ne cesses pas immédiatement de gueuler, je te défonce la trogne. »

★

La Société Américaine des Nains donne son grand banquet annuel dans la Salle des Fêtes de l'hôtel New Yorker.

A la table d'honneur, le président vient de faire l'éloge des nains qui, durant toute l'année passée, se sont distingués. Il termine ainsi :

— Mesdames et messieurs, je propose que tous nous nous levions afin de porter un toast en leur honneur !

Sur ce, tout le monde se lève et on ne voit plus personne.

★

A Londres, un vieux professeur de mathématiques se promène calmement sur le trottoir pendant un effroyable bombardement. Les éclats de bombes volent de tous côtés mais il n'y fait aucune attention. Un agent londonien réfugié dans un sous-sol l'aperçoit et lui crie par le vasistas entrouvert :

— Vite, vite, abritez-vous ! Rentrez ici !

— Jeune homme, répond le professeur, je suis déjà protégé par l'ombrelle impénétrable de la loi sur les probabilités.

★

Certains hommes d'affaires ou politiciens, qui n'ont pas le temps d'écrire eux-mêmes leur texte, le font préparer par un assistant et le lisent devant un micro. Beaucoup ne l'ont même pas parcouru auparavant. On cite le cas d'un orateur qui, lisant son texte, le trouva si amusant qu'il continua à le lire sans dire un mot et, riant comme un fou, ayant complètement oublié les trois mille personnes qui attendaient, se rassit tranquillement et continua sa lecture en silence.

★

Ma femme et moi, nous fûmes invités à une soirée de gala dans la grande salle de bal du *Waldorf Astoria* où était donné un banquet (tous les hommes en habit) à l'occasion du soixante-dixième anniversaire du grand producteur de films Spyros Skouras. George Jessel, un grand humoriste américain, était maître de cérémonies.

M. Skouras fit un discours des plus ennuyeux qui dura une heure quarante, avec un accent grec presque incompréhensible. Georgie Jessel, n'y tenant plus et tout à fait furieux, saisit un moment de court silence entre deux phrases pour vite se lever, serrer les mains de l'orateur interrompu en lui disant :

— Merci, merci, cher Président, et tous nous vous souhaitons que votre vie soit aussi longue que me l'a semblé être votre speech.

★

Un speech trop long est toujours mortel, et l'on raconte l'histoire du conférencier ennuyeux qui parlait dans un igloo à un groupe de trappeurs dans l'Alaska.

Après un temps interminable, le bavard s'arrêta, disant :

— Je m'excuse d'avoir parlé si longtemps et...

— Du tout, du tout, cher monsieur, grâce à vous l'hiver polaire nous a paru moins long.

★

Quelqu'un a dit :

S'il suffisait d'être jeune pour être moderne, ce serait trop facile.

★

Dans la recherche de la connaissance totale, je maintiens qu'il y a beaucoup de choses qu'une personne normale doit ne pas connaître, par exemple le goût qu'auraient ses enfants s'ils étaient bouillis.

(Bernard Shaw.)

★

Avant de dessiner un objet, connaissez celui-ci à fond et vous éviterez l'échec du médecin anglais qui, pendant longtemps, essaya sans succès de guérir son client de la jaunisse; celui-ci était chinois.

★

Un homme attend debout auprès de sa 2 CV Citroën en panne au bord de la route lorsque le garçon au volant d'une Jaguar, l'ayant remarqué, s'arrête afin de lui demander s'il peut lui venir en aide.

— Avec plaisir. Vous seriez gentil de vouloir bien me remorquer jusqu'au prochain village.

La Jaguar repart lentement, traînant la petite voiture à la remorque, lorsque tout à coup une grosse Ferrari les dépasse comme un éclair. Oubliant complètement la 2 CV, le jeune homme accepte le défi et se lance à sa poursuite. Un moment après ils passent à cent quatre-vingts à l'heure devant le pompiste d'un poste d'essence qui, véritablement soufflé, crie à son épouse :

— T'as vu, t'as vu ! La Jaguar qui essaye de passer la Ferrari et le type dans la 2 CV qui est furieux et klaxonne comme un fou parce qu'ils ne veulent pas se laisser dépasser !

Il est fort possible que certaines de ces petites histoires américaines aient pris naissance ailleurs. Elles n'en restent pas moins bien adaptées au sens de l'humour du pays. Si vous les avez déjà entendues, je le regrette, mais c'est un cas de *calculated risk* que vous avez pris en achetant cet ouvrage un peu à l'aveuglette. Vous pouvez toujours essayer d'aller chez Gallimard vous faire rembourser : si vous êtes arrivé à lire jusqu'ici, sans couper les pages (sans avoir attrapé un torticolis) et si vous tombez sur un employé de bonne humeur, vous y arriverez peut-être.

En général, mes causeries sont accompagnées de diapositifs en couleurs projetés sur un écran. Lors de mon récent voyage en Russie, je fus surpris de constater que la réaction, que ce fût à Moscou, à Leningrad ou à Tiflis, était exactement la même qu'à Chicago, à Milwaukee ou à Londres. Ceci non seulement au point de vue technologique mais également au point de vue de l'humour.

Je dirai cependant que le public est beaucoup plus réceptif dans le reste des Etats-Unis qu'à New York même, où une certaine froideur est considérée comme étant de bon aloi.

Ainsi qu'on l'a peut-être remarqué, ces histoires peuvent facilement s'adapter aux sujets et causeries les plus divers, qu'il s'agisse de psychologie appliquée, de l'art de vendre, de l'éducation, etc.

25

Conserver sa bonne humeur

Comme on peut le voir, un « industrial designer » actif mène une vie agitée qui nécessite une santé impeccable et une grande ténacité. Tout en voyageant énormément, par tous les temps, en avion, en auto, en chemin de fer ou en transatlantique, il est indispensable pour lui de se sentir lucide et en forme en arrivant à ses rendez-vous. Cela demande un sérieux entraînement.

Si on est empoisonné en avion par le « bébé hurlant », le chemin de fer comporte ses risques. Il y a le passager blindé et bavard qui vient s'asseoir à votre table pour dîner. Bruyant et vulgaire, il attire l'attention des autres passagers sur votre table où vous aimeriez bien dîner en paix, en lisant vos magazines ou en prenant quelques notes d'affaires. Au lieu de cela vous êtes noyé, à votre corps défendant, sous une cataracte de paroles incohérentes et de longues histoires scabreuses et insipides. Il est difficile d'échapper à ce genre de type qui, offensé, commencerait à faire des remarques sur les prétentieux, les snobinards, etc. Les autres passagers, qui sont déjà passés par là, sont désolés pour vous tandis que vous avalez votre repas, payez rapidement la note et filez vers un coin sûr.

Une autre épreuve attend l'« industrial designer », c'est le Congrès. Celui qui a assisté à un véritable congrès d'affaires, un « gigantesque congrès mammouth » au mois de juillet à Chicago, à Cleveland ou à Detroit, voit ce que je veux dire.

On m'a souvent demandé de raconter les aventures intéressantes ou amusantes de ma carrière de dessinateur. En voici quelques-unes prises au hasard.

Pour pouvoir dessiner les dispositifs contrôlant le flot de la fumée, destinés aux locomotives à vapeur ultra-rapides, il est essentiel de déterminer exactement la puissance et la direction des courants d'air autour d'une locomotive en marche. Une bonne méthode (empirique) consiste à observer à des vitesses variées le comportement de petits rubans de couleur, attachés au bout d'une baguette plantée en différents points de la locomotive. Cette méthode permet d'obtenir une indication de l'action des remous d'air. Se livrer à cet exercice — sur une machine qui fonce à cent trente-cinq kilomètres-heure, dans un roulement de tonnerre — perché au faîte de l'attelage avant, ou sur la coursive, cramponné pour lutter contre l'ouragan, serait plutôt le fait d'un acrobate. Ou bien encore, se tenir dans le tender en haut d'une pile de charbon et passer sous les ponts bas, à cent quarante kilomètres à l'heure, c'est là une sensation qui a satisfait pleinement mon amour de la vitesse déjà mentionné.

L'aventure qui m'arriva, il y a bien longtemps, devant la Cour suprême de New York, au cours d'un procès sur les droits d'un brevet, était d'un caractère tout différent. Un de mes clients poursuivait en justice un autre fabricant, pour contrefaçon de modèles. Le cas était fort clair, le concurrent ayant servilement copié l'apparence du produit couronné de succès que j'avais créé pour mon client. La défense affirma qu'il était impossible que le produit en question soit dessiné différemment et fonctionne quand même convenablement; elle soutenait donc que, en l'absence de brevet de base, leur client était parfaitement justifié en copiant le modèle fabriqué par mon client.

Le procès traîna pendant des semaines sans aboutir. Un jour, mon client, excédé par cette histoire, me demanda conseil. Une idée me vint et je lui suggérai de demander à son avocat de me faire citer comme expert-témoin. Au jour fixé, on m'appela au banc des témoins. J'apportais avec moi un chevalet pliant, un grand bloc de papier à dessin et quelques fusains.

L'avocat du plaignant, mon client, commença à me poser des questions :

Q. — Monsieur Lœwy, quelle est votre profession ?

R. — « Industrial designer ».

Q. — Depuis combien de temps exercez-vous votre profession ?

R. — Depuis quinze ans.

Q. — Avez-vous une affaire à vous ?

R. — Oui.

Q. — Combien de dessinateurs employez-vous ?

R. — Une vingtaine environ.

Q. — Pour combien de clients travaillez-vous ?

R. — Environ trente-cinq.

Q. — Voudriez-vous nous donner le nom de quelques-uns d'entre eux ?

R. — General Motors, Compagnie des Chemins de Fer de Pennsylvanie, Compagnie Internationale des Moissonneuses, Compagnie Générale Electrique, etc.

Q. — Avez-vous examiné le produit tel qu'il est dessiné par mon client sur les pièces A et B du dossier ?

R. — Oui.

Q. — Pensez-vous que ce produit pourrait être dessiné d'une autre manière tout en restant aussi pratique et en fonctionnant normalement ?

R. — Oui.

Q. — A votre avis, si vous étiez chargé de dessiner cet objet déterminé, pourriez-vous faire une création qui donnerait à ce produit une apparence différente de celle qu'il offre sur les pièces A et B sans changer pour cela ses qualités fonctionnelles et pratiques ?

R. — Oui.

Q. — Pouvez-vous faire à la Cour la démonstration de ce que vous avancez ?

R. — Oui, certainement.

Q. — Comment ?

R. — En faisant quelques esquisses sur-le-champ.

L'avocat du plaignant demande alors à la Cour si elle consentait à l'exécution immédiate des dessins et esquisses.

R. — La Cour le permet; le témoin peut commencer.

Je dépliai mon chevalet, y plaçai verticalement, bien en vue de tous, la planche à dessin et commençai à faire quelques rapides esquisses à grands traits noirs, visibles pour toutes les personnes présentes. Dix minutes après, j'avais terminé une dizaine de dessins, tous différents, presque tous attrayants et tous pratiques.

L'avocat de la défense, interrompant les débats, indiquait alors aux juges que ses clients étaient prêts à accepter un arrangement à l'amiable. Dans les quinze minutes, le procès était clos et le juge s'occupait d'une autre affaire.

Il m'arriva une autre aventure peu ordinaire à Washington. Le Gouvernement Fédéral faisait une enquête sur l'aviation civile. Comme j'avais collaboré avec Igor Sikorsky et la Compagnie Greyhounds, à l'élaboration d'un autobus hélicoptère expérimental pour douze passagers, je fus cité comme témoin technique. Je me rendis à la Cour Fédérale, portant sous le bras un grand carton à dessins. On me dirigea vers un certain tribunal, où j'avais l'air d'être attendu, puisque l'huissier me dit de déballer mes dessins et de les placer sur une table, placée en face du juge. Son Honneur jeta un coup d'œil, d'abord sur les dessins, puis sur moi. Il était complètement abasourdi et appela un de ses assesseurs. Ils éclatèrent de rire et tout devint clair. On m'avait par erreur dirigé vers un tribunal où le Service des Postes des Etats-Unis poursuivait *Esquire* (magazine), pour usage illégal des services postaux, à cause de quelques illustrations risquées. L'huissier, qui attendait Varga, l'artiste d'*Esquire*, m'avait pris pour lui.

Je remballai mes dessins d'hélicoptères et l'on me dirigea vers le bon tribunal.

En ce qui concerne notre collaboration avec les constructeurs d'avions, mon aventure la plus passionnante ne se produisit pas en plein vol, mais à terre. Alors que je travaillais chez Lockheed à Burbank (Californie) à l'intérieur de la maquette grandeur nature d'un *Constitution*, appareil énorme de deux cent quatre-vingts passagers [1], je me trouvais à côté de la porte de secours, qui était bien à vingt mètres au-dessus du sol en ciment. Un des ingénieurs ouvrit la porte : suspendue en face, dans le haut, se trouvait une petite poignée, semblable aux poignées d'aluminium auxquelles on s'accroche dans le métro.

C'est une nouvelle invention de secours, dit-il, la poignée est reliée à un câble d'acier, le câble à un rouleau à ressorts. Si la maquette de bois prend feu pendant sa construction, il suffit d'attraper la poignée, de sauter et de tenir ferme. La chute serait ralentie progressivement au fur et à mesure qu'on approche du sol. « Pourquoi ne

1. Le *Constitution* ne fut jamais construit.

l'essayez-vous pas ? » dit-il. Je jetai un coup d'œil peu rassuré au sol de ciment, vingt mètres plus bas. Deux ouvriers levaient les yeux vers moi d'un air sarcastique; en outre, mon assistant, Harry Neafie, était derrière moi et m'observait. Je n'avais pas le choix; il fallait agripper la poignée et sauter. Je m'exécutai donc. C'est sans doute grâce à cette chute libre, en direction du ciment, que j'acquis mes premiers cheveux argentés, équipement standard de l'homme distingué.

Au cours d'une conférence de travail, dans mon bureau de New York, avec des hommes d'affaires du Wisconsin, je fus interrompu par Helen Peters. « Monsieur Lœwy, dit-elle, M. Dexter Brandon, du ministère des Affaires étrangères, est au téléphone. Il vient juste d'arriver de Washington, il est à la gare et il voudrait venir vous voir. Que dois-je répondre ?

— A-t-il rendez-vous ?

— Je ne sais pas, je ne pense pas.

— Demandez-le-lui, alors. »

Helen Peters revient :

— Non, monsieur Lœwy, il n'a pas de rendez-vous.

— Dites-lui que je regrette, que je suis pris et n'aurai pas une minute aujourd'hui. Désolé.

Helen Peters explique la situation au visiteur du State Department et nous reprenons notre travail.

Environ un mois plus tard, j'étais à l'usine de mon client, déjeunant au grill avec les directeurs de la Compagnie. Le président me regardait, comme s'il avait quelque chose en tête.

— Monsieur Lœwy, dit-il enfin, mon représentant m'a parlé de cette visite du ministère des Affaires étrangères pendant une conférence dans votre bureau. Et il m'a raconté que vous n'aviez pas voulu recevoir le visiteur pour ne pas interrompre la conférence. Je m'empresse de vous dire que nous comprenons et apprécions votre courtoisie envers nous. Mais nous aimerions que vous vous sentiez tout à fait libre avec nous. Voyez-vous, ici dans l'Ouest, nous ne sommes pas aussi cérémonieux que vous gens de l'Est. Nous voudrions que vous vous sentiez à l'aise entre amis. La prochaine fois, n'hésitez aucunement, promis ?

— Promis.

Je n'eus pas le courage de lui dire que M. Dexter Brandon était un ouvrier électricien employé dans les bâtiments du State Department, au service d'entretien. Je le connaissais à peine et il m'avait prié de l'aider à trouver du travail chez un de nos clients, fabricant d'appareils électriques. Il s'était rendu assez insupportable par une insistance excessive et des coups de téléphone fréquents.

Le lecteur qui a eu la gentillesse de poursuivre jusqu'ici la lecture de ce texte louvoyant, des locomotives aux pyjamas en passant par les Lucky Strike, aura-t-il encore un peu de patience ? J'aimerais lui communiquer brièvement quatre recettes culinaires dont nous nous servons dans ma famille.

Les voici :

CHAMPAGNE ET PÊCHES

Mettez une pêche juteuse, préalablement pelée, au fond d'un grand verre. Remplissez à moitié avec de la glace en cubes et ajoutez un soupçon de Grand Marnier. Ecrasez légèrement la pêche et remplissez le verre de champagne frappé. Buvez très frais.

RECETTE DE LA SAUCE CARAMEL AU CAFÉ

Prenez une livre de sucre cristallisé, un quart de beurre, un quart de crème épaisse. Placez dans une casserole de cuivre si possible, mélangez bien et laissez cuire jusqu'à consistance de caramel. Ajoutez une cuillère à soupe de véritable extrait de vanille et une demi-tasse de café très fort. Laissez mijoter un moment. Pour se rendre compte de la consistance, versez-en une goutte sur un plat beurré et touchez-la du doigt. Pour être à point, elle doit être assez ferme, mais pas dure. La sauce doit être servie chaude, sur de bonnes glaces à la vanille ou au café.

UNE RECETTE DE SORBET

Préparez un mélange d'un tiers de jus d'abricot frais, un tiers de jus de mandarine et un tiers de jus d'ananas. Ajoutez du sirop de sucre de canne, quantité de bon champagne, quelques gouttes de jus de citron et mettez à congeler dans une sorbetière.

Une autre recette, simple, dédiée à tous ceux qui apprécient une démonstration du bonheur parfait sur terre.

Prenez un chien vivant de bonne taille et profondément endormi, de préférence un setter irlandais. Placez doucement et silencieusement un gros morceau de saucisse de foie aussi près que possible de ses narines, mais sans réveiller le sujet. Asseyez-vous et regardez.

Stade un : A chaque inspiration, l'odeur de la saucisse parvient lentement jusqu'au subconscient du sujet qui, peu à peu, retourne aux limites de la semi-conscience. Les narines commencent alors à frémir légèrement. Les yeux sont encore fermés.

Stade deux : Les cils papillonnent, la salive coule et la respiration se transforme en reniflement. Les pattes tremblotent légèrement.

Stade trois : Le sujet comprend soudain la réalité du rêve et, dans une brusque convulsion, se jette sur le morceau de saucisse qu'il avale d'un seul trait.

Stade quatre (ce stade final est le plus intéressant à observer, car il varie beaucoup selon les individus) : D'habitude, les setters expriment leur égarement en s'asseyant et en regardant fixement dans le vide, incapables de décider du prochain mouvement. Ils restent là, mal convaincus que de telles extases puissent exister en dehors du monde des rêves. Après un moment, ils se recouchent mais leur sommeil est agité.

Il est des curieux qui aimeraient peut-être savoir ce qui constitue la journée typique d'un « industrial designer » très occupé. Je leur ferai remarquer que celle-ci comprend deux catégories d'événements : ceux de nature constante, et ceux qui sont variables. En ce qui me concerne, la meilleure façon de décrire les événements de nature constante est de vous prier de vouloir bien passer une journée entière avec moi. Je vous promets que cette fois-ci nous ne partirons pas en voyage.

L'« industrial designer » (R. L.), dormant profondément, entend un léger frappement à la porte. C'est Karl, le valet de chambre-chauffeur.

« Bonjour, monsieur, il est sept heures. » Il me tend le *New York Times* et un verre de jus d'orange. « Il fait bon dehors. Un petit peu frais. » Lecture du journal, dix minutes d'exercices rasants qui demandent une volonté surhumaine. Je me rase, m'habille et prends mon petit déjeuner; Sally, la femme de chambre, apporte le courrier et quelques petites nouvelles météorologiques : « La journée est assez belle, mais fraîche. » Le dessinateur est prêt à se rendre à son bureau. « Au revoir, Sally. » Ascenseur.

« Bonjour, monsieur Lœwy, dit Ed, le garçon d'ascenseur en service le matin. Fait un peu froid dehors. » Je fais une vague remarque exprimant l'acceptation de ces faits inéluctables de la vie météorologique. Un autre Ed, le portier, me souhaite le boujour et ouvre la porte de l'auto, avec une rapide allusion au froid, ce qui n'appelle aucune déclaration nouvelle de ma part. Karl conduit, tout en confirmant ses premiers bulletins météorologiques annonçant un temps frais mais beau.

Nous arrivons au bureau. Harry, le starter des ascenseurs, me salue d'un joyeux sourire; ses opinions sur la température cadrent précisément avec la situation auparavant établie et vérifiée. Pendant la montée, je fais tous mes efforts pour me souvenir d'une chose importante que je voulais faire immédiatement en arrivant à mon bureau. J'ai du mal à me concentrer parce que Bob, le garçon d'ascenseur, me fait un résumé des caractéristiques de la température de la matinée. « Beau mais un peu frais. » Nous arrivons à mon étage, Mlle Mary Corbett, notre jolie employée à la réception, me salue : « Bonjour, monsieur Lœwy. » Pas un mot sur le temps. Elle est bien stylée. Me voilà sain et sauf. Jusqu'à ce que je reprenne l'ascenseur, pour descendre.

C'est là une matinée ordinaire. Quelquefois, je dois aller

chez mon dentiste, ou chez mon tailleur, ou chez l'avocat-conseil, ou chez les trois, avant de venir au bureau. Dans ce cas, j'essaye de me préparer, aussi bien que possible, à l'épreuve des remarques sur le temps qu'il fait dehors. Je ne suis pas encore parvenu à me soustraire à cet ennuyeux travers américain.

Un autre petit événement aussi énervant qu'inéluctable c'est la question du café. Je bois rarement du café aux repas. Cette lacune évidente de ma part a terriblement compliqué ma vie, surtout dans les wagons-restaurants, où je prends en moyenne six repas par semaine. Voici un aperçu de mes repas dans un wagon-restaurant : j'entre dans le restaurant, j'écris mon menu sur le bloc et j'ajoute en lettres capitales soulignées : *PAS DE CAFE*. Le steward lit et immédiatement : « Prendrez-vous votre café avec ou après le repas ?

— Non, pas de café.

— Voulez-vous du thé ou du lait ?

— Non, merci, pas de boisson. »

Le steward apporte le premier service :

— Voulez-vous votre café maintenant ?

— Non, merci, pas de café.

— Désirez-vous du thé ?

— Non, pas de thé non plus. Merci.

Puis il apporte le dessert.

— Prendrez-vous votre café maintenant ?

— Non, j'ai dit pas de café. Regardez, c'est écrit là sur la note, vous voyez ?

Il regarde : « Du lait ?

— Non, j'ai dit non. Je ne veux ni café, ni thé, ni lait, ni chocolat, ni rien ! Donnez-moi la note, je vous prie. »

Après un bon moment, il revient avec la note et ma tasse de café.

Toutes les fois que je le peux, je reste à mon bureau pendant l'heure du lunch, environ trois jours par semaine. Dans ce cas, j'envoie un garçon de bureau au snack-bar du rez-de-chaussée de l'immeuble pour y chercher un sandwich. Le sandwich est toujours le même : fromage de gruyère sur pain de seigle grillé,

SANS BEURRE
SANS LAITUE
SANS MAYONNAISE
SANS MOUTARDE
SANS CONDIMENT

Après seize ans dans le même bureau, m'adressant au même snack-bar, dirigé par le même propriétaire, dans notre propre immeuble, je n'arrive toujours pas à avoir un sandwich fait d'une simple tranche de gruyère entre des toasts. Après avoir répété mes instructions journellement à ma secrétaire et au garçon de bureau, le résultat est à peu près sûr : dans 50 % des cas, le sandwich contient :

DU BEURRE
ou DE LA LAITUE
ou DE LA MAYONNAISE
ou DE LA MOUTARDE
ou DES CONDIMENTS
ou une combinaison des cinq.

Puis-je donner aux incrédules l'assurance que ceci n'est pas exagéré ? Je me suis, plus d'une fois, senti à deux doigts de la violence physique. Arrivant à la fin d'une matinée où les conditions atmosphériques anormales ont provoqué un débordement de conversations météorologiques chez les garçons d'ascenseurs, mes nerfs crient grâce.

J'écris ceci à bord du « XXe Siècle », en route vers Elkhart. La journée a été rude : *a*) il a neigé; *b*) j'ai pris mon sandwich au bureau *avec* de la mayonnaise; *c*) je viens juste de finir de dîner (avec du café) [1].

L'Amérique est, il n'y a pas de doute, le pays de la standardisation. Essayez d'y échapper.

1. Depuis l'édition originale de ce livre, traduit en six langues, l'auteur a reçu plus de 250 lettres de lecteurs sympathisants qui affirment avoir eu la même expérience horripilante aux Etats-Unis.

26

Vers quel but ?

Comme le lecteur a dû le constater, la promesse faite au début par l'auteur, que ce livre ne serait ni un traité technologique ni un essai philosophique, a été assez bien respectée. Sans tomber dans l'odieuse philosophie d'amateur, j'aimerais mentionner certains faits, certains signes, clairs pour tous. Conseil de plus de cent des plus importantes corporations du pays [1], je suis parfaitement conscient des ressources stupéfiantes dont la nation dispose. Notre potentiel scientifique, technologique, de production et de population, est si énorme que l'Amérique possède tout ce qu'il faut, non seulement pour élever son propre standard de vie, mais pour aider le reste du monde à faire de même. Pour citer ce grand savant, le docteur Vannevar Bush : « Les efforts de l'humanité, depuis ses premiers jours, tendent à enfoncer les barrières quelles qu'elles soient, pour permettre à l'homme de s'élever constamment vers une meilleure vie, matérielle, intellectuelle et spirituelle. »

L'esprit d'entreprise paraît être un trait caractéristique de l'homme américain, qui s'est trouvé bien du système de la libre entreprise. Il en est ainsi pour l'« industrial design ». Si le système survit, l'« industrial design » peut devenir un des grands facteurs de la lutte « pour enfoncer les barrières », sinon dans les domaines intellectuel et spiri-

1. Plus de deux cents en 1962.

tuel, du moins dans celui de la vie matérielle qu'elle peut améliorer. L'entreprise privée est le destin de l'Amérique [1].

Des progrès extraordinaires s'accomplissent actuellement aux Etats-Unis dans le domaine de la science pure. Les physiciens, les chimistes et les biologistes américains viennent en tête. Avec l'aide des Rockefeller, des Lasker, des Sloane et des Kettering, les recherches sur le cancer font de grands progrès. On peut déjà concevoir l'espoir qu'une solution soit trouvée de notre vivant. Les firmes géantes du pays sont entre les mains d'hommes remarquables que j'ai le privilège de connaître intimement. Ils contribuent par d'énormes sommes d'argent à la recherche pure, dans tous les domaines. Mais comment se fait-il que des hommes si exceptionnels, en tant que groupe, acceptent de courir le risque de devenir si ordinaires dans leur vie et leur façon d'être quotidienne ? Pourquoi se laisser aller à une telle apathie générale ? Faut-il vraiment que notre vie soit un tissu d'automatisme et de pensées prédigérées ? Faut-il qu'elle soit une capitulation ininterrompue devant une morne routine ? Ne pouvons-nous pas choisir de manger nos sandwiches avec ou *sans* mayonnaise ? Et de dîner sans prendre du café si nous n'en voulons pas ?

Comment et dans quelle mesure l'« industrial design » peut-elle apporter sa contribution à la vie civilisée, à la vie américaine en particulier ? Comment peut-elle faciliter les choses ? Notre aspiration vers le bonheur n'est-elle pas avant tout notre soif de tranquillité d'esprit ? A part la

1. L'auteur a été choisi, en 1960, pour le Prix U.S.A. de la Libre Entreprise.

santé, est-il au monde chose plus précieuse ? Si non, la tranquillité de l'esprit est le vrai but que nous recherchons. Les complications et les ennuis innombrables et constants de notre vie quotidienne sont autant de handicaps qui rendent ce but plus difficile à atteindre. Les sensations désagréables causées par la laideur inutile des formes et des couleurs, les malaises causés par les contacts déplaisants, par le bruit, les vibrations, la poussière, la température ou la fumée sont autant de sujets d'irritation inutiles. Qu'elle soit physiologique ou psychologique, on peut toujours l'atténuer par une bonne organisation.

Tout cela est du ressort de l'« industrial design ». Transcendant son premier objectif qui était de profiler les formes extérieures, le dessinateur industriel joue désormais un rôle important dans l'élaboration des produits manufacturés, des services, des structures de toute sorte. Sa présence, dès le début de cette élaboration, permettra de réaliser avec certitude un produit fini, libéré, autant que cela est possible, de toute défectuosité superflue. Qu'il crée un siège d'autobus, un aspirateur, un aéroport ou un lit d'hôpital, l'esthéticien s'efforcera de le rendre pour vous le plus agréable possible. Il sera le chevalier du Bon Goût et le défenseur de Vos Nerfs. Il veillera durant sa croisade à ce que toutes les choses matérielles qui vous entourent restent bien à leur place, discrètes et silencieuses. S'il y parvient, votre vie sera débarrassée de beaucoup d'agitation et de complications. Car je crois qu'on peut s'appliquer à obtenir la tranquillité intellectuelle et spirituelle tout aussi bien dans le confort physique que submergé par de stupides petits ennuis continuels.

L'ascète qui vit dans la solitude peut railler ce point de vue de sybarite, mais que fait-il lui-même ? Simplement ceci : il fuit les interférences de la civilisation par son effort de concentration. Si la tranquillité de l'esprit est le fruit d'une vie d'amour, d'abnégation, d'oubli de soi-même et de dévouement, je ne vois pas pourquoi on ne pourrait pas l'obtenir sans fermeture-Eclair qui se coincent, sans gonds qui grincent et sans stylos qui fuient. Quiconque accepte de tels désagréments comme les éléments nécessaires de son calvaire particulier et personnel fait preuve d'un étrange manque d'imagination dans le choix de ses épreuves. J'en pourrais citer une quantité d'autres qui procureraient au moins autant de souffrances d'une façon infiniment plus intéressante. Je préfère des calvaires moins banals que des tiroirs qui se coincent ou un essuie-glace détraqué.

Je crois que le premier exemple de la production en série, dans l'histoire de l'homme, a été l'invention, au xe siècle, de l'horloge mécanique. Les produits obtenus de la sorte en grande série furent les secondes et les minutes. L'homme commença à considérer les minutes et les heures comme un matériau appartenant à lui seul. C'était son bien personnel. Alors il commença à répartir systématiquement son temps pour son plus grand bien-être : tant pour le sommeil, tant pour le travail, tant pour les loisirs. Ceci marqua sans doute le début du travail et des loisirs planifiés, le début de l'organisation de l'existence. Cet événement fondamental fut plus important que des inventions secondaires telles que la machine à vapeur ou même la roue. Ainsi l'homme abandonnait le système du temps réglé par l'impulsion physique, comme la différenciation du jour et de la nuit, et adoptait les unités de temps régulières et mécanisées des secondes, des minutes et des heures. L'efficacité y gagna, mais la liberté y perdit sans doute beaucoup.

Depuis la préhistoire, l'homme a toujours travaillé le jour et dormi la nuit; il travaillait peu la nuit parce qu'il n'y voyait pas clair. Il travaillait plus en été qu'en hiver, parce que les jours étaient plus longs. Quand il était trop fatigué, il s'arrêtait de travailler tout à fait. Une journée périodique de repos s'imposa comme une nécessité; il travailla pendant six jours, se reposa le septième, et la semaine naquit. Le cycle « six jours de travail, un jour de repos » était le mieux adapté aux efforts physiques fournis autrefois.

Mais aujourd'hui les conditions sont différentes. Avec un éclairage artificiel excellent et le conditionnement de l'air (ou climatisation), le travail de nuit est aussi facile, sinon plus, que le travail de jour, l'intensité lumineuse ainsi que la température étant maintenant constantes. En fait, beaucoup d'usines, de magasins ou bureaux les plus modernes ont déjà supprimé la lumière du jour et le travail y est fait à la lumière artificielle. Avec la perspective d'un potentiel de force motrice illimitée grâce à l'énergie atomique, on peut concevoir la climatisation économique de vastes usines et même de communautés et, peut-être, de régions tout entières. En outre, l'amélioration du matériel et des techniques entraînera une diminution à la fois de l'effort physique et du temps nécessaire à la production.

Il semblerait donc que le cycle actuel « travail le jour, repos la nuit » ne constituera pas nécessairement la meilleure formule pour la vie future. Et il est possible que la « semaine » ne réponde déjà plus aux exigences actuelles. Il serait possible de faire de la journée la période de loisirs en encourageant la vie au grand air et de réserver la nuit à la fois au travail et au sommeil. Par exemple :

TRAVAIL : minuit à 8 heures du matin.
LOISIRS : 8 heures à 16 heures.
SOMMEIL : 16 heures à minuit.

Le nouveau cycle deviendrait donc :

TRAVAIL : 9 jours.
REPOS : 5 jours.

Les avantages de cette organisation seraient nombreux : grâce aux transports moins chers et plus rapides, le travailleur pourrait partir tous les neuf jours, s'il le désirait, pour de longues périodes équivalentes à des vacances; il pourrait aller loin et profiter de choses et de climats qui sont actuellement hors de sa portée; il pourrait consolider sa santé et celle de sa famille. Quant au travail, grâce aux améliorations techniques, il pourrait le supporter pendant la période de neuf jours sans effort exagéré dans des conditions sanitaires et physiques parfaites.

On se heurte évidemment à des désavantages, mais dans l'ensemble cette conception de la vie vaudrait la peine d'être approfondie. Je me rends compte qu'une des principales objections serait d'ordre religieux, car la position du dimanche deviendrait précaire. Je peux assurer aux croyants qui me lisent que je comprends pleinement ce point de vue, que je le respecte et que ma suggestion ne vise pas à froisser les sentiments de qui que ce soit. D'ailleurs, l'auteur a loyalement averti le lecteur que la philosophie n'était pas son fort et il est tout à fait prêt à abandonner ce projet à la moindre provocation.

Mais, tout de même, recréer la semaine serait follement amusant et confirmerait en tout cas que le champ d'action de l'« industrial design » est extrêmement étendu. Notre prochain travail pourrait être de redessiner le G.O.P. [1]. Rien n'est trop coriace pour nous. Et n'oublions pas ce que disait Montaigne : « Nul n'est exempté de dire des bêtises; le malheur, c'est de les dire avec sérieux. »

1. Il n'existe en Amérique que deux partis politiques, le G.O.P. (Grand Old Party) ou Parti Républicain, plutôt conservateur, et le Parti Démocrate ou libéral. Le président Kennedy appartient à ce dernier.

J'ai vu, hier soir, une courte bande d'actualités que je n'oublierai jamais. Inopinément en sandwich entre une partie de base-ball et la pêche sur glace dans le lac Michigan, le film m'a donné un véritable choc émotionnel. J'eus l'impression d'assister à la naissance d'une invention aussi impressionnante que la libération de l'atome. C'était encore plus émouvant du fait que le phénomène paraissait normal et simple, paisible même : une caméra automatique avait été fixée à une des nouvelles fusées expérimentales et elle enregistrait son voyage stratosphérique jusqu'au sommet de son vol vertical, 55-75 kilomètres. Puis la caméra fut parachutée vers la terre, intacte, avec son précieux film que je vis projeter plus tard.

Je m'imaginai dans un de ces vaisseaux de l'espace, partant très doucement de sa plate-forme de lancement dans le Nouveau-Mexique. On pouvait voir le désert rocheux s'évanouir lentement, au fur et à mesure que la fusée prenait de la vitesse. A plusieurs kilomètres de haut, les montagnes avaient l'air de taupinières et, tandis que notre transport céleste s'éloignait de la terre, silencieusement et sans heurt, je commençais à me détendre, comme on le ferait dans de confortables sièges d'avion. Déjà les montagnes paraissaient aplaties et très pâles, les grands fleuves étaient de minces fils d'argent et la terre prenait un aspect lunaire. A l'horizon, le contour de la planète formait une courbe prononcée, la terre prenait graduellement l'apparence d'un quartier de globe. Comme nous grimpions encore plus haut, l'impression de détachement terrestre devint très réelle et extraordinairement plaisante. Je n'imaginais pas qu'une telle sensation pût exister. Tout était si calme, si paisible ! Nous quittions la terre, tout simplement...

Puis nous commençâmes à ralentir, notre maison céleste perdit de sa vitesse et la caméra perdit sa direction, l'écran redevint blanc, c'était fini; les Actualités passèrent à un autre sujet : nous étions en plein milieu de quelque conclave Ku Klux Klan, quelque part en Alabama; quel triste retour sur notre planète, quelle désillusion !

Une fois de plus j'avais vu naître la huitième merveille du monde ! Après l'ampoule électrique, le téléphone, le phonographe, le cinéma, l'aviation, la radio, la télévision, voici maintenant les transports interplanétaires ! Et cela avait l'air si proche, si plausible [1].

Si la race humaine veut bien ne pas s'annihiler volontairement au nom de causes — toutes plus « justes » les unes que les autres bien sûr — la seconde moitié de ce siècle devrait être passionnante à vivre.

J'aime l'histoire du boy-scout racontant à son maître sa bonne action du jour :

— Et qu'avez-vous fait, Ray ?

— Walter, Henry et moi avons aidé une vieille dame à traverser la rue.

— C'est très gentil. Et vous vous êtes mis à trois pour faire ça ?

— Ben... c'est que la vieille dame ne voulait pas traverser.

Septembre 1949 a marqué le trentième anniversaire de mon arrivée en Amérique. Quel est le bilan ? Ai-je fait ma bonne action ? Ou suis-je un des trois boy-scouts ? Peut-être que l'Amérique ne voulait pas traverser la rue

1. Maintenant, en 1962, c'est presque courant.

du Style ? Ce n'est pas à moi de répondre ou de juger. En attendant, je vais travailler plus que jamais, parce que je pense que je le dois, parce que je me plais dans ce pays, et parce que je voudrais aider à l'améliorer davantage.

Une étude récente [1] a établi le fait que les produits manufacturés, d'après les créations de « R.L.A. », atteignent une valeur totale de trois milliards de dollars par an. Liées à cette somme, il y a non seulement la confiance que met en nous l'industrie américaine, mais aussi une responsabilité sociale dont mes associés et moi-même sommes vivement conscients.

C'est à nous de vouer tous nos efforts, notre intelligence et notre talent à un but vital : la baisse du prix des produits manufacturés, accompagnée d'une qualité toujours améliorée. C'est ainsi que nous pourrons accélérer l'emploi de la main-d'œuvre et permettre l'achat de produits essentiels aux économiquement faibles, fraction majeure de notre population, qui a besoin, plus que toute autre, d'équipement et de services qui lui épargnent du travail inutile et allègent son fardeau. Comme Samuel Gompers l'a dit autrefois : « Le plus grand tort que le patronat puisse faire à la main-d'œuvre est d'opérer à perte. » Je ferai en sorte que nos clients soient à l'abri du déficit.

Et puis, il y a devant moi un autre but, je pourrais même dire une Croisade nouvelle.

La France, confrontée avec le Marché Commun Européen ainsi qu'avec la formation probable du Marché Commun Asiatique a devant elle une tâche gigantesque exigeant

1. Par le périodique *Life*.

la collaboration de tous. Les plus grands efforts seront nécessaires, mais déjà elle prouve chaque jour à un monde attentif qu'elle est à la hauteur de la tâche. Pour tous ceux qui si récemment encore doutaient de la destinée de la France, cette renaissance met au cœur la joie et la fierté.

Ma profession jouera un rôle dans cet effort, elle aidera l'industrie à atteindre son but historique afin que chacun de ses produits prestigieux devienne dans le monde entier un ambassadeur du bon goût et de la qualité française.

Et maintenant, je vous dis au revoir, cher lecteur, j'espère que nous nous rencontrerons de nouveau un jour, peut-être au bord de la piscine déshydratée d'un satellite de luxe [1]. Je vous invite à déjeuner. Le menu ?

COCKTAIL DE CREVETTES

★

POULET A LA BECHAMEL
PETITS POIS
CAROTTES

★

GLACE VANILLE
CAFÉ

★

Rochefort-en-Yvelines (Seine-et-Oise)
Août 1962.

1. P.-S. : C'est un satellite américain.

Épilogue

Lorsque l'éditeur de cet ouvrage me pria d'en réviser le texte en vue d'une nouvelle édition, je fus tenté d'éliminer toute la partie concernant les débuts de la profession afin de concentrer mes efforts sur les progrès qu'elle fit depuis que l'édition originale parut en 1952. Après avoir relu l'ouvrage — ce que je n'avais fait depuis dix ans — il me sembla que ces débuts présentaient un certain intérêt rétrospectif pour le lecteur que l'« industrial design » intéresse. J'ai donc retenu cette première partie dans son texte original.

A la lecture, je découvris non sans une certaine satisfaction que les principes originaux, les données fondamentales exprimés à l'époque étaient valables aujourd'hui comme ils le seront probablement demain. Les passages concernant les réactions du public, celles du client, les méthodes de dessin, particulièrement lorsqu'il s'agit du dessin d'une carrosserie automobile, n'ont guère changé et je ne trouvais rien à y modifier. Bien sûr, certains perfectionnements technologiques ont pris place, mais ils sont d'un caractère qui sort du cadre de cet ouvrage.

Pourtant quelques événements extérieurs ont influé sur l'auteur et par conséquent sur les firmes qu'il dirige. Parmi ceux-ci il me faut décrire les effets de ma visite au Japon où je me suis créé tant d'amis avec lesquels je suis toujours en correspondance.

Dans l'étude des objets les plus courants de la vie quotidienne, les Japonais font preuve de clarté et de logique, obtenant un effet dépouillé esthétiquement correct sans jamais atteindre la froideur et l'aridité. Ceci est vrai dans le cas d'objets souvent vieux de plusieurs centaines d'années. Le principe connu appelé « Réduction à l'essentiel » occasionne souvent des résultats qui, bien que logique, manquent de charme. Les Japonais savent invariablement éviter l'écueil, vrai tour de force esthétique.

Admirablement reçus par les dirigeants du gouvernement japonais, ma femme et moi, nous eûmes l'occasion d'apprécier, grâce au prince Takamatsu, frère de l'empereur, la délicieuse hospitalité japonaise, la finesse de son étiquette, son élégance.

A mon retour aux Etats-Unis, mes associés et moi, nous invitâmes les employés de tous nos bureaux à venir passer deux jours à New York afin que je puisse leur transmettre ce que j'avais appris au Japon. A ces fins, nous louâmes une salle de conférences où, deux après-midi de suite, je fis de mon mieux pour évoquer l'esthétique de cet incomparable pays. Je projetai de nombreux diapositifs en couleurs et démontrai, exemples à l'appui, certaines subtilités de forme ou de texture. J'avais en effet rapporté maints petits objets intéressants tels que coffrets de bois de santal, coupes laquées, accessoires faisant partie dun rite charmant de la Cérémonie du Thé, petits paniers faits de fibre de bambou tressé, belles étoffes, etc.

L'effet sur nos dessinateurs de ce colloque impromptu fut immédiat et, jamais oublié. Les dessins qui depuis lors sortirent de tous nos bureaux acquérirent un caractère de pureté, de simplicité encore plus marqué qu'auparavant.

Vers 1953 je discernai et pressentis une renaissance économique et industrielle de l'Europe. A cette même époque je fus invité par le bourgmestre de la ville d'Essen en Allemagne à inaugurer l'Exposition Internationale des Arts Appliqués et Publicitaires. Là, mon impression fut confirmée et je décidai de fonder une affaire européenne. Mais où ? Je fus bien entendu attiré vers Paris, où je suis né et où j'ai tant d'attaches et d'amis. De plus, le goût inné des Français, l'héritage culturel de la France, l'esprit d'imagination et d'entreprise qu'on y rencontre, sa situation géographique, tout semblait indiquer que mon pays natal était destiné à devenir le centre indiscuté de la renaissance européenne que je considérais imminente. Je fondai donc à Paris, il y a maintenant dix ans, la Compagnie de l'Esthétique Industrielle. Celle-ci a maintenant beaucoup prospéré et le Marché Commun a confirmé mes espérances sur l'avenir de l'Europe. Organisés suivant les mêmes conceptions que notre affaire américaine, nous sommes en mesure de mettre à la disposition de l'industrie une organisation de premier ordre entraînée dans la technique la plus perfectionnée de l'« industrial design ».

La C.E.I. est une Compagnie française dont le gérant est lui aussi Français. La direction technique est confiée à quatre Américains, dont moi-même, et quatre-vingt-cinq pour cent de nos effectifs sont de nationalité française, garçons et filles de talent que nous perfectionnons dans la technique américaine la plus avancée. D'après un article au sujet de la C.E.I. qui parut en juillet 1962 dans la revue américaine *Industrial Design*, notre firme est la plus importante en Europe, employant plus de quarante-cinq personnes, servant près de quatre-vingts clients dans douze pays d'Europe.

Nous avons des représentants — mais pas de bureaux de dessin — en Belgique, Hollande et en Suisse, et chaque semaine un dessinateur établit la liaison avec l'Angleterre.

Afin de contribuer à la formation de jeunes dessinateurs, nous sommes en relation à Paris avec l'Ecole de l'Esthétique Industrielle. M. Douglas Kelley, le directeur technique de la C.E.I., qui fut récemment professeur d'Esthétique Industrielle au célèbre Institut Pratt de New York, rend des visites périodiques à l'école et il offre sa coopération aux membres de la faculté de cet intéressant centre d'études. Nous essayons d'apporter aux élèves le bénéfice de notre expérience pratique et nous offrons chaque année à titre d'encouragement le Prix de la C.E.I. décerné à l'élève ayant fait l'effort le meilleur et le plus soutenu.

Aux Etats-Unis notre firme progresse régulièrement et maintient son avance. Sans arrêt, mon partenaire William Snaith et moi formons des cadres nouveaux, jeunes et alertes. Nous maintenons ainsi une organisation souple et éveillée, toujours à l'affût de conceptions ou techniques nouvelles. Nous aimons considérer notre affaire comme étant elle-même un problème d'« industrial design », cherchant sans cesse à l'améliorer, la perfectionner, à la recherche de talents nouveaux, de terrains inexploités, de méthodes administratives simplifiées.

Par-dessus tout, jamais nous ne perdons de vue que notre succès dépend de nos collaborateurs et que les relations humaines entre eux et nous doivent être basées sur l'affection et le respect mutuel. Ceci est vrai à Paris comme cela l'est à New York.

Autre fait nouveau depuis ces dernières années, le caractère des affaires ayant beaucoup évolué, un éditeur américain pensa qu'il était temps de publier un guide nouveau se référant à l'Etiquette Contemporaine, en d'autres termes un code du protocole dans la vie quotidienne. On m'offrit de collaborer à la rubrique « Etiquette contemporaine dans les Affaires », sujet fort intéressant, et je trouvais assez amusant qu'un Américain né en France fût prié d'y collaborer. L'« industrial design » mène à tout !

Le printemps dernier, le nouvel hélicoptère à réaction pour douze passagers dessiné spécialement pour l'usage du président Kennedy fut mis en service à Washington. Ayant été chargé du planning et de l'aménagement intérieur de ce bureau exécutif volant, je fus invité à la Maison Blanche où je passai deux journées à l'occasion de la mise en service de l'appareil. Je discutai aussi avec le Président de l'aménagement intérieur du nouveau Boeing 737 à réaction affecté à son usage personnel. Cet appareil remarquable qui fut mis en service en octobre 1962 contient deux millions de dollars d'équipement électronique secret permettant une liaison instantanée avec la Maison Blanche. J'eus l'occasion de constater combien le président Kennedy est au courant des derniers matériaux et procédés techniques ainsi que la sûreté de son goût personnel.

Le Boeing 737 a un rayon de vol de 11 000 kilomètres et sa vitesse est de 950 kmh. Je fus frappé par l'atmosphère française, je dirais même parisienne de la Maison Blanche, où l'on parle souvent et beaucoup le français. L'attaché présidentiel pour l'Aviation fut élevé en France. Très jeune, le général Godfrey MacHugh est un Parisien spirituel et un vrai gastronome. Miss Letitia Baldridge, secrétaire privée de la Maison Banche, chargée des réceptions mondaines, parle elle aussi couramment le français; c'est une jeune femme chic et charmante.

Le cuisinier est Français.

L'atmosphère de cordialité qui existe entre la Maison Blanche et l'Ambassade de France est une chose tout à fait remarquable, dûe en grande partie à l'ambassadeur Hervé Alphand et à sa charmante et élégante épouse. Ils ont su créer autour d'eux à l'ambassade une ambiance culturelle très appréciée à la Maison Blanche et qui est une chose précieuse pour le prestige de la France.

Jacqueline Kennedy a un goût très sûr et la reconstitution de l'intérieur de la Maison Blanche dont elle est l'animatrice est un grand succès. La femme du Président est aidée dans sa tâche par la Société Nationale Américaine des Dessinateurs d'Intérieurs dont j'ai le plaisir, depuis deux ans, de faire partie du « Comité de la Maison Blanche ».

En août 1961 je reçus une invitation du gouvernement des Soviets à Moscou qui me priait de visiter la Russie. L'invitation émanait du Comité pour la Recherche Scientifique du Conseil des Ministres de l'Union Soviétique.

Ma femme et moi, nous acceptâmes sous la condition que notre visite s'effectuerait sur un terrain purement professionnel et libre de discussions idéologiques, ceci de part et d'autre. Notre voyage, de Moscou à Leningrad et Tiflis, fut extrêmement intéressant et la courtoisie de nos hôtes irréprochable.

Ayant ainsi découvert qu'il est possible de visiter l'Union Soviétique sans être soumis à aucune propagande, nous comptons y faire un autre court séjour à l'automne afin d'assister, à l'Opéra, aux ballets et surtout à l'extraordinaire Théâtre de Marionnettes appelé Kukla.

Un institut d'esthétique industrielle vient d'être créé en U.R.S.S. sous la direction de M. Yuri Soloviev, un « industrial designer » de talent qui fut un hôte charmant et spirituel durant toute notre visite.

Pour terminer, j'aimerais citer un dernier projet, maintenant exécuté, sur lequel j'ai porté tous mes efforts; je veux parler de la nouvelle Studebaker grand sport nommée AVANTI. Cette voiture à quatre passagers, très profilée, a établi au mois de mai 1962, sur le circuit de courses de Riverside, en Californie, le record officiel pour voitures américaines de série, soit 273 kmh. Elle accélère de zéro à cent kilomètres à l'heure en moins de sept secondes.

Si le lecteur veut bien me permettre de terminer ce livre sur une note « légèrement triomphale », voici la grande nouvelle : après quinze ans d'efforts, je suis enfin arrivé à faire équiper une voiture américaine de véritables freins. Pour la première fois une voiture de série est équipée de FREINS A DISQUES !

Cela est le couronnement d'une carrière !

PREMIÈRE PARTIE

DEUXIÈME PARTIE

TROISIÈME PARTIE

tel

Volumes parus

251. Claude Nicolet : *L'idée républicaine en France (1789-1924). Essai d'histoire critique.*
252. Antoine Berman : *L'épreuve de l'étranger.*
253. Jean Bollack : *La naissance d'Œdipe.*
254. Donald Kenrick et Grattan Puxon : *Destins gitans.*
255. Isaac Newton : *De la gravitation* suivi de *Du mouvement des corps.*
256. Eberhard Jäckel : *Hitler idéologue.*
257. Pierre Birnbaum : *Un mythe politique : la « République juive ».*
258. Peter Gay : *Le suicide d'une République (Weimar 1918-1933).*
259. Friedrich Nietzsche : *La volonté de puissance, I.*
260. Friedrich Nietzsche : *La volonté de puissance, II.*
261. Françoise van Rossum-Guyon : *Critique du roman (Essai sur « La Modification » de Michel Butor).*
262. Leibniz : *Discours de métaphysique* suivi de *Monadologie.*
263. Paul Veyne : *René Char en ses poèmes.*
264. Angus Wilson : *Le monde de Charles Dickens.*
265. Sénèque : *La vie heureuse* suivi de *Les bienfaits.*
266. Rémy Stricker : *Robert Schumann.*
267. Collectif : *De Vienne à Cambridge.*
268. Raymond Aron : *Les désillusions du progrès.*
269. Martin Heidegger : *Approche de Hölderlin.*
270. Alain Besançon : *Les origines intellectuelles du léninisme.*
271. Auguste Comte : *Philosophie des sciences.*
272. Aristote : *Poétique.*
273. Michel Butor : *Répertoire littéraire.*
275. Xénophon-Aristote : *Constitution de Sparte - Constitution d'Athènes.*
276. Isaac Newton : *Écrits sur la religion.*
277. Max Horkheimer : *Théorie traditionnelle et théorie critique.*
278. Gaëtan Picon : *L'écrivain et son ombre (Introduction à une esthétique de la littérature, I).*
279. Michel Foucault : *Histoire de la sexualité, tome 2 (L'usage des plaisirs).*
280. Michel Foucault : *Histoire de la sexualité, tome 3 (Le souci de soi).*
281. Collectif : *Les Stoïciens, tome 1.*
282. Collectif : *Les Stoïciens, tome 2.*
283. Ludwig Wittgenstein : *Carnets 1914-1916.*
284. Louis Dumont : *Groupes de filiation et alliance de mariage.*

285. Alfred Einstein : *Schubert. Portrait d'un musicien.*
286. Alexandre Kojève : *Essai d'une histoire raisonnée de la philosophie païenne, I (Les Présocratiques).*
287. Alexandre Kojève : *Essai d'une histoire raisonnée de la philosophie païenne, II (Platon - Aristote).*
288. Alexandre Kojève : *Essai d'une histoire raisonnée de la philosophie païenne, III (La philosophie hellénistique - Les néo-platoniciens).*
289. Karl Schlechta : *Le cas Nietzsche.*
290. Valery Larbaud : *Sous l'invocation de saint Jérôme.*
291. Alain Jouffroy : *De l'individualisme révolutionnaire.*
292. Laurent Clauzade : *L'idéologie ou la révolution de l'analyse.*
293. Marcel Detienne : *Dionysos mis à mort.*
294. Henri Heine : *De l'Allemagne.*
295. Ernst Bloch : *Traces.*
296. Aristote : *Rhétorique.*
297. Friedrich List : *Système national d'économie politique.*
298. Emmanuel Jacquart : *Le théâtre de dérision (Beckett - Ionesco - Adamov).*
299. Alexandre Kojève : *L'athéisme.*
300. Mario Praz : *La chair, la mort et le diable dans la littérature du XIXe siècle.*
301. Jean Starobinski : *L'œil vivant.*
302. Alain : *Balzac.*
303. Mona Ozouf : *Les Mots des femmes.*
304. Philippe Muray : *Le XIXe siècle à travers les âges.*
305. Philippe Muray : *Désaccord parfait.*
306. Nietzsche : *Mauvaises pensées choisies.*
307. David Schoenbaum : *La révolution brune.*
308. Alfred Sauvy : *La vieillesse des nations.*
309. Charles Rosen : *Le style classique. Haydn, Mozart, Beethoven.*
310. Kostas Papaioannou : *Marx et les marxistes.*
311. Ludwig Wittgenstein : *Tractatus logico-philosophicus.*
312. Philippe Muray : *Céline.*
313. Wladimir Granoff : *Filiations (L'avenir du complexe d'Œdipe).*
314. Jean Starobinski : *La relation critique.*
315. Pierre Manent : *Les libéraux.*
316. Marc Fumaroli : *La diplomatie de l'esprit.*
317. Marcel Gauchet : *La démocratie contre elle-même.*
318. Bertrand de Jouvenel : *Arcadie. Essai sur le mieux-vivre.*

319. John Maynard Keynes & Jacques Bainville : *Les conséquences économiques de la paix. Les conséquences politiques de la paix.*
320. John Maynard Keynes : *La pauvreté dans l'abondance.*
321. Bernard de Fallois : *Simenon.*
322. Léon Bloy : *L'Âme de Napoléon.*
323. Patrice Gueniffey : *La politique de la Terreur.*
324. Denis Lacorne : *La crise de l'identité américaine.*
325. Angelo Tasca : *Naissance du fascisme. L'Italie de l'armistice à la marche sur Rome.*
326. Joseph A. Schumpeter : *Histoire de l'analyse économique*, I.
327. Joseph A. Schumpeter : *Histoire de l'analyse économique*, II.
328. Joseph A. Schumpeter : *Histoire de l'analyse économique*, III.
329. Mona Ozouf : *Les aveux du roman.*
330. Max Weber : *L'Ethique protestante et l'esprit du capitalisme.*
331. Ludwig Wittgenstein : *Le Cahier bleu et le Cahier brun.*
332. Pierre Manent : *Cours familier de philosophie politique.*
333. Jacques Bainville : *Napoléon.*
334. Benedetta Craveri : *L'âge de la conversation.*
335. Bernard Lewis : *Comment l'Islam a découvert l'Europe.*
336. Jean Fourastié : *Productivité et richesse des nations.*
337. Marcel Gauchet : *La condition politique.*
338. Marc Fumaroli : *Chateaubriand. Poésie et Terreur.*
339. Albert Thibaudet : *La poésie de Stéphane Mallarmé.*
340. Max Weber : *Sociologie des religions.*
341. Pierre Manent : *Tocqueville et la nature de la démocratie.*
342. Collectif : *Histoire des droites en France, I* (Politique).
343. Collectif : *Histoire des droites en France, II* (Cultures).
344. Collectif : *Histoire des droites en France, III* (Sensibilités).
345. Élie Halévy : *Histoire du socialisme européen.*
346. Bertrand Saint-Sernin : *Le rationalisme qui vient.*
347. Moses Mendelssohn : *Jérusalem ou Pouvoir religieux et judaïsme.*
348. Philippe Muray : *Après l'Histoire.*
349. Marcel Gauchet et Gladys Swain : *La pratique de l'esprit humain.*
350. Alexandre Kojève : *Esquisse d'une phénoménologie du droit.*

351. Pierre Manent : *Enquête sur la démocratie - Études de philosophie politique.*
352. Pierre Manent : *Naissances de la politique moderne Machiavel-Hobbes-Rousseau.*
353. Louis Dumont : *Homo æqualis*, I.
354. Michel Foucault : *L'archéologie du savoir.*
355. Collectif : *Présence du bouddhisme.*
356. Aristote : *Météorologiques.*
357. Michael Screech : *Rabelais.*
358. Marcel Jousse : *L'Anthropologie du Geste.*
359. Collectif : *Midrash Rabba sur Ruth. Midrash Rabba sur Esther.*
360. Leo Strauss : *La Persécution et l'Art d'écrire.*
361. Leo Strauss : *La renaissance du rationalisme politique classique.*
362. Karl Polanyi : *La Grande Transformation.*
363. Georges Roque : *Art et science de la couleur.*
364. René Descartes : *Œuvres complètes*, III.
365. Marcel Detienne : *Apollon le couteau à la main.*
366. Michel Henry : *Marx.*
367. Raymond Aron : *Penser la guerre, Clausewitz*, I.
368. Raymond Aron : *Penser la guerre, Clausewitz*, II.
369. Paul Mattick : *Marx et Keynes.*
370. Robert Darnton : *Bohème littéraire et Révolution.*
371. Louis Massignon : *La Passion de Husayn ibn Mansûr Hallâj*, I.
372. Louis Massignon : *La Passion de Husayn ibn Mansûr Hallâj*, II.
373. Louis Massignon : *La Passion de Husayn ibn Mansûr Hallâj*, III.
374. Louis Massignon : *La Passion de Husayn ibn Mansûr Hallâj*, IV.
375. Yves Pagès : *Céline, fictions du politique.*
376. Annie Le Brun : *Les châteaux de la subversion* suivi de *Soudain un bloc d'abîme*, Sade.
377. Jean-Paul Sartre : *Saint Genet comédien et martyr.*
378. Hans Magnus Enzensberger : *Politique et crime.*
379. Jurgen Habermas : *Le discours philosophique de la modernité.*
380. Luc Boltanski/Eve Chiapello : *Le nouvel esprit du capitalisme.*

Ouvrage reproduit
par procédé photomécanique.
Impression CPI Firmin Didot
à Mesnil-sur-l'Estrée, le 3 mai 2011.
Dépôt légal : mai 2011.
1er dépôt légal : juin 1990.
Numéro d'imprimeur : 105407.
ISBN 978-2-07-072013-2/Imprimé en France.

184300